Hand- und Lehrbücher zu
Unternehmung, Steuern und Recht

Herausgegeben von
Universitätsprofessor Dr. Michael Heinhold

Bisher erschienene Werke:

Heinhold, Investitionsrechnung, 8. Auflage
Heinhold · Pasch, Qualitätsmanagement in
Steuerberatung und Wirtschaftsprüfung
Hofmann, Corporate Governance
Kaplan · Elmaleh, Israelisches Wirtschaftsrecht
Obermann, Steuerliche Förderung selbstgenutzten Wohneigentums

Qualitätsmanagement in Steuerberatung und Wirtschaftsprüfung

Herausgegeben
von
Prof. Dr. Michael Heinhold
und
Dr. Helmut Pasch

R. Oldenbourg Verlag München Wien

Die Deutsche Bibliothek - CIP-Einheitsaufnahme

Qualitätsmanagement in Steuerberatung und Wirtschaftsprüfung / hrsg. von Michael Heinhold und Helmut Pasch. – München ; Wien : Oldenbourg, 1999
(Hand- und Lehrbücher zu Unternehmung, Steuern und Recht)
ISBN 3-486-25123-6

Rosenheimer Straße 145, D-81671 München
Telefon: (089) 45051-0, Internet: http://www.oldenbourg.de

Gedruckt auf säure- und chlorfreiem Papier
Gesamtherstellung: Druckhaus „Thomas Müntzer“ GmbH, Bad Langensalza

ISBN 3-486-25123-6

Vorwort

Die Forschungsrichtung, die den Steuerberatungsbetrieb zum Untersuchungsgegenstand der Disziplin macht (sog. institutionelle Betrachtungsweise), wurde bislang von der Fachrichtung der Betriebswirtschaftlichen Steuerlehre weitestgehend vernachlässigt.

Am Lehrstuhl für Betriebswirtschaftlich Steuerlehre der Universität Augsburg befassen wir uns – entgegen dem obigen Trend – bereits seit mehreren Jahren mit dieser Thematik. Hier versuchen wir der Beratungspraxis zu verdeutlichen, wie wichtig es ist, neue betriebswirtschaftliche Erkenntnisse z.B. die Implementierung von Qualitätsmanagementsystemen, nutzbringend in der Organisation der Kanzlei einzusetzen.

Dabei sehen wir unsere Aufgabe darin, die Erkenntnisse wertneutral aufzuarbeiten und darzulegen. So gilt es z.B. in der Frage der Zertifizierung von QM-Systemen, entgegen der in anderen Wirtschaftszweigen zu beobachtenden oft unreflektierten Zertifizierungseuphorie, die tatsächlichen und die vermeintlichen Vorteile eines ISO-Zertifikates vorurteilsfrei zu analysieren und darzustellen, insbesondere auch aus der Problematik einer verstärkten Verschwiegenheitsverpflichtung gegenüber dem Mandanten heraus.

Die im Berufsstand zum Teil sehr kontrovers geführten Diskussionen zur Notwendigkeit von QM-Systemen oder zur Frage der Zertifizierung führten uns vor Augen, daß die oftmals unnötigen Diskussionen nur durch mangelnde Sachinformation der Diskussionspartner zu erklären waren.

Was lag daher näher, als zu diesem komplexen Thema ein wissenschaftliches Symposium zu veranstalten, um so eine Plattform zu schaffen, wo sowohl ausreichende Informationen vermittelt, als auch aus Sicht der Wissenschaft und der Praxis das Thema ausführlich erörtert und diskutiert werden kann.

Aus diesem Anlaß haben wir im Rahmen des

AUGSBURGER BETRIEBSWIRTSCHAFTLICHEN STEUERFORUMS,

ein Symposium zum Thema **Qualitätsmanagement in Steuerberatung und Wirtschaftsprüfung** mit Unterstützung des Deutschen Steuerberaterverband e.V. (DStV), der Deutschen Gesellschaft zur Zertifizierung von Managementsystemen mbH (DQS) sowie der Datenverarbeitungsorganisation des steuerberatenden Berufes in der Bundesrepublik Deutschland e.G. (DATEV) durchgeführt.

Aufgrund der nach wie vor hohen Aktualität des Themas haben wir uns entschlossen, die interessantesten Beiträge des Symposium zu überarbeiten, zu aktualisieren und in einem Buch mit dem gleichnamigen Titel herauszugeben, um es so einer breiten Öffentlichkeit zugänglich zu machen.

Den Referenten, die sich spontan bereit erklärt haben, Ihren Vortrag zu überarbeiten und für die Buchveröffentlichung zur Verfügung zu stellen, gilt unser großer Dank.

Augsburg

Michael Heinhold / Helmut Pasch

Inhaltsübersicht

Autorenverzeichnis

Abkürzungsverzeichnis

a.A.	andere Auffassung
Abb.	Abbildung
Abs.	Absatz
Abschn.	Abschnitt
AG	Aktiengesellschaft
Anm.	Anmerkung
AnwBl	Anwaltsblatt (Zeitschrift)
Art.	Artikel
Aufl.	Auflage
BB	Betriebsberater
Bbl.	Beiblatt
Bd.	Band
BFuP	Betriebswirtschaftliche Forschung und Praxis (Zeitschrift)
BGB	Bürgerliches Gesetzbuch
BRAO	Bundesrechtsanwaltsordnung
BVerfG	Bundesverfassungsgericht
BVerfGE	Bundesverfassungsgerichtsentscheidung
bzw.	beziehungsweise
ca.	circa
CANZ 299	Kanadische Qualitätsnorm
CEN	Europäisches Komitee für Normung (European Committee for Standardization, rue de Stassart 36, B-1050 Brüssel)
DATEV	DATEV® Datenverarbeitungsorganisation des steuerberatenden Berufes in der Bundesrepublik Deutschland e.G.
DB	Der Betrieb (Zeitschrift)
DBW	Die Betriebswirtschaft (Zeitschrift)
DIN	Träger der Normungsarbeit ist in Deutschland das Deutsche Institut für Normung e.V.
DIN EN	Europäische Norm (EN), deren Deutsche Fassung den Status einer Deutschen Norm erhalten hat.

DIN EN ISO	Europäische Norm, in die eine Internationale Norm (ISO-Norm) unverändert übernommen wurde und deren Deutsche Fassung den Status einer Deutschen Norm hat.
DIN ISO	Deutsche Norm, in die eine internationale Norm der ISO unverändert übernommen wurde.
Diss.	Dissertationsschrift
DGQ	Deutsche Gesellschaft für Qualität e.V. in Frankfurt
d.h.	das heißt
DStR	Deutsches Steuerrecht (Zeitschrift)
DStV	Deutscher Steuerberaterverband
DSWR	Datenverarbeitung Steuer Wirtschaft Recht (Zeitschrift)
DVStB	Verordnung zur Durchführung der Vorschriften über Steuerberater, Steuerbevollmäch-tigte und Steuerberatungsgesellschaften
E	Entwurf
E DIN EN	Entwurf für eine Europäische Norm (EN), deren Deutsche Fassung den Status einer Deutschen Norm erhalten soll.
E DIN ISO	Entwurf für eine Deutsche Norm, in die eine Internationale Norm der ISO unverändert übernommen werden soll.
e.G.	eingetragene Genossenschaft
e.V.	eingetragener Verein
EAC	European Accrediation of Certification
EDV	Elektronische Datenverarbeitung
EFQM	European Foundation for Quality Management
EN	steht als Abkürzung für Europäische Norm der CEN (Europäisches Komitee für Normung in Brüssel) Diese Normen haben in den einzelnen Ländern keine unmittelbare Wirkung, sondern müssen entsprechend in dort gültige Normen umgesetzt werden.
EOQ	European Organisation for Quality
EQNET	European Network for Quality System Assessment and Certification

etc.	et cetera
et al.	Et alii
EU	Europäische Union
evtl.	eventuell
FAZ	Frankfurter Allgemeine Zeitung
f.	folgende
ff.	fortfolgende
FASt	Fachanwalt für Steuerrecht
FIBU	Finanzbuchführung
FN	Fußnote
g.A.	gleiche Auffassung
GAZ	Gesellschaft für Akkreditierung und Zertifizierung mbH Düsseldorf
gem.	gemäß
GG	Grundgesetz für die Bundesrepublik Deutschland
ggf.	gegebenenfalls
GmbH	Gesellschaft mit beschränkter Haftung
Hrsg.	Herausgeber
HdB	Handwörterbuch der Betriebswirtschaft
HWO	Handwörterbuch der Organisation
i.d.R.	in der Regel
i.V.m.	in Verbindung mit
IDW	Institut der Wirtschaftsprüfer
IDW VO 1/1995	Institut der Wirtschaftsprüfer Verordnung 1/1995
insb.	insbesondere
IQM	Integriertes Qualitätsmanagement
ISO	steht als Abkürzung für International Organization for Standardization mit Sitz in Genf. Sie ist die Weltorganisation aller nationalen Norminstitute.
ISO/TC 176	Technischen Komitee ISO/TC 176 „Quality Management and Quality Assurance“ der International Organization for Standardization (ISO) unter Mitwirkung von Fachleuten aus 53 Ländern
jh.	Jährlicher
KG	Kommanditgesellschaft
KGaA	Kommanditgesellschaft auf Aktien
NWB	Neue Wirtschaftsbriefe

NQSZ	Normausschuß Qualitätsmanagement Statistik und Zertifizierungsgrundlagen
Nr.	Nummer
NS 5801	Norwegische Qualitätsnorm
o.V.	ohne Verfasserangabe
OHG	Offene Handelsgesellschaft
QM	Qualitätsmanagement
RBerG	Rechtsberatungsgesetz
Rz.	Randziffer
Rdnr.	Randnummer
S.	Seite
ScrM	SCRIPTA MERCATURAE (Zeitschrift)
SN 029100	Schweizer Qualitätsnorm
Sp.	Spalte
Stb	Steuerberater
StB	Der Steuerberater (Zeitschrift)
Stbg	Die Steuerberatung (Zeitschrift)
StBerG	Steuerberatungsgesetz
StBGebV	Steuerberater-Gebührenverordnung
StB-Ges.	Steuerberatungsgesellschaften
StBKRep	Steuerberaterkongreßreport
StBv	Steuerbevollmächtigter
StbJb	Steuerberater-Jahrbuch
StGB	Strafgesetzbuch
Tab	Tabelle
TGA	Trägergemeinschaft für Akkreditierung
TQM	Total Quality Management
u.	und
u.a.	und andere
u.U.	unter Umständen
vBP	vereidigter Buchprüfer
vgl.	vergleiche
WISU	Das Wirtschaftsstudium
Wpg	Die Wirtschaftsprüfung
WPK	Wirtschaftsprüferkammer
WPK-Mitt.	Wirtschaftsprüferkammer-Mitteilungen
WPO	Gesetz über eine Berufsordnung der Wirtschaftsprüfer, Wirtschaftsprüferordnung

z.B.	zum Beispiel
ZfB	Zeitschrift für Betriebswirtschaft
ZfbF	Zeitschrift für betriebswirtschaftliche Forschung (ab 1964, davor ZfhF)
ZfhF	Zeitschrift für handelswissenschaftliche Forschung (bis 1963, danach ZfbF)

Begriff und Messung der Qualität von Steuerberatungsleistungen

von Prof. Dr. Michael Heinhold

StB, Lehrstuhl für Betriebswirtschaftliche Steuerlehre,
Universität Augsburg

Gliederung:

---

1. Einleitung

In diesem Beitrag soll versucht werden, die Antwort auf zwei Fragen[1] zu finden:

- Wann ist ein Steuerberater ein guter Steuerberater?
- Woran erkennt man, wie gut er ist?

Die erste Frage betrifft die Definition des Qualitätsbegriffs, genauer: Die Kriterien, die erfüllt sein müssen, damit die Steuerberatungsleistung eine qualifizierte Leistung ist.

Die zweite Frage spricht zwei Aspekte an:

1. Woran soll man die Qualität der Steuerberatungsleistung messen?

   und:

2. Wer ist man, wer mißt, wer beurteilt das Qualitätsniveau der Steuerberatungsleistung?

---

[1] Vgl. auch Streck, M. (1996a), S. 58

Diese drei Fragen

- nach den Qualitätskriterien,
- nach der Bestimmung des Qualitätsniveaus/Qualitätsgrades
- und nach der messenden bzw. beurteilenden Person

sind die drei zentralen Problembereiche, die gelöst sein müssen, ehe man sich Gedanken über die Entwicklung und Implementierung eines Qualitätsmanagementsystems und die Sinnhaftigkeit seiner Zertifizierung machen kann.

2. Die Entwicklung des Qualitätsgedankens

Die Diskussion um Qualitätsstandards und Qualitätssicherung wurde vor ca. 40 Jahren im militärischen und im Raumfahrtbereich ausgelöst. Es ging zunächst um das Ziel einer reibungslosen Materialbeschaffung und Nachschubversorgung. Die Produktqualität sollte kontinuierlich verbessert werden, Fehler sollten bereits bei der Herstellung der Zulieferteile vermieden werden. Insbesondere im Bereich der NATO herrschte großer Bedarf an technischen Qualitätsnormen. Man denke an die technischen Schwierigkeiten und Pannen, die sich ergeben können - und auch tatsächlich ergeben haben - wenn Bauteile, die in Staaten mit unterschiedlichen technischen Normensystemen produziert werden, nun zu einem einheitlichen Produkt zusammengebaut werden mußten. Schon allein das metrische System Zentraleuropas und das völlig andersartige, auf Inches, Feet und Yards basierende angloamerikanische System machten Standardisierungen und Maßnahmen zur Sicherung der Produktqualität unabdingbar. Aus den Nato-Qualitätssicherungssystemen (z.B. AQAP, Allied Quality Assurance Publication)[2] als Vorläufern entwickelten sich die heutigen ISO-9000-Normen für den Zivilbereich. Insbesondere die Automobilbranche mit ihren vielen Zulieferunternehmen hat den Nutzen der produktbezogenen genormten Qualitätsstandards schnell erkannt und umgesetzt.

Diese historische Entwicklung wurde deshalb so ausführlich nachgezeichnet, um dem Leser zu verdeutlichen, daß der Qualitätsbegriff, der zur Formulierung der ISO-Normen geführt hat, zunächst auf den technischen Eigenschaften des Produkts, und zwar eines materiellen Produktes basierte.[3] Qualität war hier ursprünglich die technisch/materielle Produktqualität.

Selbstverständlich wurde schnell erkannt, daß auch im nichttechnischen, im immateriellen Bereich die Notwendigkeit bestand und besteht, die Qualität der Leistung zu sichern und zu verbessern. Außerdem deuteten sich hier neue und enorme Marktchancen z. B. für Unternehmensberater an. So nimmt es nicht wunder, daß der Qualitätsbegriff, der den ISO-Normen zugrunde liegt, eine Verallgemeinerung erfuhr, damit er nicht nur für das produzierende Gewerbe und die Industrie, sondern auch für den Dienstleistungsbereich paßte. Dies hat zwangsläufig einen Wechsel in der Sichtweise zur Folge. Da die Dienstleistung als immaterielles Produkt nicht durch technisch/materielle Produkteigenschaften erfaßbar ist und sich auch sonst wegen ihrer Heterogenität einer vereinheitlichenden Normierung weitestgehend entzieht, mußte der Qualitätsbegriff einen anderen Ansatzpunkt

---

2 Vgl. Heinhold, M. /Pasch, H. (1997), S. 578.

3 Vgl. Streck, M. (1996a), S. 61; vgl. auch Pasch, H. (1997b) Randziffer 20 f.

finden. Nicht nur das letztliche Produkt, sondern der Prozeß, also der Weg zum Produkt, bestimmt die Qualität der Dienstleistung.

Sehen wir uns nun den so verallgemeinerten Qualitätsbegriff der DIN EN ISO 8402 an.

DIN EN ISO 8402 (Tz. 2.1.):

Qualität = Gesamtheit von Merkmalen (und Merkmalswerten) einer Einheit bezüglich ihrer Eignung, festgelegte und vorausgesetzte Erfordernisse zu erfüllen.

Das klingt ganz einleuchtend, fast selbstverständlich. Ich könnte mir aber vorstellen, daß Sie mit mir übereinstimmen, wenn ich behaupte, mit dieser Qualitätsdefinition ist konkret nichts anzufangen, schon gar nicht für die höchst heterogenen und individuell unterschiedlichen Leistungen (Produkte), die in der Steuerberatung erbracht werden. Es werden weder die Einheiten präzise erläutert. Einheit kann nach DIN EN ISO 8402 Tz.1.1. z.B. sein:

- eine Tätigkeit oder ein Prozeß,
- ein Produkt,
- eine Organisation
- oder irgend eine Kombination daraus.

Gemeint könnte also die Steuerberatungsleistung als Produkt sein, oder die Leistungserbringung als Prozeß, oder auch die ganze Kanzlei als Organisation. Des weiteren werden die Merkmale nicht konkretisiert (z.B. Schnelligkeit der Auftragsabwicklung, oder Preis der Leistung, d.h. die Gebühr nach der Steuerberatergebührenverordnung, die Freundlichkeit, das Fachwissen der Kanzleimitglieder usw. usw.). Ebensowenig werden die Erfordernisse konkretisiert, die festliegen oder vorauszusetzen sind. Es wird zunächst auch nichts darüber ausgesagt, wer die Erfordernisse festlegt bzw. voraussetzt (der Mandant? Der Steuerberater? Der Gesetzgeber, d.h. das Berufsrecht? Die Kammer?).

Hier sollte allerdings klar sein, daß die Anforderungen an die Qualität der Leistung von demjenigen gestellt werden, der die Leistung bezahlt. Im Steuerberatungsfalle also vom Mandanten. Die Norm stellt deshalb an späterer Stelle auch treffend fest: "Die Beurteilung durch den Kunden ist das endgültige Maß für die Qualität einer Dienstleistung"[4]. Die Frage, ob und wann der Kunde - der Mandant des Steuerberaters also - tatsächlich in der Lage ist, die Qualität der Leistung zu beurteilen, wird allerdings nicht beantwortet. Wir wollen uns später damit auseinandersetzen.

Auch die etwas andere Qualitätsdefinition im Dienstleistungsleitfaden DIN-EN-9004/2 bringt keine Aufhellung:

Qualität =

Gesamtheit von Eigenschaften und Merkmalen eines Produkts oder einer Dienstleistung, die sich auf deren Eignung zur Erfüllung festgelegter und vorausgesetzter Erfordernisse beziehen.

---

4 ISO 9004/2, Tz.6.3.3.

3. Der Qualitätsbegriff im Praktikerschrifttum

Insbesondere das Praktikerschrifttum hat nicht gegeizt mit vollklingenden, unzweifelhaft richtigen aber letztlich unbrauchbaren Qualitätsdefinitionen. Ich will Ihnen zwei Beispiele geben:

„Quality ist fitness for use!“[5]

Die Behauptung ist unzweifelhaft richtig aber konkret nicht umsetzbar.

„Qualität ist die Erfüllung von Forderungen“[6]

Auch hier: unbestreitbar aber praktisch unbrauchbar[7].

„Die Qualität der Dienstleistung des Wirtschaftstreuhänders ist durch die sachliche Richtigkeit der Leistungserstellung und durch den Nutzen der Dienstleistung für den Mandanten gekennzeichnet“.[8] Diese offizielle Stellungnahme der Berufskammer unseres Nachbarn Österreich bringt auch keine Klarheit. Die schwierige Frage, wer den Nutzen quantifiziert, bleibt offen. Außerdem ist die sachliche Richtigkeit der Leistungserstellung ein höchst unsinniges Postulat. Wenn Lei-

---

5 Juran, J. M. (1993), S. 21

6 Kohl, H. (1997), S. 211

7 Weitere Beispiele:
„Qualität ist Angepaßtheit an eine Gebrauchsidee“, so Wirz, W. (1915); Qualität heißt, „...die Gesamtheit der Prozesse als „Einheit“ und die Forderungen aller, die daran beteiligt und interessiert sind, als „Erfordernisse“ zu betrachten“, so Brakhahn, W. /Vogt, U. (1997), S. 17; „Qualität ist der Nutzen der Leistung für den Klienten“, so Bertl, R. (1997), S.9; „Qualität ist das Entsprechen der Leistung hinsichtlich eines Standards“, ebenda.

8 Vorläufige Stellungnahme zur Qualitätssicherung im Wirtschaftstreuhänderbetrieb der Kammer der Wirtschaftstreuhänder, Wien, abgedruckt in Bertl, R. (1997), S.53 - 47.

stungserstellung den Prozeß der Leistungserbringung meint, dann ist es nicht sinnvoll, sachliche Richtigkeit zu fordern. Ein Prozeß kann betriebswirtschaftlich unterschiedlich organisiert und dennoch zweckmäßig sein. Die Forderung nach sachlicher Richtigkeit ist hier fehl am Platze. Wird mit Leistungserstellung das Produkt gemeint, also z.B. die Einkommensteuererklärung, der Einspruch, die Gestaltungsempfehlung, dann ist es wohl eine Selbstverständlichkeit, daß hier sachliche Fehler nicht enthalten sind. Die Qualitätsdefinition der österreichischen Wirtschaftstreuhänderkammer enthält somit bestenfalls die Definition eines Mindestqualitätsniveaus.

In der Verlautbarung der Bundessteuerberaterkammer in Deutschland zum Qualitätsmanagement hat man es unterlassen, eine allgemeine Qualitätsdefinition für Steuerberaterleistungen zu geben und sich dafür auf die Darstellung von Maßnahmen beschränkt, die zur Erreichung dieser nicht definierten Steuerberatungsqualität befolgt werden sollten.

Nachdem wir feststellen mußten, daß im Praktikerschrifttum nichts konkret brauchbares zum Qualitätsbegriff zu finden ist, müssen wir uns ein bißchen damit auseinandersetzen, was die Theorie, insbesondere die betriebswirtschaftlichen Qualitätsmodelle hier zu bieten haben. Um im folgenden nicht der Gefahr zu erliegen, mich nur in einer abgehobenen theoretischen Meta-Ebene zu bewegen, will ich stets versuchen, den Steuerberatungsalltag in den Modellen wiederzufinden.

Deswegen ist zunächst ein kurzer Blick auf die Aufgaben und Funktionen der Steuerberatung notwendig.

4. Aufgaben und Funktionen der Steuerberatung

Folgen wir der Systematisierung von Rose[9], dann erstreckt sich die Tätigkeit des Steuerberaters auf die folgenden drei Bereiche:

1. Die Steuerdeklarationsberatung, d.h. die Hilfeleistung bei Erstellung von Steuererklärungen nebst Anlagen, der Überprüfung von Steuerbescheiden sowie der Erfüllung sonstiger Formalpflichten (FIBU, Lohn usw.).

2. Die Durchsetzungsberatung, d.h. die Hilfeleistung, insbesondere Vertretung in Streitfällen mit dem Finanzamt, insbesondere bei Rechtsbehelfsverfahren, bei Finanzgerichts- und BFH-Prozessen.

3. Die steuerrechtliche und betriebswirtschaftliche Gestaltungsberatung. Sie soll Entscheidungshilfe bei der vorsorglichen Gestaltung steuerrelevanter wirtschaftlicher Verhältnisse geben.

Hinzu treten Tätigkeiten in Grenzbereichen zur Rechtsberatung und zur Wirtschaftsprüfung[10]. Dieses Aufgabenspektrum ist eingebettet in rechtliche und betriebswirtschaftlich/ organisatorische Rahmenbedingungen. Zum einen ist dies das Berufsrecht mit seinen zahlreichen Postulaten (Unabhängigkeit, Eigenverantwortlichkeit, Gewissenhaftigkeit usw.), zum anderen ist es die betriebswirtschaftliche Organisationslehre.

---

9 Vgl. Rose, G. (1989), S.38, vgl. auch Rose, G. (1974/76), Spalte 375 ff.

10 Vgl. Pasch, H. (1997b), Rz.105 ff.

5. Einordnung der Steuerberatungsleistung in die Typologie von Dienstleistungen

Zur Typologisierung von Dienstleistungen wird in der Betriebswirtschaftslehre vor allem das Modell von Benkenstein[11] herangezogen. Hiernach sind es vor allem zwei Kriterien, die den Typ einer Dienstleistung charakterisieren:

Der Interaktionsgrad gibt an, in welchem Ausmaß der Leistungsempfänger, d.h. der Mandant am Leistungserstellungsprozeß mitwirken muß.

Der Individualisierungsgrad gibt an, in welchem Ausmaß die spezifischen persönlichen Wünsche des Leistungsempfängers (des Mandanten) bei der Leistungserstellung zu berücksichtigen sind.

Für die Definition von Qualitätsniveaus ist diese Typologisierung insofern brauchbar als sich objektive Qualitätsmaßstäbe um so leichter gewinnen lassen, je unabhängiger das Produkt (also die Beratungsleistung) von der Kundenmitwirkung und von subjektiven Kundenwünschen ist. Je niedriger die beiden Grade der Interaktion und der Individualisierung sind, desto leichter ist das Produkt (die Leistung) einer Quantifizierung und Messung zugänglich.

Die Plazierung verschiedener Dienstleistungsberufe im System von Benkenstein gibt die folgende Abbildung 1 wieder.

---

11 Benkenstein, M. (1993)

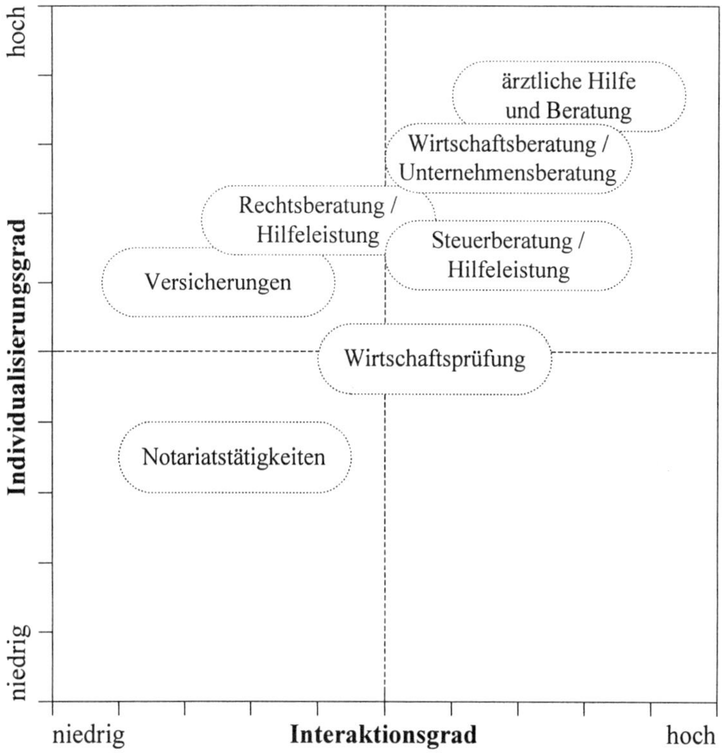

Abb. 1: Die Klassifizierung von Dienstleistungen nach Benkenstein[12]

Es darf allerdings nicht verschwiegen werden, daß mit dieser modellmäßigen Klassifizierung zunächst nicht viel gewonnen ist. Offensichtlich sind die Berufsgruppen darauf bedacht, sich möglichst weit rechts oben zu positionieren. Die Kombination von hoher Individualität in Verbindung mit hoher Interaktivität wird offensichtlich als Indikator für die besondere Schwierigkeit des Auftrags interpretiert und hat etwas mit dem gewünschten Ansehen des Berufsstandes zu tun und letztlich natürlich auch mit der Berechtigung von Honorarforderungen.

---

12 Vgl. Pasch, H. (1997b), Rz. 246.

Zum Beweis darf ich ein solches Benkenstein-Diagramm vorlegen, erstellt von einem Rechtsanwalt.

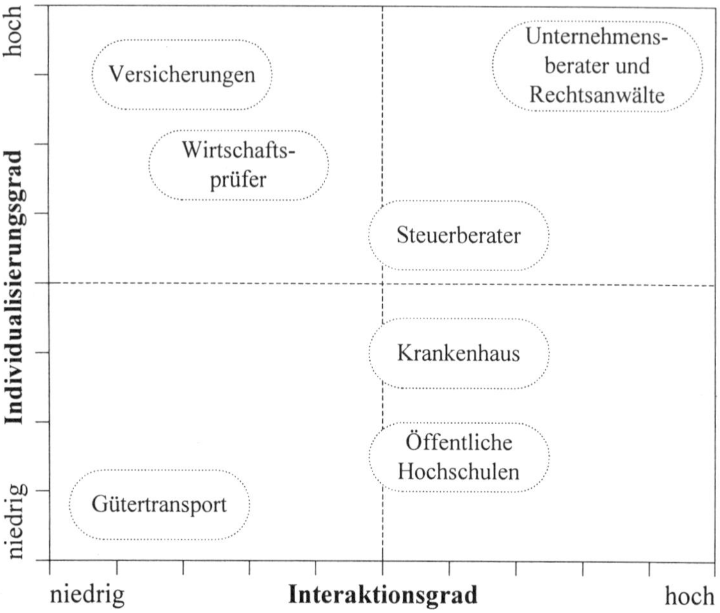

Abb. 2: Die Positionierung des Anwaltsberufes aus der Sicht von Rechtsanwälten[13]

Es nimmt nicht Wunder, daß die Rechtsanwaltstätigkeit von Vertretern dieses Berufsstands so extrem positioniert wird. Über die Qualität - d.h. den Anforderungserfüllungsgrad einer einzelnen Anwaltsleistung - sagt diese Positionierung allerdings noch nichts aus.

Helfen kann uns das Modell von Benkenstein allerdings bei der Beurteilung der Tätigkeiten innerhalb einer Berufsgruppe. Wenn man die verschiedenen Teiltätigkeiten des steuerberaterlichen Tätigkeitsspektrums im Benkenstein-Diagramm plaziert, so ist das selbstver-

---

13 Maurer, R. /Krämer, A. (1996), S.78.

ständlich auch nicht frei von Subjektivismen. Bei aller Unschärfe der Zuordnung wird jedoch deutlich, daß die Teiltätigkeiten in unterschiedlichem Ausmaß einer Qualitätsquantifizierung und -messung zugänglich sein sollten.

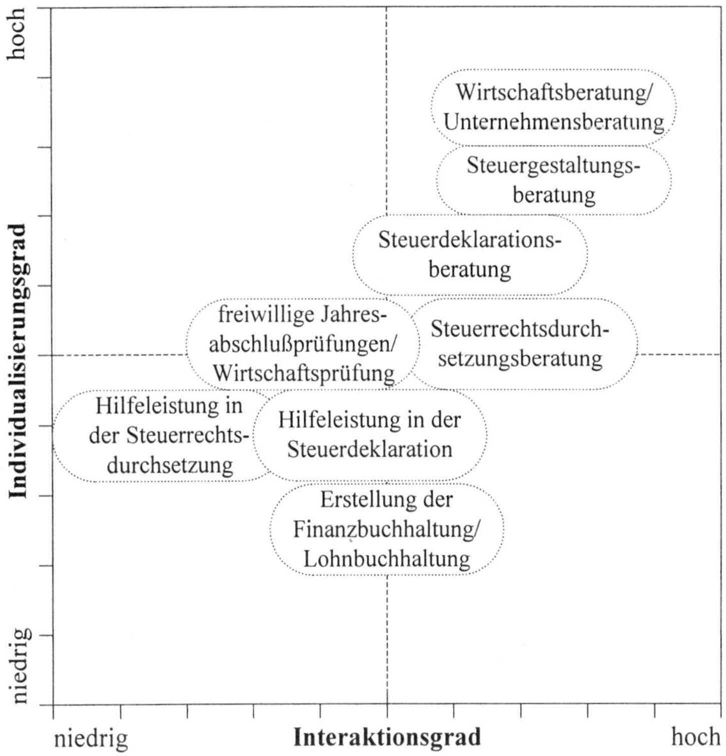

Abb. 3: Die Klassifizierung von Steuerberaterdienstleistungen im Benkenstein-Diagramm[14]

Die immer wichtiger werdende Gestaltungsberatung im steuerlichen und im allgemeinen betriebswirtschaftlichen Bereich entzieht sich damit weitgehend einer direkten Quantifizierung bzw. Messung ihrer Qualität.

---

14 Vgl. Pasch, H. (1997b), Rz. 247.

6. Die Dienstleistungsqualität in der wissenschaftlichen Modellbildung

Wir haben festgestellt, daß sich im Praktikerschrifttum wenig Brauchbares zur Qualitätskonkretisierung finden läßt (vgl. oben, Gliederungspunkt 3). Nach dem kurzen Exkurs auf die Tätigkeitsschwerpunkte der Steuerberater und ihre Typologisierung anhand des Modells von Benkenstein wollen wir nun überprüfen, ob sich aus den wissenschaftlichen Qualitätsmodellen brauchbare und praktikable Erkenntnisse für die Steuerberatungsleistungen ziehen lassen. Es scheint mir hier nicht wichtig zu sein, alle Qualitätsmodelle, die von der Wissenschaft für den Dienstleistungsbereich entwickelt worden sind, zu erläutern und auf die Steuerberaterdienstleistung anzuwenden. Es sollen also nicht möglichst viele theoretische Gebäude, womöglich ohne praktische Fundamente untersucht werden. Andererseits sind aber praktische Schlußfolgerungen ohne theoretische Fundierung meist wertlos, oder, um es besonders plakativ auszudrücken:

Nichts ist so praktisch wie eine gute Theorie!

Wir suchen also gezielt diejenigen Theorien aus, die für die Konkretisierung des Qualitätsbegriffs in der Steuerberatung meines Erachtens besonders passend sind.

6.1. Das Dimensionenmodell von Donabedian

Anfang der Achtzigerjahre hat der Amerikaner Donabedian in seinem Buch „The Definition of Quality and Approaches to its Assessment and Monitoring"[15] sein sogenanntes Dimensionenmodell vorgestellt. Hiernach ist die Qualität der Dienstleistung durch drei Dimensionen gekennzeichnet. Donabedian nennt sie structure, process und outcome (Struktur-, Prozeß- und Ergebnisdimension).

Die **Strukturdimension** (von anderen auch Potentialdimension genannt[16]) umfaßt die Leistungsbereitschaft des Dienstleisters, also der Steuerberaterkanzlei. Hierzu zählen im wesentlichen drei Bereiche:

- Das Vorhalten der sachlichen Infrastruktur (z. B. Räume, EDV-Hard- und Software, Telekommunikationseinrichtungen usw.).
- Das Vorhalten der organisatorischen Infrastruktur (in der klassischen betriebswirtschaftlichen Organisationssprache die sog. Aufbauorganisation).
- Das Vorhalten der personellen Infrastruktur (d.h. die persönliche Eignung und Leistungsbereitschaft der Kanzleiinhaber und ihrer Mitarbeiter). Eng verbunden damit ist das Postulat nach Erfüllung der berufsrechtlichen Anforderungen, d.h. nach Befolgung der Berufsgrundsätze des § 57 StBerG.[17] Wie Sie aus der untergeordneten Stellung der Berufsgrundsätze unter die anderen qualitätsbestimmenden Strukturanforderungen ersehen können, ist die bloße Einhaltung dieser Grundsätze zwar eine notwendige, aber bei weitem keine hinreichende Bedingung für ein hohes Qualitätsniveau der Steuerberatungsleistung. Dem Entwurf der Verlautbarung zur Qualitätssicherung in der Steuerberatungspraxis der Bundessteuer-

---

15 Donabedian, A. (1980)

16 Vgl. Hilke, W. (1989), S.9f.

17 Vgl. hierzu insbesondere den Beitrag von Jäger, R. (1997), S. 213.

beraterkammer ist insofern zuzustimmen, als diese Berufsgrundsätze als allgemeine Qualitätskriterien bezeichnet werden (man sollte sie vielleicht besser als Mindestkriterien bezeichnen), die - so deutlich steht es allerdings nicht im Entwurf - von den konkreten Kriterien ergänzt und überlagert werden.

Warum die Berufshaftpflichtversicherung als allgemeines Qualitätskriterium im Entwurf der Verlautbarung aufgeführt wird, ist mir nicht ganz einsichtig.[18] Sie ist doch ein Mittel zur Schadensbegrenzung gerade bei Mißachtung der Qualitätskriterien, keinesfalls führt sie ursächlich oder motivational zu einer Steigerung der Qualitätsbemühungen in der Kanzlei.

Soweit zur Struktur- bzw. Potentialdimension im Modell von Donabedian.

Die zweite von ihm genannte Dimension ist die **Prozeßdimension**. Sie bezieht sich auf den Prozeß der Leistungserstellung in der Steuerberatungskanzlei, d.h. auf die Organisation der betrieblichen Prozesse und Abläufe in der Kanzlei, die sog. Ablauforganisation.

Die **Ergebnisdimension** schließlich betrifft das Resultat des Erstellungsprozesses. Spätestens hier treffen wir auf das Problem, daß die tatsächlichen Eigenschaften und Merkmale der erbrachten Steuerberaterleistung nicht mit den vom Mandanten gewünschten Eigenschaften und Wirkungen zusammenfallen müssen - weder in sachlicher noch in zeitlicher Hinsicht. Die Tatsache, daß ein Rechtsbehelf frist- und formgerecht eingelegt und sachlich richtig begründet wurde (damit ist das Ergebnis des Erstellungsprozesses aus der Sicht des

---

[18] Vgl. DStR (1998), Beihefter zur Heft 30/1998, S. 2* Gliederungspunkt 1.3.

Steuerberaters als Leistungserbringer definiert), ist für den Mandanten eine selbstverständliche Voraussetzung. Qualitätsrelevant ist für ihn erst der inhaltliche Ausgang des Verfahrens, möglicherweise erst in ferner Zukunft. Zum Zeitpunkt, an dem das Prozeßergebnis (aus der Sicht des Steuerberaters), z.B. der Schriftsatz vorliegt, hat der Mandant noch meist keinen Anhaltspunkt, ob das künftig zu erwartende Ergebnis seinen Anforderungen entspricht.

Das Dreidimensionenmodell von Donabedian ist heute - ich glaube unumstritten - das von der Wissenschaft als Erklärung des Dienstleistungsbegriffes und der Dienstleistungsqualität am häufigsten zugrunde gelegte Modell[19]. Für die Dienstleistungen der Rechtsanwälte wurde dies erst kürzlich von der Verfassungsrichterin Renate Jäger demonstriert[20].

6.2. Wahrnehmungsmodelle

6.2.1. Die beiden Erfahrungsdimensionen von Qualität

Jede Leistung - sei es ein materielles Produkt oder eine immaterielle Dienstleistung - wird in zwei Dimensionen erfahren.

Die erste Dimension betrifft die objektiv beschreibbaren Eigenschaften der Leistung. Bezogen auf die Steuerberatung sind dies z.B. die Ausstattung der Kanzlei, das Vorhandensein einer Emailadresse, einer Homepage im Internet, die Öffnungszeiten, die Erreichbarkeit der Mitarbeiter, die Anzahl der Mitarbeiter, die Geschwindigkeit der

---

19 Vgl. Corsten, H. (1988); vgl. auch Meyer, A. /Mattmüller, R. (1987)

20 Vgl. Jäger, R. (1997), S. 213.

Auftragsabwicklung und vieles mehr. Nennen wir diese Dimension die **primäre oder objektive Qualitätsdimension**[21]

Die zweite Qualitätsdimension (vom Schrifttum auch **sekundäre oder subjektive Qualität** genannt) spricht die subjektive Wahrnehmung und Auslegung dieser primären Qualitätsmerkmale an.

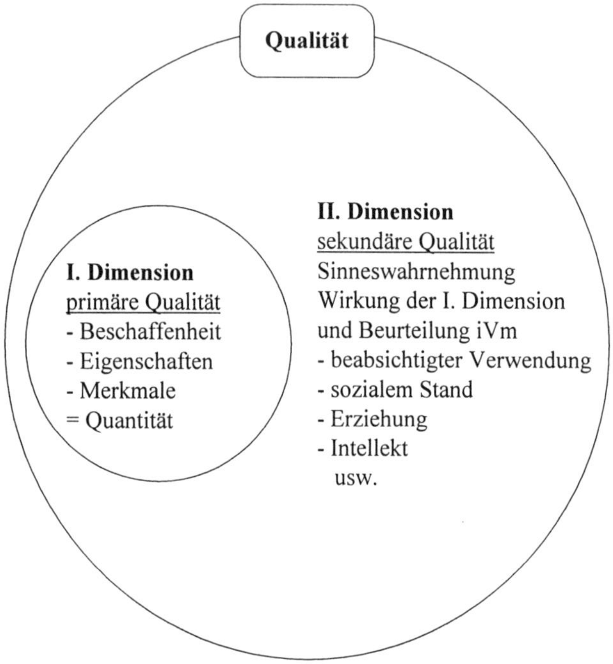

Abb. 4: Subjektive und objektive Erfahrungsdimension von Qualität[22]

Ein kleines, vielleicht triviales Beispiel zur Verdeutlichung:

Der Mandant ruft mit einem Problem in der Kanzlei an. Ein Kanzleimitarbeiter sagt ihm, der Chef sei nicht da, er würde aber schnellstmöglich zurückrufen. Nehmen wir nun an, daß der Rückruf erst nach

---

21 Vgl. auch Mittelstraß, J. (1995), S. 3161.

22 Aus: Heinhold, M. /Pasch, H. (1997), S. 588.

relativ langer Zeit erfolgt. Die verstrichene Zeit ist objektiv meßbar, sie fällt in die primäre Qualitätsdimension. Unterstellt man einen direkten Zusammenhang zwischen der Länge der Zeit und dem Qualitätsniveau, dann würde ein später Rückruf einen sehr niedrigen Qualitätsgrad aufweisen. Auf der subjektiven Wahrnehmungsebene des Mandanten kann dies jedoch höchst unterschiedlich beurteilt werden. Das Spektrum der möglichen Reaktionen reicht von:

- Es ist egal, Hauptsache er ruft zurück.
- Er kümmert sich nicht um unsere Probleme.
- Er arbeitet sehr gründlich.
- Er ist viel beschäftigt, hat viele Mandanten, muß also ein guter Steuerberater sein.

6.2.2. Das Wahrnehmungsmodell von Grönroos

Dieses Auseinanderklaffen objektiver Qualitätsmerkmale von den Qualitätswahrnehmungen ist Ausgangspunkt des Modells von Grönroos. Der Schwede Grönroos hat - ebenfalls in den Achtzigerjahren - ein Qualitätsmodell entwickelt, „A model which describes how quality of services is perceived by the customers“, wie er im Journal of Marketing schreibt[23]. Er definiert die Dienstleistungsqualität aus dem Unterschied zwischen der erwarteten und der erfahrenen Leistung, sozusagen aus der Soll-Ist-Abweichung. Probleme ergeben sich insbesondere in der Leistungswahrnehmung, wie wir ja schon beim vorigen Modell gesehen haben. Deswegen unterteilt er die Wahrnehmungskomponente in eine von ihm sogenannte **Tech-Dimension**,

---

23 Grönroos, C. (1984)

also eine technische Dimension der eher objektiven Wahrnehmung und in eine **Touch-Dimension**, eine Dimension der eher subjektiven, gefühlsmäßigen Wahrnehmung von Qualitätsmerkmalen. Während die Dienstleistungsmerkmale, die der Tech-Dimension zugehören i.d.R. quantifizierbar und objektiv meßbar sind (z.B. technische Ausstattungsmerkmale der Kanzlei, Pünktlichkeit, Termintreue u. dgl.), betrifft die Touch-Dimensiom mehr die Art und Weise, wie die Leistung angeboten wird (z.B. Kanzleiambiente, Freundlichkeit der Mitarbeiter usw.). Beide Dimensionen bestimmen das Image einer Kanzlei und damit das Qualitätsniveau.

6.3. Synthese aus den Qualitätsmodellen von Donabedian und Grönroos am Beispiel der Steuerberatung

Versucht man, die beiden Qualitätsmodelle von Donabedian[24] und Grönroos[25] zusammenzuführen, dann ergibt sich ein Qualitätsbegriff, der sich aus den Teilqualitäten: **Strukturqualität**, **Prozeßqualität** und **Ergebnisqualität** zusammensetzt, wobei jede dieser Teilqualitäten aus objektiv und subjektiv wahrnehmbaren Merkmalen besteht, aus Tech- und Touch-Merkmalen also. Diese Modellsynthese wurde im wesentlichen von A. Meyer vorgenommen[26]

---

24 Vgl. Donabedian, A. (1980)

25 Vgl. Grönroos, C. (1984)

26 Vgl. Meyer, A. (1990); vgl. auch Meyer, A. /Westerbarkey, P. (1995), S. 83-106.

Die folgende Abbildung 5 ordnet in Anlehnung an die Darstellung bei Pasch[27] diesen Qualitätsdimensionen Beispiele aus der Steuerberatung zu.

Qualitätsdimensionen / Teilqualitäten	**Tech-Dimension**	**Touch-Dimension**
Strukturqualität	Standort, Gebäude, Interieur, Technische Ausstattung, Anzahl und Qualifikation der Mitarbeiter, Sprechzeiten	Reputation, Referenzen, Aussehen, Ausstrahlung des Kanzleipersonals
Prozeßqualität	Fachliche Fertigkeiten, formaler Leistungsablauf, Zeitdauer der Leistungserstellung	Atmosphäre in der Kanzlei, Einstellung und Verhalten der Mitarbeiter untereinander und mit dem Mandanten sowie mit den Unterlagen, tatsächliche Erreichbarkeit, Zuvorkommenheit, Schnelligkeit
Ergebnisqualität	rechtliche Richtigkeit, Bestätigung durch das Gericht, äußerlicher Ausdruck eines Jahresabschlusses, Steuererklärung mit schriftlicher Auswertung der rechtlichen Folgen	Erklärung, Erläuterung der Leistung, Nachbetreuung bei nachfolgenden Fragen, Beschwerdeverhalten

Abb. 5: Indikatoren der Steuerberatungsqualität nach dem Synthesemodell von Meyer[28]

---

27 Pasch, H. (1997b), Rz. 205.

28 Vgl. Meyer, A. (1990); vgl. auch Meyer, A. /Westerbarkey, P. (1995), S. 83-106.

6.4. Das Querschnittsmodell von Pasch

Ergebnis dieses Synthesemodells ist, daß sich die Dienstleistungsqualität aus dem Zusammenwirken einer Vielzahl von objektiv erfahrenen bzw. subjektiv wahrgenommenen Struktur-, Prozeß- und Ergebnismerkmalen zusammensetzt. Unbefriedigend an diesem Erklärungsansatz ist aber, daß die Wahrnehmungsfähigkeit des Kunden (Mandanten) vorausgesetzt wird.

Was aber kann der Mandant tatsächlich wahrnehmen?

Man könnte jetzt viele Beispiele von Struktur-, Prozeß- und Ergebnismerkmalen suchen und jeweils die Frage stellen, ob diese Merkmale

- bewußt wahrgenommen werden,
- unbewußt wahrgenommen werden
- oder vom Mandanten nicht wahrgenommen werden können.

Während die Strukturmerkmale noch relativ gut wahrnehmbar sind, ist dies bei den Prozeßmerkmalen schon eher fraglich. Einblicke in Ablagesysteme, in interne Verfahrensanweisungen, in Ablaufpläne, in die Dokumenten- und Dateienverwaltung und dergleichen hat der Mandant normalerweise nicht.

Das Sorgenkind ist aber die Ergebnisqualität[29]. Eine hohe Qualität des Beratungsergebnisses ist ja eigentlich das, was der Mandant braucht und erwartet. Er will gut, z.B. steuersparend beraten sein. Hier bleibt ihm allerdings zwangsläufig das meiste verborgen. Das hat viele Gründe, vor allem die Kompliziertheit des materiellen Steuerrechtes,

---

29 Vgl. Jäger, R. (1997), S. 213.

die Komplexität des steuerlichen Verfahrensrechts mit den üblicherweise sehr langen Verfahrensdauern, die vielschichtigen und häufig unsicheren Rechtsfolgen bei steuerlichen und nichtsteuerlichen Gestaltungsmaßnahmen. Für den Mandanten bleibt hier vieles im Dunkeln - in der folgenden Abb. 6 durch die dunkle Schattierung symbolisiert.

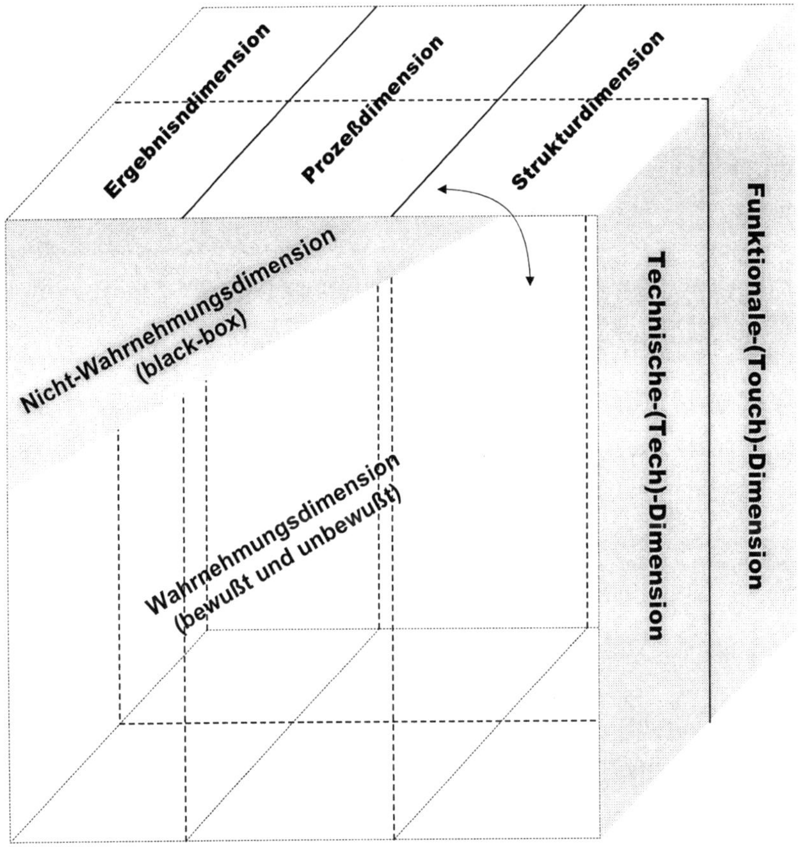

Abb. 6: Der Qualitätswürfel nach Pasch[30]

---

30 Vgl. Pasch, H. (1997b), Rz. 219.

7. Das Grunddilemma der Qualitätsdefinition in der Steuerberatung

Die im Verlauf dieses Beitrags herausgearbeiteten Ergebnisse lassen sich in den folgenden drei Punkten zusammenfassen:

1. Die Ergebnisdefinition des Mandanten weicht von der des Steuerberaters ab. Ergebnis aus der Sicht des Steuerberaters ist der Abschluß seines Leistungserstellungsprozesses. Aus der Sicht des Mandanten ist das Ergebnis i.d.R. die abschließende Handhabung durch die Finanzverwaltung, gegebenenfalls auch durch FG oder BFH.

2. Eine zeitnahe, d.h. dem Leistungserstellungsprozeß unmittelbar folgende Ergebniswahrnehmung ist für den Mandanten i.d.R. nicht möglich.

3. Der StB erlebt das Ergebnis seines Leistungsprozesses deutlich früher als der Mandant das Ergebnis wahrnimmt, teilweise liegen Monate oder gar Jahre dazwischen (z.B. zwischen Beratung und abschließendem FG- oder BFH-Urteil.

Ergebnis:

Die Sichtweisen von Steuerberater und Mandant divergieren i. d. R. sowohl in sachlicher als auch in zeitlicher Hinsicht.

8. Folgerungen für die Konkretisierung und Meßbarkeit der Steuerberatungsqualität

Die Leistungsqualität, so wie sie der Mandant als Ergebnisqualität wahrnimmt, ist für den Steuerberater weder grundsätzlich, und schon gar nicht allgemeingültig faßbar. Die subjektive Qualitätseinschätzung und Qualitätserfahrung durch die Mandanten ist nicht objektivierbar und bleibt für den Steuerberater im Verborgenen. Eine allgemeingültige Quantifizierung der Ergebnisqualität (aus Mandantensicht) ist deshalb für den Steuerberater i.d.R. unmöglich. Meßbarkeit ist nicht gegeben und auch nicht herstellbar.

Der Steuerberater muß deshalb Ersatzkriterien suchen. Solche Ersatzkriterien sind seine Leistungsbereitschaft und sein Leistungsniveau, ausgedrückt in einer betriebswirtschaftlich zweckmäßigen Aufbau- und Ablauforganisation. Qualitätsmanagement in der Steuerberatung kann nur so verstanden werden.

Zurück zu den betriebswirtschaftlichen Qualitätsmodellen:

Bei der Struktur- und Prozeßqualität (nach Donabedian) als Tech-Dimension (nach Grönroos) im Bereich niedriger Individualisierungs- und Interaktivitätsgrade (nach Benkenstein) ist eine Übereinstimmung der Qualitätsvorstellungen von Berater- und Mandant am ehesten zu erwarten. In den höheren, für den Mandanten wichtigeren Dimensionen, insbes. bei der Ergebnisqualität, bleibt dem Steuerberater nur die Hoffnung, daß der Mandant bei Vorliegen eines entsprechenden Organisationsniveaus einen direkten Zusammenhang mit der Ergebnisqualität im Sinne seiner subjektiven Leistungsanforderungen vermutet.

In diesem Sinne sollte der Steuerberater seinem Mandanten das Signal[31] geben:

---

31 In diesem Sinne ist wohl auch die Forderung von Lutz zu interpretieren: „Qualität sichtbar machen“, vgl. Lutz, D. /Ossola-Haring, C. /Plagens, P.W. (1995), S. 11.

„Wir befassen uns ernsthaft mit dem Organisationssystem unserer Kanzlei als Voraussetzung für eine optimale Leistungserbringung".

Ein Weg hierzu kann auch die Zertifizierung[32] sein, es ist allerdings nicht der einzige Weg. Vor allem gewährleistet die Maximierung des organisatorischen Leistungsniveaus nicht die Maximierung des Qualitätsniveaus entsprechend den subjektiven Mandantenvorstellungen.

Ein Beispiel aus dem nicht-steuerlichen Bereich soll dies verdeutlichen:

> Ein geniales Softwarepaket, das von einem chaotisch organisierten Softwarehersteller angeboten wird, erfüllt die Qualitätswünsche der Kunden wesentlich besser, als ein schlechtes Softwarepaket, das von einem Hersteller mit perfekten Organisationsstrukturen und Organisationsabläufen kommt.

Ziel dieses Beitrags war es, dem Leser klarzumachen, daß der Qualitätsbegriff, die Quantifizierung von Qualität und auch das Managen von Qualität ein höchst problematisches Unterfangen ist, vor allem da kein zwingender direkter Zusammenhang zwischen der Qualität des Dienstleistungsergebnisses (aus der Sicht des Mandanten) und der Organisationsqualität aus der objektiveren Sicht des Steuerberaters besteht.

Das Verhältnis von Mandant und Steuerberater muß deshalb vor allem durch Vertrauen gekennzeichnet sein[33].

---

32 Exner sieht so den Nutzen einer Zertifizierung vor allem im Bereich der „mentalen Erfolgsfaktoren", wenn er schreibt, daß „der Nutzen nicht berechenbar, aber sicherlich erheblich" sei, Exner, H. (1997), S. 517.

33 So auch Jäger, R. (1997), S. 213; Brackhahn, W. /Vogt, U. (1997), S. 13; Lutz, D. /Ossola-Haring, C. /Plagens, P.W. (1995), S. 11 und 30

Die Optimierung von Organisationsstrukturen und -prozessen nach betriebswirtschaftlichen Kriterien

- ist für den Steuerberater eine unzweifelhaft sehr wichtige Qualitätsdimension (allein schon aus Gründen der Kostenersparnis),
- für das Qualitätsempfinden des Mandanten ist sie bestenfalls ein Qualitätsindiz.

Begriff und Messung der Qualität von Jahresabschlußprüfungen

von Prof. Dr. Kai-Uwe Marten

Lehrstuhl für Rechnungswesen und Wirtschaftsprüfung an der Bergischen Universität – GH – Wuppertal.

Gliederung:

1. Einführung

Die Qualität ihrer Dienstleistungen ist neben den Faktoren Zeit und Kosten zu einem wesentlichen Erfolgsfaktor des Managements von Wirtschaftsprüfungsgesellschaften geworden. Während in der bisherigen Literatur zur Wirtschaftsprüfung eher ein produktorientierter Qualitätsbegriff verwendet wurde,[1] möchten die vorliegenden Ausführungen einen Beitrag zur Entwicklung eines umfassenden Qualitätsverständnisses leisten.[2]

Ziel der vorliegenden Ausführungen soll es sein, den Begriff der Qualität von Jahresabschlußprüfungen zu klären und ein Konzept zur Messung der Qualität von Wirtschaftsprüferleistungen zu entwickeln. Dadurch sollen für die wirtschaftsprüfende Praxis Ansätze zu einem

---

1 Zur Klassifizierung verschiedener Qualitätsbegriffe siehe Garvin, D. A. (1984), S. 25 ff.

2 In Anlehnung an Schmitz, J. (1996), S. 3.

Qualitätscontrolling von Wirtschaftprüferleistungen herausgearbeitet werden.[3]

2. Begriff der Qualität von Jahresabschlußprüfungen

Da dem Begriff 'Qualität' in den nachfolgenden Ausführungen eine große Bedeutung zukommt, soll dieser zunächst anhand der allgemeingültigen Norm DIN EN ISO 8402 erläutert werden. Im Anschluß daran wird dann der Frage nachgegangen, welche Definitionen des Begriffs 'Prüfungsqualität' in der Literatur zur Wirtschaftsprüfung zu finden sind. In diesem Zusammenhang wird es notwendig sein, ebenfalls die Begriffe 'Mandant' und 'Nachfrager nach Jahresabschlußprüfungsleistungen' zu klären.

2.1. Versuch einer allgemeingültigen Definition des Begriffs 'Qualität' mit Hilfe der DIN EN ISO 8402

Das Wort 'Qualität' leitet sich vom lateinischen 'qualitas' - das heißt 'Beschaffenheit' - ab.[4] Diese Bedeutung hat 'Qualität' auch im heutigen Sprachgebrauch noch. Allerdings hat das Wort eine Bedeutungserweiterung erfahren. Es wird auch im Sinne von Güte verwendet.

---

3 Der vorliegende Beitrag basiert auf den Ergebnissen des Forschungsprojektes 'Qualität von Wirtschaftsprüferleistungen - Theorie und Empirie', die in der Habilitationsschrift von Marten, K.-U. (1997) dargestellt sind. Das Forschungsprojekt wurde von der Arthur Andersen Stiftung (Essen) und von der Deutschen Forschungsgemeinschaft (Bonn) finanziell gefördert.

4 Einen Überblick über gängige Definitionen des Begriffes 'Qualität' liefern Hardie, N. /Walsh, P. (1994), S. 53.

Zwischen diesen beiden Bedeutungen besteht ein erheblicher Unterschied:

(1) Über die Beschaffenheit eines Objektes lassen sich grundsätzlich objektive Aussagen machen.

(2) Eine Aussage über die Güte eines Objektes ist das Ergebnis einer subjektiven Bewertung seiner Beschaffenheit.

Die folgende Abbildung 1 verdeutlicht dies:

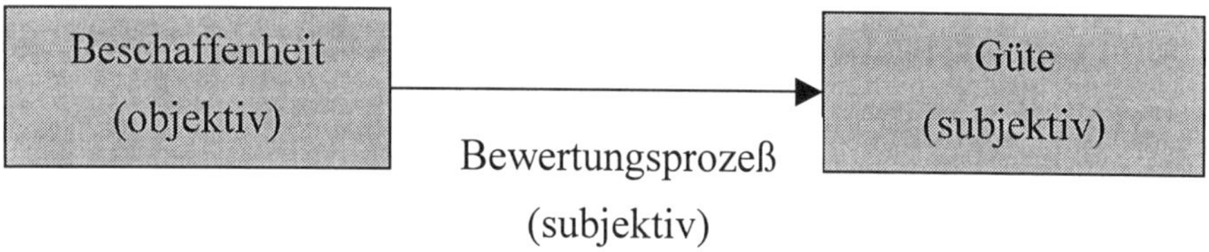

Abb. 1: Beschaffenheit und Güte eines Objektes

Die Benutzung des Wortes einmal im Sinne von 'Beschaffenheit' ein anderes Mal im Sinne von 'Güte' hat in der Diskussion über das Qualitätsmanagement zu einigen Unklarheiten geführt.[5] Die Norm DIN EN ISO 8402 'Qualitätsmanagement, Begriffe' stellt den Versuch dar, zu allgemein gültigen Begriffsbestimmungen zu kommen,

---

5 'Qualitätsmanagement' wird nach DIN 55350 Teil 11 (neu) sowie den Regelungen der Deutschen Gesellschaft für Qualität e. V. als "Gesamtheit der qualitätsbezogenen Tätigkeiten und Zielsetzungen" definiert. Das Zitat wurde bei Bruhn, M. (1996), S. 89 entnommen. Vgl. dazu auch Meffert, H. /Bruhn, M. (1997), S. 197 ff.; Pepels, W. (1996), S. 31 ff. Vgl. des weiteren DIN (1992), Abschnitt 3.2, Anm. 1; Dichtl, E. (1991), S. 155. Zur Zertifizierung eines Qualitätsmanagementsystems siehe Pater, H. /Richard, O. (1994), S. 26 ff.; Schwickert A.C. /Beemelmann, Th. /Kargl, H. (1995), S. 127 ff. und S. 207 ff.

d. h. es sollen die Begriffe, die auf dem Gebiet des 'Qualitätsmanagements' verwendet werden, geklärt und normiert werden.[6]

Erstes Teilziel auf diesem Wege ist eine allgemeingültige Definition des Begriffs 'Qualität' selbst. Dabei wird folgendes festgestellt:

> "Qualität [ist die] Gesamtheit von Merkmalen (und Merkmalswerten) einer Einheit bezüglich ihrer Eignung, festgelegte und vorausgesetzte Erfordernisse zu erfüllen"[7].

Dabei ist eine 'Einheit' definiert als "das, was einzeln beschrieben und betrachtet werden kann"[8]. Dazu zählen z. B. "eine Tätigkeit oder ein Prozeß, ein Produkt, eine Organisation, ein System oder eine Person oder irgendeine Kombination daraus"[9]. Das hohe Abstraktionsniveau dieser Erläuterungen erfordert, diese sehr knappe Definition zu analysieren und ihre Bestandteile zu konkretisieren und interpretieren.

Zunächst ist nach dieser Definition 'Qualität' kein eigenständiges Merkmal einer Einheit. Erst wenn eine bestimmte "Gesamtheit von Merkmalen ... einer Einheit"[10] betrachtet wird, ist eine Aussage über die Qualität dieser Einheit möglich. Der Begriff 'Gesamtheit' scheint

---

6 Mit der Einführung von Qualitätsüberlegungen in die Betriebswirtschaftslehre haben sich eine Reihe von Begriffen zur Qualität entwickelt. Begriffe wie Qualitätskontrolle, Qualitätssicherung, Qualitätsmanagement und nicht zuletzt Total Quality Management (TQM) beschreiben Ansätze des unternehmensinternen Umgangs mit Qualität. Einen Überblick über diese zentralen Begriffe geben Corsten, H. (1997), S. 292 ff.; Horváth, P. (1984), S. 33; Pasch, H. (1997b), S. 17 ff.

7 DIN EN ISO 8402 (1992), Abschnitt 1.1.

8 Bruhn, M. (1996), S. 23.

9 Bruhn, M. (1996), S. 23.

10 DIN EN ISO 8402 (1992), Abschnitt 1.1.

hier als Synonym für 'Menge' im mathematischen Sinne verwendet zu werden.[11] Welche Elemente enthält nun diese Menge, die zur Beschreibung der Qualität einer Einheit herangezogen werden muß? Die DIN EN ISO 8402 spricht von "Merkmalen ... bezüglich ihrer Eignung, festgelegte und vorausgesetzte Erfordernisse zu erfüllen"[12]. Diese Formulierung zeichnet sich wiederum durch ein hohes Abstraktionsniveau und nicht gerade durch leichte Verständlichkeit aus. Gemeint sind wohl Merkmale einer Einheit, deren Ausprägungen bestimmen, inwieweit diese Einheit festgelegte und vorausgesetzte Erfordernisse erfüllt.[13]

Die vorangegangenen Überlegungen legen folgende Interpretation der Definition des Begriffs 'Qualität' gemäß DIN EN ISO 8402 nahe: Das Merkmal 'Qualität einer Einheit' gibt an, wie gut die Einheit geeignet ist, bestimmte Erfordernisse zu erfüllen. Einen Hinweis darauf, wie die Ausprägungen des Merkmals 'Qualität' beschrieben werden sollen, gibt die Anmerkung 4 zu Punkt 2.1 der Norm. Hier weisen die

---

11 Die französische Version der Norm DIN EN ISO 8402 benutzt durchgängig das Wort 'ensemble', das dem deutschen Wort 'Menge' im mathematischen Sinne entspricht. Während die deutsche Version zwischen den weniger präzisen Begriffen 'Gesamtheit', 'Satz' und 'Serie' schwankt, benutzt die englische einmal 'totality', ein anderes Mal 'set', das im Englischen für 'Menge' im mathematischen Sinne steht.

12 DIN EN ISO 8402 (1992), Abschnitt 1.1 und 2.1.

13 In der englischen Fassung heißt es deutlicher "characteristics of an entity, that bear on [sich auswirken auf] its ability to satisfy stated and implied needs" und in der französischen "des charactéristiques d'une entité, qui lui confèrent [verleihen] l'aptitude à satisfaire des besoins exprimés et implicites". In der in dieser Arbeit benutzten Formulierung wurde das Wort 'Eignung' (ability, aptitude) vermieden. Andererseits wurde der Begriff 'Ausprägungen' hinzugefügt, um der - nur in der deutschen Version - vorgenommenen Unterscheidung zwischen 'Merkmalen' und 'Merkmalswerten' Rechnung zu tragen. Vgl. zum Begriff 'Ausprägung' Bamberg, G. /Baur, F. (1996), S. 5 f.

Verfasser darauf hin, daß 'Qualität' nicht als einzelnes Wort gebraucht, sondern durch ein wertendes Adjektiv ergänzt werden sollte.

In diesem Sinne ist es also möglich von einer guten, mäßigen oder schlechten Qualität einer Einheit zu sprechen, wenn diese gut, mäßig oder schlecht geeignet ist, bestimmte Erfordernisse zu erfüllen. Da die wertenden Adjektive eine Rangfolge darstellen, ist 'Qualität' ein diskretes (ordinalskaliertes) Merkmal, dessen Ausprägungen durch verbale Ausdrücke beschrieben werden.[14]

Welche Erfordernisse eine Einheit erfüllen muß, hängt davon ab, wer sie beurteilt. Gerade deshalb ist DIN EN ISO 8402 als Ausgangspunkt für eine Differenzierung von 'Qualitätsansätzen' gut geeignet, da diese sich über die Kategorien 'Einheit' und 'Anspruchsgruppe' spezifizieren lassen.[15] Festzuhalten ist außerdem, daß ein Qualitätsurteil im Sinne der Norm das Ergebnis einer subjektiven Bewertung der objektiven Beschaffenheit einer Einheit ist. 'Qualität' wird also im Sinne von 'Güte' verstanden. Die Norm DIN EN ISO 8402 äußert sich nicht dazu, wie ein Verfahren zur Messung der Qualität aussehen könnte.

---

14 Während bei einem stetigen Merkmal zwischen zwei beliebigen möglichen Ausprägungen beliebig viele Zwischenwerte möglich sind, können bei einem diskreten Merkmal nur endlich viele andere mögliche Ausprägungen dazwischen liegen. Während ordinalskalierte Werte diskret oder stetig sein können, können nominalskalierte nur diskret sein; vgl. Bamberg, G. /Baur, F. (1996), S. 7 f.; zum Begriff 'ordinalskaliert' vgl. Bamberg, G. /Baur, F. (1996), S. 17 f. und Gierl, H. (1995), S. 44.

15 Vgl. Bruhn, M. (1995a), S. 24; Bruhn, M. (1996), S. 24 f.; Fischer, T. /Schmitz, J. (1994), S. 63; Ghobadian, A. (1994), S. 47 f.; Haller, S. (1993), S. 20; Hardie, N. /Walsh, P. (1994), S. 53; Kühn, R. (1991), S. 98; Lindquist, H. /Persson, J. (1993), S. 18; Miville, F. /Gustke R.v. (1994), S. 9; Stauss, B. /Hentschel, B. (1991), S. 238.

Da der hier vorliegende Beitrag die Qualität von Jahresabschlußprüfungen fokussiert, soll zunächst der Begriff 'Wirtschaftsprüfung' kurz skizziert werden.

2.2. Versuch der Beschreibung des Begriffs 'Prüfungsqualität'

Die Tätigkeit des Wirtschaftsprüfers gehört zu den sogenannten 'Katalogberufen' des § 18 Abs. 1 Nr. 1 EStG.[16] Danach übt der Wirtschaftsprüfer einen freien Beruf aus, der ihm gewerbliche Tätigkeiten untersagt.[17] Nach § 2 Abs. 1 WPO haben Wirtschaftsprüfer die berufliche Aufgabe, Jahresabschlußprüfungen von wirtschaftlichen Unternehmen vorzunehmen und Bestätigungsvermerke über die Vornahme und das Ergebnis solcher Prüfungen zu erteilen. Darüber hinaus sind sie befugt, in steuerlichen Angelegenheiten zu beraten (§ 2 Abs. 2 WPO) und in bestimmten Bereichen als Sachverständige tätig zu werden (§ 2 Abs. 3 WPO).

Lück unterteilt die Tätigkeitsfelder von Wirtschaftsprüfern in Prüfung, Beratung, Begutachtung und Betreuung. Unter Prüfung versteht er einen Prozeß zur Herbeiführung eines vertrauenswürdigen Urteils (z. B. Testat) über einen gegebenen ökonomischen Sachverhalt durch Vergleich eines vom zu prüfenden Unternehmen erstellten Ist-Objektes (z. B. der vom Mandanten vorgelegte Jahresabschluß) mit einem bereits vorgegebenen oder noch zu ermittelnden Soll-Objekt

---

16 Vgl. Biergans, E. (1985), S. 58.

17 Vgl. §§ 1 Abs. 2 Satz 1 und 43 Abs. 3 Nr. 1 WPO.

(z. B. der vom Abschlußprüfer auf Grundlage der Rechnungslegungsnormen abgeleitete Jahresabschluß).[18]

Im folgenden sei mit dem Begriff 'Wirtschaftsprüfung' im weiteren Sinne die Gesamtheit der Tätigkeiten gemeint, die im Rahmen des Berufsbildes des Wirtschaftsprüfers anfallen.[19] Im engeren Sinne wird die Durchführung gesetzlich vorgesehener und vertraglich vereinbarter Jahresabschlußprüfungen wegen ihrer Bedeutung häufig der Wirtschaftsprüfung gleichgesetzt.[20]

Im weiteren Verlauf dieses Beitrages wird als Untersuchungsobjekt die Jahresabschlußprüfung gemäß §§ 316 ff. HGB ausgewählt.[21] Diese ist dem Berufsstand der Wirtschaftsprüfer vorbehalten und steht als eine der zentralen Tätigkeiten des Wirtschaftsprüfers im besonderen Interesse der Öffentlichkeit.[22] Die Jahresabschlußprüfung ist im Sinne von § 316 Abs. 1 HGB eine Gesetz-, Satzungs- und Ordnungsmäßig-

---

18 Vgl. Leffson, U. (1991), S. 13; Lück, W. (1991), S. 37 f.

19 Vgl. zu den Beratungsleistungen der Wirtschaftsprüfer Backhaus, K. (1990), S. 683 f.; Elkhart, W. (1993), S. 153; Emmerich, G. (1988), S. 639 ff.

20 Vgl. Buchner, R. (1993), Sp. 4751; o. V. (1992), S. 939.

21 Das Grünbuch der Europäischen Kommission weist darauf hin, daß es bisher keine Definition der Pflichtprüfung im europäischen Raum gibt.

22 Die Prüfung mittelgroßer GmbH kann gemäß § 319 Abs. 1 HGB auch durch vereidigte Buchprüfer erfolgen. Da sich für den hier vorliegenden Beitrag keine spezifischen Besonderheiten zwischen beiden Prüfergruppen ergeben, werden Wirtschaftsprüfer und vereidigte Buchprüfer synonym betrachtet.

keitsprüfung über die handelsrechtliche Rechnungslegung von Kapitalgesellschaften im Sinne von § 267 Abs. 2 und 3 HGB.[23]

Aspekte zum Thema Qualität in der Wirtschaftsprüfung wurden in den letzten Jahren - aber insbesondere in jüngster Zeit - sowohl von berufsständischer als auch von wissenschaftlicher Seite verstärkt diskutiert.[24] In der einschlägigen (deutschen) Literatur zur Wirtschaftsprüfung ist Qualität in diesem Kontext nur unzureichend definiert

23 Ein Beitrag zur Qualität von Wirtschaftsprüferleistungen kann zwangsläufig nicht alle interessanten Fragestellungen behandeln. Deshalb soll hier zunächst der Begriff und die Messung der Qualität von Wirtschaftsprüferleistungen diskutiert werden. Darauf aufbauend könnten weitere Einzelprojekte ‘angestoßen’ werden. Dazu gehören z. B. die Untersuchung von Qualitätssignalen bestimmter Prüfungsleistungen im Kontext der Principal-Agency-Theorie und die Untersuchung eines möglichen Zusammenhanges zwischen dem Qualitätsniveau von Prüferleistungen und dem Unternehmenserfolg einer Prüfungsgesellschaft.

24 Der Begriff ‘Qualitätsmanagement’ wurde von Albach, H. (1992) und Lück, W. (1994) in die Literatur zur Wirtschaftsprüfung eingeführt und von Rüchardt, F. (1995) und Lindgens-Strache, U. (1997) etwas später erneut aufgegriffen; vgl. Albach, H. (1992), S. 17 f.; Lück, W. (1994), S. 49. Lindgens-Strache, U. (1997) faßt die gegenwärtigen Überlegungen des Berufsstandes zur Implementierung eines Qualitätsmanagementsystems in Prüfungsgesellschaften zusammen; vgl. Lindgens-Strache, U. (1997), S. 275. Weitere Beiträge zur Qualität in der Wirtschaftsprüfung erstellten Dörner, D. (1991); Heydkamp, W. /Dyck, K. (1991); Niehus, R. (1993a und b). Durch den Entwurf zum ‘Kontroll- und Transparenzgesetz’ (KonTraG) der Bundesregierung und das Grünbuch der Europäischen Kommission, die beide das Ziel der Verbesserung der Prüfungsqualität verfolgen, ist dieses Forschungsgebiet in den Fokus des wissenschaftlichen Interesses gerückt.

worden.[25] Es lassen sich lediglich Anhaltspunkte dafür, was unter diesem Begriff subsumiert werden kann, finden.[26] So sieht Schmid „Qualität als Ausdruck dafür, in welchem Maße eine Problemlösung, sei es ein materielles Gut oder eine Dienstleistung, bestimmte ex ante definierte Eigenschaften erfüllt [hat]„[27]. Es hat den Anschein, der Begriff 'Qualität' werde im Berufsstand der Wirtschaftsprüfer als gemeinhin bekannt vorausgesetzt.[28]

Angesichts des Mangels einer fundierten Definition des Begriffs 'Qualität' in der deutschen Literatur zur Wirtschaftsprüfung erscheint es sinnvoll, einen Blick in das US-amerikanische Schrifttum zu werfen. Dort finden sich im wesentlichen zwei verschiedene Definitionen

---

25 Diese Feststellung trifft auch Niehus, R. (1993b), S. 864. Im Zusammenhang mit der Verabschiedung der gemeinsamen Stellungnahme VO 1/1995 zur 'Qualitätssicherung in der Wirtschaftsprüferpraxis' der Wirtschaftsprüferkammer und des Instituts der Wirtschaftsprüfer fanden die oben genannten Qualitätsbegriffe auch Eingang in die Prüfungspraxis. Für die deutsche Wirtschaftsprüfungspraxis spielt der Begriff 'Qualitätssicherung' aufgrund der VO 1/1995 eine zentrale Rolle. Dieser läßt sich kurz als die Gesamtheit organisatorischer Maßnahmen, die zur Erstellung und Erhaltung von Qualität verwendet werden, umreißen; vgl. IDW (1995), S. 824 ff. und im weiteren Dörner, D. (1993), S. 703; Havermann, H. (1996), S. 400; Lindgens-Strache, U. (1997), S. 275. In der DIN EN ISO 8402 wird 'Qualitätssicherung' definiert als „alle geplanten und systematischen Tätigkeiten, die innerhalb eines Qualitätsmanagementsystems...verwirklicht sind, und die wie erforderlich dargelegt werden, um angemessenes Vertrauen zu schaffen, daß eine Einheit ... die Qualitätsforderung erfüllen wird„; DIN (1992).

26 Siehe anstatt vieler Ludewig, R. (1981), S. 1046; Schmid, R. (1995), S. 496.

27 Schmid, R. (1995), S. 496, der für den Fall der Abschlußprüfung weiter auf Albach, H. (1992) verweist.

28 Auch das KonTraG und das Grünbuch verwenden zwar den Begriff 'Qualität in der Abschlußprüfung', definieren ihn aber nicht; vgl. Lindgens-Strache, U. (1997), S. 274.

des Begriffs 'Prüfungsqualität' ('audit quality').[29] Die am häufigsten zitierte Definition liefert DeAngelo:[30]

> „Unter Prüfungsqualität ist die vom Markt bewertete Wahrscheinlichkeit zu verstehen, daß ein Fehler oder Verstoß in der Rechnungslegung des Mandanten durch den Abschlußprüfer entdeckt wird und der Prüfer auch darüber Bericht erstattet„[31].

Im ersten Teil der Definition zielt DeAngelo auf die Kompetenz und Fähigkeit des Abschlußprüfers, während die Autorin im zweiten Teil auf die Unabhängigkeit des Prüfers abstellt. Eine Operationalisierung der Aussage „vom Markt bewertete Wahrscheinlichkeit„ hat meines Wissens in der Literatur bisher nicht stattgefunden. Für eine Verwendung dieser Definition in der empirischen Forschungsarbeit wäre es jedoch notwendig zu wissen, welche Anspruchsgruppen nach Ansicht von DeAngelo unter dem Begriff 'Markt' subsumiert werden sollen.[32]

Eine Einschätzung der Prüfungsqualität eines bestimmten Abschlußprüfers durch den 'Markt' wäre im Sinne der Definition von DeAngelo nur möglich, wenn die Anspruchsgruppen des Marktes in der Lage wären, das Merkmal 'Verhältnis der entdeckten Fehler und Verstöße in der Rechnungslegung des Mandanten, über die auch Bericht

---

[29] Vgl. Palmrose, Z.-V. (1988), S. 55 und Simunic, D. /Stein, M. (1987), die bei einem geringeren Prüfungsrisiko eine höhere Qualität vermuten.

[30] Vgl. die inhaltliche Ausgestaltung dieser Definition mit handels- und aktienrechtlichen Regelungen bei Lenz, H. (1993), S. 214.

[31] DeAngelo, L. (1981), S. 186; Palmrose, Z.-V. (1989), S. 488; Lück, W. /Hunecke, J. (1996), S. 1 verwenden für die Erklärung der Warnfunktion des Abschlußprüfers eine vergleichbare Definition.

[32] Es ist zu vermuten, daß es sich primär um die Anspruchsgruppen des (Eigen-)Kapitalmarktes handelt und in zweiter Reihe erst um Gläubiger.

erstattet wird, zur Gesamtzahl der existierenden Fehler und Verstöße in der Rechnungslegung' tatsächlich zu messen. Dies wäre ansatzweise nur denkbar, wenn unabhängige Prüfer mehrere Berichte des gleichen Abschlußprüfers überprüfen und die Ergebnisse darüber veröffentlicht würden.[33]

Auch Copley und Doucet halten die Definition von DeAngelo für nicht operationalisierbar, da die Schwierigkeit bestehe, die angesprochene Wahrscheinlichkeit zu beobachten. Für empirische Untersuchungen bestehe deshalb nur ein begrenzter Nutzen dieser Definition. Die Autoren entwickelten daraufhin eine eigene Definition:

„Unter Prüfungsqualität ist der Grad der Einhaltung von Prüfungsnormen durch den Abschlußprüfer zu verstehen„[34].

Die Autoren beschränken sich - wie schon DeAngelo - auf ein einziges Merkmal (hier: Einhaltung von Prüfungsnormen), um die Beschaffenheit einer Einheit (hier: Tätigkeit des Abschlußprüfers) zu beschreiben. Sie vergeben ebenfalls kein Qualitätsurteil, d. h. die Definition läßt nicht erkennen, wann eine hinreichende Prüfungsqualität tatsächlich gegeben ist.

---

33 Diese in Anlehnung an ein 'peer review'-Verfahren formulierte Voraussetzung impliziert eine vollständige Entdeckung der Fehler und Verstöße in der Rechnungslegung des Mandanten durch die unabhängigen Prüfer.

34 Copley, D. /Doucet, M. (1993), S. 89 f.

Die Definition von Copley und Doucet findet man auch implizit im deutschen Schrifttum vor.[35] Niehus führt als einer der prominenten Vertreter des deutschen Berufsstandes aus, daß unter Prüfungsqualität die Beachtung aller gesetzlich und beruflich relevanten Verlautbarungen bei der Durchführung einer Abschlußprüfung aufgefaßt werden kann.[36] Beiden Definitionen ist gemeinsam, daß sie im wesentlichen die Normerfüllung von Prüfungsgrundsätzen als Voraussetzung für eine gegebene Prüfungsqualität ansehen. Niehus versteht hier jedoch unter Qualität eine ausreichende Qualität, da er von der Erfüllung aller Prüfungsnormen spricht. Damit enthält seine Definition ein Qualitätsurteil.

Sämtlichen bisher in diesem Abschnitt vorgestellten Versuchen einer Beschreibung des Begriffs 'Prüfungsqualität' ist gemeinsam, daß sie ausschließlich auf das Ergebnis der Prüferleistungen zielen. Während bei DeAngelo letztlich die Berichterstattung des Abschlußprüfers betrachtet wird, ist es bei Copley und Doucet sowie Niehus eine abschließende Aussage über die Einhaltung von Prüfungsnormen, die die Qualität der Prüferleistungen beschreiben.

Unbeachtet bleiben das Potential eines Abschlußprüfers und die durchzuführenden Prozesse einer Abschlußprüfung. Die bisherigen Versuche einer Beschreibung des Begriffs 'Prüfungsqualität' sind demnach unvollständig. Es überrascht deshalb auch nicht, daß Versu-

---

35 Vgl. Ewert, R. (1993), S. 715; Keppel, M. (1997), S. 25 mit Verweis auf Lück, W. (1991), S. 191 ff.

36 Vgl. Niehus, R. (1993a), S. 13. Diese Meinung findet sich auch in ähnlicher Form in weiteren Literaturquellen; vgl. Dörner, D. (1991), S. 568; Dyck, K. (1992), S. 46; Heydkamp, W. /Dyck, K. (1991), S. 220; Ludewig, R. (1981), S. 1046; Lück, W. /Brandt, E. /Volkeri, F. (1980), S. 39 f.; Peemöller, V.H. /Husmann, R. (1996), S. 11; Zielke, W. (1992), S. 97; Siepe, G. (1992), S. 1579.

che einer Messung und Steuerung der Qualität von Wirtschaftsprüferleistungen in der Literatur nicht existieren.

Des weiteren lassen die hier vorgestellten Definitionen und die gemeinsame Stellungnahme der Wirtschaftsprüferkammer und des Instituts der Wirtschaftsprüfer VO 1/1995 zur 'Qualitätssicherung in der Wirtschaftsprüferpraxis' die Einbeziehung relevanter Anspruchsgruppen des geprüften Jahresabschlusses in die Diskussion der Prüfungsqualität vermissen. Jedoch gilt auch in der Wirtschaftsprüfung, daß der Beurteilende der Qualität der Wirtschaftsprüferleistung der Nachfrager dieser Leistung ist. Deshalb sollen im Anschluß die Begriffe 'Mandant' und 'Nachfrager nach Jahresabschlußprüfungsleistungen' näher geklärt werden.

2.3. Die Begriffe 'Mandant' und 'Nachfrager nach Jahresabschlußprüfungsleistungen'

In der Literatur zur Wirtschaftsprüfung kommt dem Begriff 'Mandant' vor allem im Hinblick auf die Bestellung und Haftung des Abschlußprüfers eine zentrale Bedeutung zu.[37]

Die Bestellung des Abschlußprüfers bei einer Kapitalgesellschaft stellt für sich jedoch einen komplexen Vorgang dar. So schlägt z. B. bei einer Aktiengesellschaft der Aufsichtsrat gemäß § 124 Abs. 3 AktG der Hauptversammlung einen Wirtschaftsprüfer bzw. eine Wirtschaftsprüfungsgesellschaft als Abschlußprüfer vor. Diese wählt

---

[37] Die Literatur zur Haftung des Abschlußprüfers ist sehr umfangreich; vgl. dazu die neuere Literatur z. B. Ebke, W. (1996a und b); FEE (1996); Pohl, U. (1996); Quick, R. (1992), S. 1675 ff.; Quick, R. (1996a und b); Rüchardt, F. (1995), S. 47 ff.

gemäß § 318 Abs. 1 Satz 1 HGB den Abschlußprüfer. Der Vorstand wiederum erteilt gemäß § 318 Abs. 1 Satz 4 HGB dem Wirtschaftsprüfer bzw. der Wirtschaftsprüfungsgesellschaft den Prüfungsauftrag (Bestellung des Abschlußprüfers).[38] Die Vertragsbeziehung kommt zwischen dem Unternehmen und dem Wirtschaftsprüfer zustande.[39]

Handelt der Wirtschaftsprüfer im Rahmen der Abschlußprüfung fahrlässig, so treten die Haftungsregelungen des § 323 HGB in Kraft. Der Abschlußprüfer haftet hier gegenüber dem Auftraggeber - dem Unternehmen - und nicht gegenüber einem bestimmten Gesellschaftsorgan.[40] Vor dem Hintergrund der handelsrechtlichen Normen zur Bestellung und Haftung von Abschlußprüfern soll für den weiteren Verlauf der Arbeit der Begriff 'Mandant' für das (ganze) Unternehmen als Firma stehen. Dieses handelt durch seine gesetzlichen Vertreter (Geschäftsführung, Vorstand).[41]

Vor dem Hintergrund dieser Betrachtungsweise wird der Begriff 'Mandant' hier enger gefaßt als bei Keppel, der darunter einerseits den Aufsichtsrat, die Gesellschafterversammlung oder ähnliches und andererseits den Vorstand, die Geschäftsführung oder ähnliche Aus-

---

38 Der vom Bundestag am 5. März 1998 verabschiedete Entwurf zum 'Kontroll- und Transparenzgesetz' (KonTraG) der Bundesregierung sieht bei Aktiengesellschaften eine Bestellung des Abschlußprüfers gemäß § 318 Abs. 1 Satz 4 HGB n. F. i. V. m. § 111 Abs. 2 AktG n. F. durch den Aufsichtsrat vor.

39 An dieser Stelle soll nicht übersehen werden, daß die Eigentümer eines Unternehmens Leistungsempfänger der Prüfungsergebnisse darstellen.

40 Zu den sogenannten Dritten gemäß § 323 HGB zählen Kapitalgeber, Gläubiger, Arbeitnehmer und alle anderen mit dem Unternehmen in Beziehung stehenden Personen. Gemäß dem KonTraG wird die Haftungssumme zukünftig für börsennotierte und nicht-börsennotierte Kapitalgesellschaften gesplittet sein.

41 Vgl. auch Rüchardt, F. (1995), S. 113.

kunftspersonen versteht.[42] Unter dem in diesem Beitrag verwendeten Begriff 'Nachfrager nach Jahresabschlußprüfungsleistungen' wird im folgenden die Sichtweise von Keppel zugrunde gelegt und weitere unternehmensexterne 'Stakeholder' (z. B. Vertreter der Öffentlichkeit) in die Qualitätsbetrachtung miteinbezogen.[43] Diese Vorgehensweise leitet sich aus dem öffentlichen Auftrag eines Abschlußprüfers ab.

Theoretische Überlegungen im Schrifttum zur Wirtschaftsprüfung, die 'Nachfrager nach Jahresabschlußprüfungsleistungen' in die Qualitätsbetrachtung miteinbeziehen, sind bisher nicht aufgegriffen worden. Es hat vielmehr den Anschein, daß die Theorie und die Praxis der Wirtschaftsprüfung den Begriff 'Prüfungsqualität' als „Synonym für die Übereinstimmung mit den Anforderungen von Gesetz und Satzung„[44] begreifen und in der Qualitätsbetrachtung die Erwartungen

---

42 Vgl. Keppel, M. (1997), S. 25 f. Ähnlich Sutton, S. (1993), S. 90, der feststellt: „the client, including top management, the accounting staff, and the audit committee„.

43 Vgl. Lenz, H. (1993), S. 215 f., der im Gegensatz dazu nur die Gesellschafter des zu prüfenden Unternehmens als 'Nachfrager nach Jahresabschlußprüfungen' bzw. bei breiter Streuung der Unternehmensanteile die Aufsichtsräte betrachtet.

44 Lindgens-Strache, U. (1997), S. 275 f.

und Wahrnehmungen der Mandanten und der Öffentlichkeit nicht berücksichtigen.[45]

Einen ersten Schritt in eine erweiterte Qualitätsbetrachtung machte Leffson, indem er „die Qualität als Vertrauenswürdigkeit des Urteils, zu der als eine wesentliche Komponente die Fehlerfreiheit gehört„[46] bezeichnete. Es ist anzunehmen, daß Leffson unterstellte, daß die Vertrauenswürdigkeit des Prüferurteils nur durch die Nachfrager der Prüferleistungen beurteilt werden kann. Aspekte der Erfüllung der Erwartungen der Mandanten und der externen Adressaten spielen jedoch auch in seiner Definition explizit keine Rolle.[47]

Auch der Hinweis von Albach auf einen objektiven (‘interne Qualitätssicht’) und subjektiven (‘externe Qualitätssicht’) Bestandteil der Qualität von Abschlußprüfungen ist (zunächst) ohne nachhaltige Wir-

---

45 Die Praxis der Wirtschaftsprüfung richtet sich zunehmend auf eine mandantenorientierte Sicht aus, wie z. B. Zufriedenheitsmessungen von einigen Prüfungsgesellschaften bei Mandanten nach einer Abschlußprüfung zeigen; vgl. zu dieser Einschätzung auch Dörner, D. (1991), S. 566; Havermann, H. (1996), S. 400; Jeffords, R. /Thibadoux, G. (1993), S. 59 ff.; Lindgens-Strache, U. (1997), S. 274; Miville, F. /Gustke, R.v. (1994), S. 9. Im Sinne von Garvin, D.A. (1984), der fünf unterschiedliche sogenannte ‘Qualitätsansätze’ entwickelt hat, wird somit der Schritt von einer eher produktorientierten Qualitätsbetrachtung zu einer eher kundenorientierten Qualitätsbetrachtung vollzogen. Vgl. hierzu Garvin, D.A. (1984), S. 25 ff.; Bruhn, M. (1995a), S. 24; Bruhn, M. (1996), S. 24 f.; Haller, S. (1993), S. 20; Hardie, N. /Walsh, P. (1994), S. 53; Lindquist, H. /Persson, J. (1993), S. 18; Meffert, H. /Bruhn, M. (1997), S. 200 f.; Pasch, H. (1997b), S. 141; Stauss, B. /Hentschel, B. (1991), S. 238.

46 Leffson, U. (1980), S. 8, zitiert nach Baetge, J. (1985), S. 281.

47 Es darf sicherlich unterstellt werden, daß Leffson, U. (1980) bei der Erwähnung des Faktors ‘Vertrauenswürdigkeit’ in seiner Definition implizit von einer - wenigstens teilweisen - Erfüllung der Mandantenerwartungen ausgegangen ist. Vgl. auch Niehus, R. (1996), S. 38 f.; Peemöller, V.H. /Husmann, R. (1996), S. 11 subsumieren unter Prüfungsqualität auch „die Bereitstellung der vom Mandanten gewünschten Dienstleistungen“.

kung geblieben.[48] Ergänzt man die bisherige Qualitätsbetrachtung um eine nachfragerorientierte Sichtweise der Qualität ('externe Qualität'), so besteht die Möglichkeit, Erkenntnisse über die Erwartungen an die Prüfungsqualität von den Nachfragern und die Wahrnehmung der Prüfungsqualität durch die Nachfrager zu erzielen. Dies erfordert jedoch im wesentlichen eine zusätzliche Ausrichtung der Meßverfahren an den Mandanten bzw. Leistungsempfängern der Abschlußprüfung.

Die Anwendung nachfragerorientierter Meßverfahren zur Dienstleistungsqualität könnte als Einstieg in ein zielgruppenspezifisches Qualitätscontrolling und -management angesehen werden. Dies erfordert jedoch im Rahmen der Multipersonalität investiver Dienstleistungen die Identifikation und Kennzeichnung der jeweiligen Beurteilenden in den einzelnen Ebenen eines Unternehmens. Dies gilt insbesondere für die Abschlußprüfung, da hier formelle und informelle (Beurteilungs-)strukturen und Gegebenheiten berücksichtigt werden müßten, deren Einfluß auf die gesamte Qualitätsbeurteilung von der Prüfungsforschung bisher nicht analysiert wurde.

In einem neueren Beitrag zur Qualität der Abschlußprüfung stellt Langenbucher fest, daß „eine Abschlußprüfung das Qualitätsprädikat sehr gut oder gut verdient, wenn sie den Erwartungen möglichst vieler Stakeholder in möglichst großem Umfang entspricht„[49]. Erstmals werden hier Ansatzpunkte einer Messung der Prüfungsqualität mit einem Hinweis auf das zu erwartende Qualitätsurteil skizziert.

---

48 Vgl. Albach, H. (1992), S. 32 ff. Zum Umdenkungsprozeß in der berufsständischen Praxis vgl. Lindgens-Strache, U. (1997), S. 275.

49 Langenbucher, G. (1997), S. 64.

Langenbucher läßt aber z. B. offen, wann das Prädikat 'sehr gut' oder 'gut' erreicht ist und wieviele Stakeholdergruppen in die Betrachtung miteinzubeziehen sind. Allein bei der Betrachtung der formalen Beurteilungsstruktur in einer Aktiengesellschaft - Vorstand-Aufsichtsrat-Hauptversammlung - ist ein informeller Einfluß auf das Qualitätsurteil, z. B. von seiten der Finanz- und Revisionsabteilung auf die Unternehmensleitung, denkbar. Auch externe Einflüsse von Dritten (z. B. Banken) können sich auf die Qualitätsbeurteilung auswirken.

Es kann weiter angenommen werden, daß die Dimensionen anhand derer die Prüfungsqualität beurteilt wird, je nach Personengruppe verschieden gewichtet werden und ihr Einfluß auf die letztendliche Beurteilung unterschiedlich ausgeprägt ist. Plausibel erscheint, daß die Geschäftsführung weiter vom Prozeß der Abschlußprüfung entfernt ist und sich deshalb eher an Potentialmerkmalen (z. B. Know-how und Image) orientieren wird. Dagegen sind die von der Prüfung direkt betroffenen Linienfunktionen eher an Merkmalen der Prozeßdimension (z. B. Termintreue und Unauffälligkeit) interessiert. Für die Gesellschafter ist unter Umständen nur die Ergebnisdimension (z. B. Verständlichkeit des Prüfungsberichts) relevant.

Die Klärung der Begriffe 'Mandant' und 'Nachfrager nach Jahresabschlußprüfungsleistungen' macht es nun im folgenden Abschnitt möglich, ein Konzept zur nachfragerorientierten Qualitätsmessung von Prüferleistungen zu entwickeln.[50]

---

50 Für die Entwicklung eines solchen Konzeptes ist es reizvoll, den Blick auf die Wirtschaftsprüferleistungen insgesamt zu werfen. Die Jahresabschlußprüfungsleistungen sind selbstverständlich als Teil der Prüferleistungen darin mitabgedeckt.

3. Versuche einer Messung der Qualität von Wirtschaftsprüferleistungen

Dem folgenden Abschnitt kommt insbesondere die Bedeutung zu, zum einen den bisherigen Stand der Messung der Qualität von Wirtschaftsprüferleistungen (insbesondere Jahresabschlußprüfungsleistungen) aufzuzeigen und zum anderen ein Konzept für eine mögliche nachfragerorientierte Messung der Qualität von Prüferleistungen aufzuzeigen.

3.1. Zum bisherigen Stand der Messung der Qualität von Wirtschaftsprüferleistungen

Frühere deutsche Prüfungsgrundsätze zur Qualitätssicherung bezogen sich ausschließlich auf die Tätigkeit als Abschlußprüfer.[51] Dies läßt sich mit dem besonderen öffentlichen Interesse am Ergebnis der Abschlußprüfung begründen, welches sich im großen Vertrauen in die ordnungsmäßige Rechnungslegung und den Bestand des Unternehmens dokumentiert, falls dessen Jahresabschluß mit einem uneingeschränkten Bestätigungsvermerk testiert wurde. Bei den sonstigen Leistungen zeigt sich die Verantwortung des Wirtschaftsprüfers ausschließlich gegenüber dem Mandanten, da die Ergebnisse dieser Leistungen nur selten an die Öffentlichkeit gelangen.

Die gemeinsame Stellungnahme der Wirtschaftsprüferkammer und des Instituts der Wirtschaftsprüfer zur 'Qualitätssicherung in der

---

[51] Vgl. hierzu insbesondere die VO 1/1982 'Zur Gewährleistung der Prüfungsqualität'.

Wirtschaftsprüferpraxis' VO 1/1995 stellt die erste Rechtsquelle dar, die ausdrücklich alle beruflichen Tätigkeiten eines Wirtschaftsprüfers in die Qualitätssicherung miteinbezieht.[52] Die Stellungnahme gliedert die aufgeführten Maßnahmen zur Qualitätssicherung in auftragsunabhängige und auftragsabhängige Maßnahmen. Diese werden durch das Instrument der 'Internen Nachschau' ergänzt (vgl. Abbildung 2):[53]

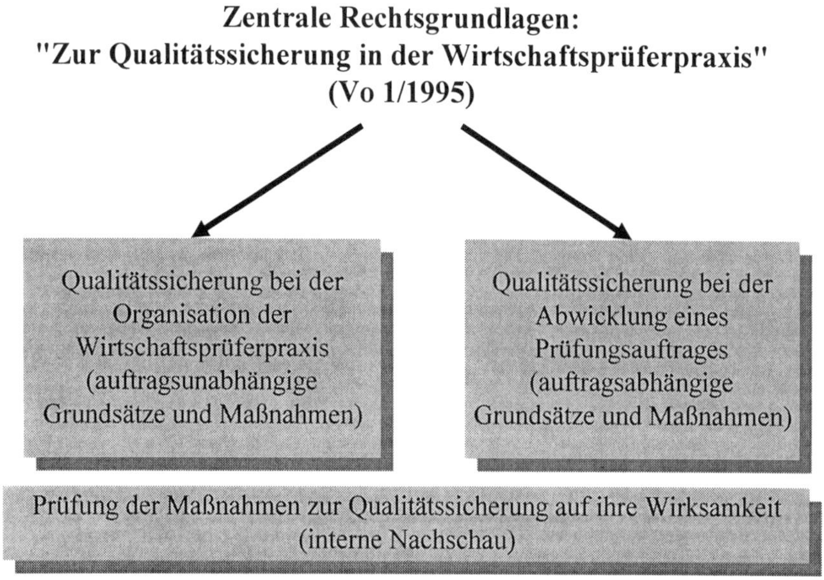

Abb. 2: Zur Qualitätssicherung in der Wirtschaftsprüferpraxis VO 1/1995

Für eine prüfungsgesellschaftsinterne Messung der Qualität der Wirtschaftsprüferleistungen könnte die VO 1/1995 herangezogen werden. Gerade die Nennung von auftragsunabhängigen und auftragsabhängi-

---

52 Vgl. Burret, G. (1996), S. 18; IDW /WPK (1995), S. 824; Lindgens-Strache, U. (1997), S. 279; Niehus, R. (1996), S. 385 ff.; Schmid, R. (1995), S. 501.

53 Vgl. Fliess, W. (1997), S. 130. Die VO 1/1995 lehnt sich an das ISA 220 des IFAC an.

gen Standards bietet dem Wirtschaftsprüfer die Möglichkeit, den Grad der Einhaltung dieser Standards bei der Erbringung seiner Prüfungsleistungen einzuschätzen. Jedoch bedienen sich die bisherigen Maßnahmen zur Qualitätssicherung in der Wirtschaftsprüfungspraxis ausschließlich einer unternehmensorientierten Sichtweise der Qualität ('interne Qualitätssicht'). Ebenso fehlt auch in der VO 1/1995 der Hinweis, wann eine hinreichende Qualität erreicht ist.

Wie die wenigen Literaturquellen aus der Wirtschaftsprüfungspraxis berichten, wird in den Wirtschaftsprüfungsgesellschaften in der Regel eine prozeßunabhängige Instanz in der Prüfungsgesellschaft - z. B. eine gesellschaftseigene 'Quality Control'-Stabsstelle - mit der Qualitätssicherung beauftragt.[54] Sie entspricht weitgehend einer Internen Revision der jeweiligen Wirtschaftsprüfungsgesellschaft. Vorschläge zur Sicherung der Prüfungsqualität zielen bei dieser Betrachtungsweise ausschließlich auf die Verfeinerung eigener 'quality reviews'.[55]

Welche Möglichkeiten einer nachfragerorientierten Messung der Qualität von Wirtschaftsprüferleistungen bestehen ('externe Qualitätssicht'), soll im nachstehenden Abschnitt geklärt werden. Deshalb soll im folgenden mit 'Messung' im Kontext der Wirtschaftsprüfung die differenzierte Einschätzung der Prüfungsqualität durch die Nachfrager von Prüfungsleistungen gemeint sein. Lenz leitet diese grundsätzliche Möglichkeit der Qualitätsbeurteilung für den deutschen Rechtsraum theoretisch her.[56]

---

54 Vgl. VO 1/1995 des IDW und der WPK; Rüchardt, F. (1995); S. 149 f.

55 Vgl. Rüchardt, F. (1995), S. 154; Wilkinson, A. /McCabe, D. /Knights, D. (1996), S. 67 ff.

56 Vgl. Lenz, H. (1993), S. 211 ff.

3.2. Zu einer nachfragerorientierten Messung der Qualität von Wirtschaftsprüferleistungen

Die in der berufsständischen Praxis häufig anzutreffende Nichtanwendung nachfragerorientierter Verfahren zur Messung der Prüfungsqualität beruht auf der Überzeugung der Unternehmen, eigene Qualitätsstandards als genügend anzuerkennen. Damit wird Wissen über den Nachfrager der Wirtschaftsprüfereistungen und dessen Erwartungen nicht beachtet und bei Managemententscheidungen nicht berücksichtigt.

Um für die Praxis der Wirtschaftsprüfung ein nachfragerorientiertes Verfahren zur Messung der Qualität der Wirtschaftsprüferleistungen zu entwickeln, erscheint es sinnvoll, die für die Messung der Dienstleistungsqualität entwickelten Methoden in der marketingwissenschaftlichen Literatur, auf ihre Brauchbarkeit für die Wirtschaftsprüfung zu überprüfen. Aus diesem Grund müssen die Leistungen eines Wirtschaftsprüfers zunächst als Dienstleistung anhand der im Schrifttum üblichen Merkmale beschrieben werden.

3.2.1. Klassifizierung der Wirtschaftsprüferleistung als Dienstleistung

Wenngleich nicht alle Dienstleistungen rein immaterieller Natur sind, läßt sich dies zumindest für die Wirtschaftsprüferleistungen feststellen. Die eigentliche Leistung liegt im fachlichen Können, während die materiellen Unterlagen (z. B. Arbeitspapiere, Prüfungsberichte) nur Träger des Leistungsergebnisses sind.[57] Aufgrund der Immaterialität

[57] Vgl. Corsten, H. (1990), S. 19; Maleri, R. (1991), S. 75.

der Prüferleistung ist es für die Unternehmen häufig schwierig, diese vor der (erstmaligen) Bestellung des Abschlußprüfers einzuschätzen. Um die Unsicherheit der Mandanten zu verringern, verwenden die Prüfer Signale für ihre Qualität. Dazu zählen in erster Linie die Reputation der Prüfer sowie deren Qualifikation (z. B. Berufsexamen, akademische Grade).

Häufig ist cs für den Mandanten auch nach der Abschlußprüfung schwer, die Qualität der Prüferleistung zu bewerten.[58] Hier kommt der Kommunikation zwischen dem Berufsstand der Wirtschaftsprüfer und den Mandanten sowie der Öffentlichkeit eine besondere Rolle zu, denn die Qualitätsbeurteilung erfolgt im wesentlichen anhand der Inhalte und der Umsetzung der an die Mandanten und die Öffentlichkeit gerichteten Kommunikation. Da Kommunikation den Prüfungsgesellschaften die Möglichkeit bietet, Qualität - insbesondere durch die Prüfer - sichtbar zu machen, muß gleichzeitig darauf geachtet werden, daß kommunizierte und tatsächlich erbrachte Prüfungsqualität deckungsgleich sind.[59] Überragende Bedeutung für den Mandanten hat daher das Vertrauen in die Kompetenz des Wirtschaftsprüfers.[60] Diese Kompetenz hat der angehende Wirtschaftsprüfer in einem staatlichen Berufsexamen nachzuweisen.

Dem Sachverhalt des ‘uno-actu-Prinzips’ wird in der Wirtschaftsprüfungspraxis im Rahmen der Auftragsannahme und -fortführung sowie

---

58 Vgl. Baetge, J. (1985), S. 281 f.

59 Vgl. Pepels, W. (1995), S. 31; Richter, M. (1997), S. 27 f.

60 Vgl. Benkenstein, M. (1993), S. 1098.

der Gesamtplanung sämtlicher Prüfungsaufträge Rechnung getragen.[61]

Die Mitwirkung des Mandanten bei der Abschlußprüfung ist typisch für die Integration des externen Faktors in diese Dienstleistung und äußert sich vor allem in der Bereitstellung von Informationen für den Prüfer. Aufgrund der Mitwirkungspflicht des Mandanten gemäß § 320 HGB und durch die Unterzeichnung der Vollständigkeitserklärung verpflichtet sich die Geschäftsführung des zu prüfenden Unternehmens, daß sämtliche Informationen und Unterlagen dem Abschlußprüfer für seine Prüfungshandlungen übergeben werden.

Für die Bestimmung des Qualitätsniveaus der Prüferleistung leitet Keppel aus der Integration des Mandanten in den Leistungsprozeß und der Immaterialität der Prüfungsleistung eine mandantenorientierte Vorgehensweise ab, um auch die Erwartungen der Mandanten zu erfüllen.[62]

Es kann festgehalten werden, daß die in der Literatur diskutierten Merkmale einer Dienstleistung auch für die Erbringung von Wirtschaftsprüferleistungen zutreffen. Eine Übertragung der Erkenntnisse zur Dienstleistungsqualität - insbesondere die hier interessierenden Verfahren einer Messung und Steuerung - ist somit grundsätzlich möglich.

---

61 Siehe dazu die Ausführungen des IDW und der WPK in der VO 1/1995 sowie Brase, P. (1997), S. 15. Vgl. zur Auftragsannahme und -fortführung Lück, W. (1991), S. 294, und zur Prüfungsplanung Bönkhoff, H. (1992), Sp. 1521.

62 Vgl. Keppel, M. (1997), S. 25.

3.2.2. Grundzüge einer nachfragerorientierten Messung der Qualität von Dienstleistungen

Bei der Messung der Dienstleistungsqualität handelt es sich um die Betrachtung der Schnittstelle zwischen dem 'qualitätserbringenden' Unternehmen und dem leistungsempfangenden, 'qualitätswahrnehmenden' Nachfrager.[63] Aufgabe der Messung der Qualität von Dienstleistungen ist es, die Grundlage für eine nachfragerorientierte Qualitätsausrichtung des Unternehmens zu schaffen, indem die Qualitätsanforderungen der Nachfrager ermittelt werden.[64]

Der hier zugrunde gelegte Begriff des Messens wird der empirischen Sozialforschung entlehnt und bedeutet, „...daß einer Dimension entsprechend dem ausgewählten Verfahren Zahlen zugeordnet werden„.[65] Diese Zuordnung erfolgt durch Skalen, auf denen als Meßinstrument das Ausmaß der vorhandenen Dimension festgelegt wird.[66] Die Erhebung der relevanten Daten kann grundsätzlich durch Befragung, Beobachtung, Experiment und Inhaltsanalyse erfolgen.[67]

---

63 Vgl. Bruhn, M. (1996), S. 35.

64 Die Messung der Dienstleistungsqualität anhand objektiver Kriterien wird hier nur am Rande diskutiert; vgl. dazu Bruhn, M. (1995a), S. 36.

65 Atteslander, P. (1991), S. 258.

66 Die Wahrnehmung verschiedener Qualitätseigenschaften aus Sicht des Anbieters und Nachfragers werden in der Literatur zur Dienstleistungsqualität als 'Qualitätsdimensionen' bezeichnet; vgl. Benkenstein, M. (1993), S. 1105; Berry, L. (1986), S. 7; Bruhn, M. (1995a), S. 25; Bruhn, M. (1996), S. 30; Corsten, H. (1997), S. 294; Parasuraman, A. /Zeithaml, V.A. /Berry, L. (1988), S. 12 ff.; Pasch, H. (1997b), S. 150; Schulze, H. (1993), S. 143; Stauss, B. /Hentschel, B. (1991), S. 239 und Zeithaml, V.H. (1981), S. 186.

67 Vgl. Atteslander, P. (1991), S. 81.

Meffert und Bruhn verstehen unter Messung einen Vorgang, bei dem Ausprägungen festgelegter Merkmale eines Meßobjekts aufgrund vorab definierter Maßstäbe bestimmt werden.[68] Meßobjekt könnte z. B. die vom Mandanten wahrgenommene Qualität einer Jahresabschlußprüfung sein. Aufgrund der Immaterialität und Subjektivität einer Dienstleistung entzieht sich diese einer objektiven Messung durch Dritte.[69]

Deshalb wird die Qualität einer Dienstleistung mit Hilfe einer Gegenüberstellung der vom Nachfrager subjektiv geäußerten Erwartung und der von ihm (subjektiv) empfundenen Wahrnehmung gemessen. Dies erfolgt bei vielen Methoden anhand von Qualitätsmerkmalen, die auf Skalen abgebildet werden, und wird auch so von der DIN EN ISO 8402 gefordert.[70] Diese Konstruktindikatoren, die die Dienstleistungsqualität erfassen sollen, stehen entweder in Korrelation oder in kausaler Beziehung zur interessierenden Qualität.[71] Somit kann Pasch zugestimmt werden, der darin primär eine Überprüfung bestimmter Leistungsmerkmale auf ihre Erfüllung hin sieht.[72]

Der Ablauf einer Qualitätsmessung von Dienstleistungen kann in zwei Stufen dargestellt werden:

---

68 Vgl. Meffert, H. /Bruhn, M. (1995), S. 203.

69 Vgl. Pasch, H. (1997a), S. 133 f.

70 Dieser Transformationsprozeß stellt für Benkenstein, M. (1993) einen Ansatz zur Qualitätssteuerung dar; vgl. Benkenstein, M. (1993), S. 1101.

71 Häufig werden aus Vereinfachungsgründen lineare Zusammenhänge angenommen; vgl. Büker, B. (1991), S. 20.

72 Vgl. Pasch, H. (1997a), S. 134.

(1) Zuerst erfolgt die Ermittlung und Bewertung von Qualitätsmerkmalen, die sich aus den Bedürfnissen der Nachfrager ergeben.

(2) Daran anschließend werden relevante Qualitätsindikatoren ermittelt und Meßverfahren festgelegt, die sich für die Beurteilung der jeweiligen Dienstleistungsqualität eignen.

Die Literatur zur Marketingforschung bietet ein reichhaltiges Instrumentarium zur Messung von Dienstleistungsqualität.[73] Ein sehr bekanntes Meß- und Steuerungsverfahren stellt das sogenannte 'GAP-Modell' nach Parasuraman, Zeithaml und Berry dar. Da dessen methodische Grundzüge auch für die Messung und Steuerung der Qualität von Wirtschaftsprüferleistungen interessant sein könnten, werden diese im nachfolgenden skizziert und kritisch gewürdigt.

3.2.3. Das GAP-Modell zur Dienstleistungsqualität nach Parasuraman, Zeithaml und Berry

Gemäß Grönroos muß es das Ziel eines Dienstleistungsmanagements sein "to match the expected service and the perceived service to each other, so that consumer satisfaction is achieved"[74]. Stimmen 'expected service' und 'perceived service' nicht überein, so bezeichnet er diese Diskrepanz als 'GAP' (Lücke). Um auf ein eventuell vorhandenes "GAP between expected service and perceived service" schließen zu können, muß das Management nach Grönroos "know the resources

---

73 Zur Systematisierung der Verfahren siehe Bruhn, M. (1997), S. 298 ff.; Hentschel, B. (1995), S. 353 f.; Homburg, C. /Rudolph, B. (1995), S. 43; Lapierre, J. /Filiatrault /Perrien, J. (1996), S. 91 ff.; Meffert, H. /Bruhn, M. (1997), S. 205 ff.; Stauss, B. (1992), S. 675 ff.

74 Grönroos, C. (1984), S. 40.

and activities under control and outside immediate control of the firm that have an impact on these variables“[75].

Es geht Grönroos also darum, einen Mechanismus zu finden, der es erlaubt, die Variablen ‘expected service’ und ‘perceived service’ durch gezielte Vorgabe der Werte geeigneter Einflußfaktoren so zu steuern, daß das Ist der Zielgröße ‘perceived service’ an das Soll ‘expected service’ oder das Ist der Zielgröße ‘expected service’ an das Soll ‘perceived service’ angeglichen wird.

Parasuraman, Zeithaml und Berry übernehmen von Grönroos den Begriff des GAPs zwischen ‘expected service’ und ‘perceived service’, wobei der ‘expected service’ die Anforderungsprofile der Qualitätsstufe ‘ideal’ vertritt. Sie machen sich Gedanken darüber, wovon die Größe dieses GAP abhängt. Anders als bei Grönroos stehen bei ihnen nicht Faktoren, die das GAP beeinflussen im Vordergrund, sondern Teilprozesse des Qualitätssteuerungsvorgangs.[76] Die nachfolgende Abbildung 3 stellt das GAP-Modell zur Dienstleistungsqualität von Parasuraman, Zeithaml und Berry dar:

Die von Parasuraman, Zeithaml und Berry aufgezeigten GAPs lassen sich in zwei Gruppen einteilen. Die erste Gruppe bilden die GAPs, die entstehen, wenn ein Vorgang nicht das bewirkt, was er eigentlich bewirken sollte.

---

[75] Grönroos, C. (1984), S. 40.

[76] Einen Vergleich der GAP-Analyse mit der Critical Incident Technique liefern Müller, S. /Lohmann, F. (1997), S. 989 ff.

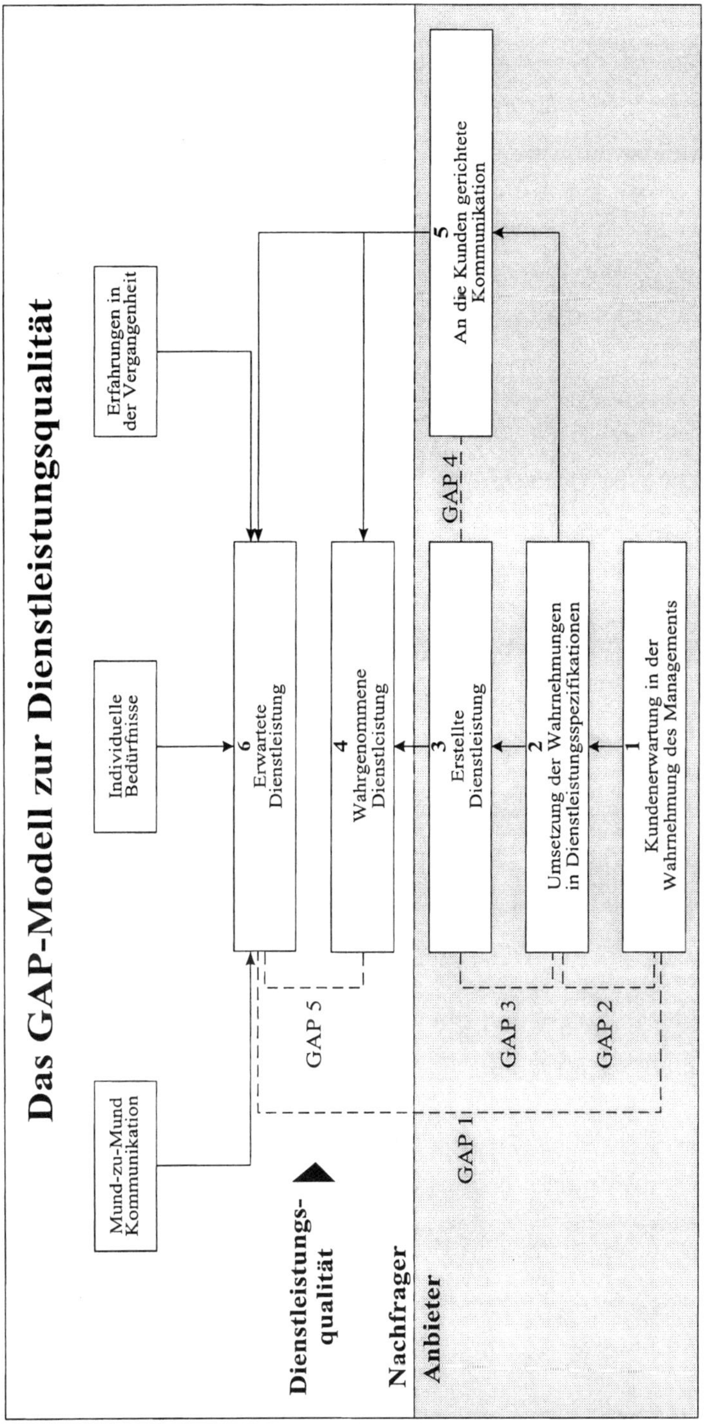

Abb. 3: GAP-Modell von Parasuraman, Zeithaml und Berry

Diese sind GAP1, GAP2 und GAP3:

(1) GAP1 tritt auf, wenn der Vorgang 6 → 1 unzureichende oder falsche Informationen über die vom Nachfrager erwartete Dienstleistung bringt.

(2) GAP2 tritt auf, wenn der Vorgang 1 → 2, d. h. die Umsetzung der durch das Management wahrgenommenen Nachfragererwartungen in Dienstleistungsspezifikationen nicht oder teilweise gelingt.

(3) GAP3 tritt auf, wenn der Vorgang 2 → 3, d. h. die Umsetzung der Dienstleistungsspezifikationen in die tatsächliche Dienstleistung nicht gelingt.

Die zweite Gruppe enthält GAP4 und GAP5, also GAPs, die jeweils den Unterschied zwischen zwei Ergebnissen, die die Folge von Prozessen sind, beschreiben. Diese Ergebnis-GAPs können auch entstehen, ohne daß bei den zu ihnen führenden Prozessen GAPs auftreten.

Dies ist z. B. der Fall, wenn bewußt ein von der tatsächlichen Dienstleistung abweichendes Bild der Dienstleistung vermittelt werden soll und die entsprechenden Spezifikationen der Dienstleistung und ihres Bildes ‘exakt’ (‘GAP-frei’) umgesetzt werden.

(4) GAP4 tritt auf, wenn die Ergebnisse 3 und 5, d. h. die erstellte und die kommunizierte Dienstleistung nicht übereinstimmen.

(5) GAP5 tritt auf, wenn die Ergebnisse 4 und 6, d. h. die erwartete und die wahrgenommene Dienstleistung nicht übereinstimmen.

Parasuraman, Zeithaml und Berry führen somit in ihrem Modell vier weitere GAPs auf, die direkten Einfluß auf GAP5 haben sollen. Dies dürfte allerdings nur für die GAPs 1 bis 3 gelten, da GAP4 für sich selbst - wie erwähnt - nur eine Differenz zweier Ergebnisse darstellt. Es ist eine Folge der Prozesse 2 → 3 und 2 →5.

Eine Anwendung des GAP-Modells nach Parasuraman, Zeithaml und Berry für die nachfragerorientierte Messung der Qualität von Wirtschaftsprüferleistungen setzt eine Überführung dieses Modells in den Kontext der Wirtschaftsprüfung voraus. Darüber hinaus soll das GAP-Modell durch eine symmetrische Darstellungsform neue Erkenntnisse erbringen.

3.2.4. Überführung des GAP-Modells in eine symmetrische Form und in den Kontext der Wirtschaftsprüfung

Die bisherige, morphologische Analyse des GAP-Modells von Parasuraman, Zeithaml und Berry lassen bei genauer Betrachtung je zwei Hauptprozesse auf Anbieter- und Nachfragerseite erkennen. Auf Seite des Dienstleistungsanbieters wären dies die Hauptprozesse

(1) 'Erstellung der Dienstleistung' und

(2) 'Kommunikation der Dienstleistung'.

Auf Seite des Nachfragers können die Hauptprozesse

(3) 'Erwartungen an die Dienstleistung' und

(4) 'Wahrnehmung der Dienstleistung'

unterschieden werden.

Um einen weiteren Erkenntnisgewinn mit Blick auf eine verbesserte Modellierung der Dienstleistungsqualität zu erzielen, sollen die aufgeführten Hauptprozesse durch die Darstellung des GAP-Modells in einer symmetrischen Form stärker herausgearbeitet werden. Des weiteren soll die Bezeichnung der Prozesse und der Prozeßergebnisse im Kontext der Wirtschaftsprüfung erfolgen (vgl. Abbildung 4):

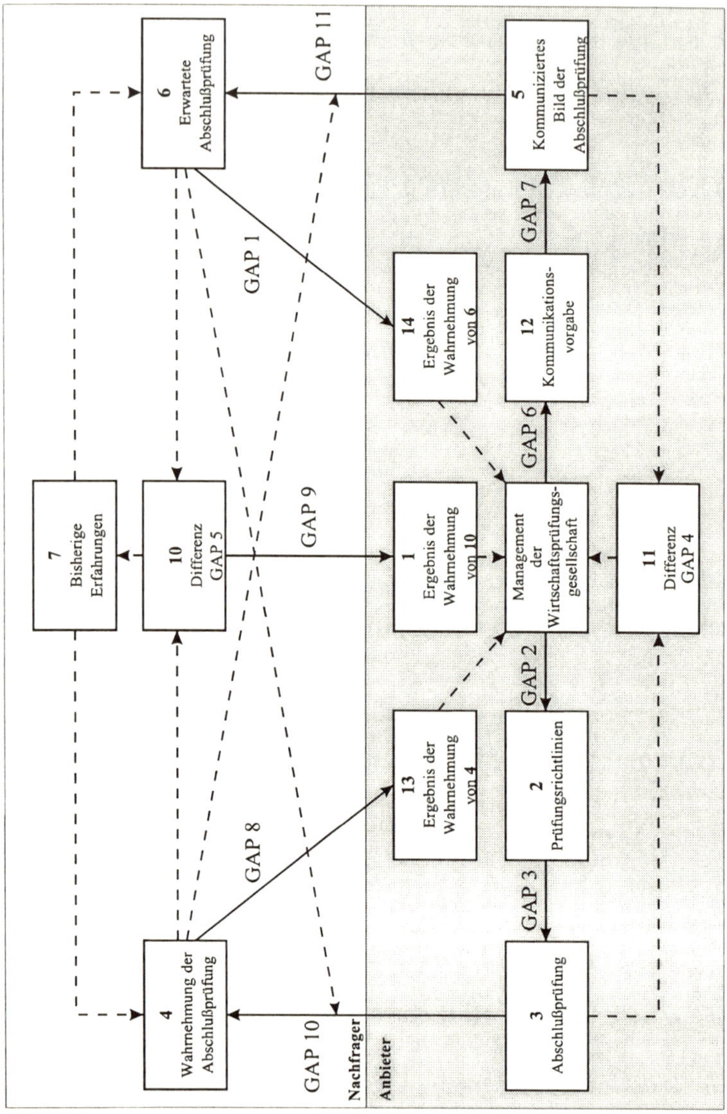

Abb.4: Symmetrisches GAP-Modell zur Qualität von Wirtschaftsprüferleistungen

Es zeigt sich, daß sich das GAP-Modell zur Dienstleistungsqualität nach Parasuraman, Zeithaml und Berry problemlos zu einem symmetrischen GAP-Modell im Kontext der Wirtschaftsprüfung modifizieren läßt.[77] Sämtliche im symmetrischen GAP-Modell abgebildeten Prozesse dürften bei der Einschätzung der Qualität von Wirtschaftsprüferleistungen wesentlich sein. Im einzelnen können folgende Prozeßergebnisse und Prozesse unterschieden werden:

Prozeßergebnisse im symmetrischen GAP-Modell zur Qualität von Wirtschaftsprüferleistungen:

1 = Durch das Management der Wirtschaftsprüfungsgesellschaft wahrgenommene Differenz zwischen erwarteter und wahrgenommener Wirtschaftsprüferleistung

2 = Vorgegebene Prüfungsrichtlinien durch das Management der Wirtschaftsprüfungsgesellschaft

3 = Erbrachte Wirtschaftsprüferleistung durch den Anbieter

4 = Wahrgenommene Wirtschaftsprüferleistung durch den Nachfrager

5 = Kommuniziertes Bild der Wirtschaftsprüferleistung durch den Anbieter

6 = Vom Nachfrager erwartete Wirtschaftsprüferleistung

7 = Bisherige Erfahrungen (Individuelle Bedürfnisse des Nachfragers; Mund-zu-Mund Kommunikation (bisher 8); Erfahrungen des Nachfragers in der Vergangenheit (bisher 9))

---

77 Da die Abschlußprüfungsleistung eine Dienstleistung darstellt und das symmetrische GAP-Modell sich auf *alle* Dienstleistungen bezieht, überrascht diese Feststellung nicht.

10 = Differenz zwischen der vom Nachfrager erwarteten und wahrgenommenen Wirtschaftsprüferleistung (GAP5)

11 = Differenz zwischen dem vom Anbieter kommunizierten Bild der Wirtschaftsprüferleistung und der erbrachten Wirtschaftsprüferleistung (GAP4)

12 = Vorgegebene Kommunikationsspezifikationen durch das Management der Wirtschaftsprüfungsgesellschaft

13 = Rückgemeldete Wahrnehmung der Nachfrager an das Management der Wirtschaftsprüfungsgesellschaft

14 = Rückgemeldete Erwartungen der Nachfrager an das Management der Wirtschaftsprüfungsgesellschaft

Prozesse im symmetrischen GAP-Modell zur Qualität von Wirtschaftsprüferleistungen:

M → 2: Umsetzung der durch das Management wahrgenommenen Differenzen (GAP10 und 11) in Prüfungsrichtlinien (GAP2)

2 → 3: Umsetzung der Prüfungsrichtlinien in die erbrachte Wirtschaftsprüferleistung (GAP3)

3 → 4: Beeinflussung der Wahrnehmung der Nachfrager durch die Verdeutlichung der tatsächlichen Prüfungsqualität (GAP10)

4 → 13: Rückmeldung der Wahrnehmung der Nachfrager an das Management der Wirtschaftsprüfungsgesellschaft (GAP8)

M ➔ 12: Umsetzung der durch das Management wahrgenommenen Differenzen (GAP10 und 11) in Kommunikationsspezifikationen (GAP6)

12 ➔ 5: Umsetzung der Kommunikationsspezifikationen in das zu kommunizierende Bild der Wirtschaftsprüferleistung (GAP7)

5 ➔ 6: Beeinflussung der Erwartungen der Nachfrager in Bezug auf die Wirtschaftsprüferleistung durch die nachfragergerichtete Kommunikation (GAP11)

6 ➔ 14: Rückmeldung der Erwartungen der Nachfrager an das Management der Wirtschaftsprüfungsgesellschaft (GAP1)

10 ➔ 1: Rückmeldung der Differenz zwischen der erwarteten und wahrgenommenen Wirtschaftsprüferleistung (GAP5) an das Management der Wirtschaftsprüfungsgesellschaft (GAP9)

Die symmetrische Darstellung macht es möglich, weitere wichtige Zusammenhänge zur Dienstleistungsqualität bzw. Qualität von Wirtschaftsprüferleistungen zu erkennen. So hebt sie hervor, daß es nicht nur einer Rückmeldung der Differenz zwischen erwarteter und wahrgenommener Wirtschaftsprüferleistung (Ergebnis 10) an das Management bedarf (Vorgang 10 ➔ 1 - -> M), sondern auch einer Rückmeldung der Differenz zwischen tatsächlich erbrachter und kommunizierter Wirtschaftsprüferleistung (Ergebnis 11 bzw. Vorgang 11 - -> M). Des weiteren erfordert die Kommunikation einer Wirtschaftsprüferleistung ebenso wie die Erbringung einer Wirtschaftsprüferleistung die Vorgabe bestimmter Spezifikationen. Deshalb wird das Ergebnis 12 'Kommunikationsspezifikationen' hier neu in das modifizierte GAP-Modell eingeführt.

Sämtliche in der symmetrischen Darstellung des GAP-Modells zusätzlich erkennbaren Lücken GAP6, GAP7, GAP8, GAP9, GAP10 und GAP11 sind vorgangsinduziert.

(1) GAP6 tritt auf, wenn der Vorgang M → 12, d. h. die Umsetzung der Folgerungen aus den durch das Management wahrgenommenen Differenzen zwischen (der erwarteten und wahrgenommenen Wirtschaftsprüferleistung sowie) der tatsächlich erbrachten und kommunizierten Wirtschaftsprüferleistung in die Vorgabe von Kommunikationsspezifikationen nicht gelingt.

(2) GAP7 tritt auf, wenn der Vorgang 12 → 5, d. h. die Umsetzung der Kommunikationsspezifikationen in die kommunizierte (versprochene) Wirtschaftsprüferleistung nicht gelingt.

(3) GAP8 tritt auf, wenn der Vorgang 4 → 13 in Form einer Rückmeldung an das Management unzureichende oder falsche Informationen über die vom Nachfrager wahrgenommene Wirtschaftsprüferleistung enthält.

(4) GAP9 tritt auf, wenn der Vorgang 10 → 1 in Form einer Rückmeldung an das Management unzureichende oder falsche Informationen über die Differenz zwischen der vom Nachfrager erwarteten und wahrgenommenen Wirtschaftsprüferleistung enthält.

(5) GAP10 tritt auf, wenn die Ergebnisse 3 und 4, d. h. die tatsächlich erbrachte und die wahrgenommene Wirtschaftsprüferleistung nicht übereinstimmen.

(6) GAP11 tritt auf, wenn die Ergebnisse 5 und 6, d. h. die kommunizierte (versprochene) und die erwartete Wirtschaftsprüferleistung nicht übereinstimmen.

Die Messung möglicher Abweichungen zwischen den einzelnen Prozeßergebnissen geben dem Management einer Wirtschaftsprüfungsgesellschaft einen Hinweis darauf, welche Maßnahmen ergriffen werden müssen, um zu einer verbesserten Betrachtung der Qualität der Wirtschaftsprüferleistungen durch die Mandanten und die übrigen Nachfrager nach Wirtschaftsprüferleistungen zu kommen. Dadurch kann das Vertrauen der Nachfrager in die Wirtschaftsprüferleistung erhöht werden und ein Beitrag zu einer stärkeren Bindung der Mandanten an die Wirtschaftsprüfungsgesellschaft geleistet werden.

4. Zusammenfassung

Die bisherigen Ausführungen sollten deutlich machen, daß sich der zugrundeliegende Qualitätsansatz von Dienst- und Wirtschaftsprüferleistungen an dem jeweiligen Kontext ausrichtet, in dem er Anwendung findet. Je nach Zielsetzung des Individuums oder der Organisation und den Einflüssen aus dem Umfeld sind in der Auseinandersetzung mit Qualität diese Ziele und Wirkungseinflüsse zu beachten.

Es kann Lindgens-Strache als Vertreterin des Berufsstandes der Wirtschaftsprüfer zugestimmt werden, daß „eine Beschränkung des Qualitätsbegriffs auf die Einhaltung aller zur Durchführung der Abschlußprüfung relevanten gesetzlichen Bestimmungen und berufsständischen Fachgutachten, Stellungnahmen, sonstigen Verlautbarungen sowie Verordnungen, d. h. auf eine überwiegend produktorientierte, objektive Qualitätssicht, vor dem Hintergrund der öffentlichen Diskussion nicht mehr zeitgemäß erscheint“[78]

Darüber hinaus haben die Ausführungen zur Beschreibung einer Dienstleistung gezeigt, daß die allgemeinen Merkmale, die eine Dienstleistung charakterisieren, auch für die Wirtschaftsprüferleistung zutreffen. So steht der immaterielle Charakter der Dienstleistung ‘Wirtschaftsprüfung’ ebenso außer Frage, wie die bereits diskutierte Bedeutung des Mandanten und der übrigen Nachfrager nach Wirtschaftsprüferleistungen im Rahmen des Erbringungsprozesses der Dienstleistung sowie die nicht vorhandene Lagerfähigkeit der Wirtschaftsprüferleistungen.[79] Die Betrachtung der Wirtschaftsprüferleistungen als Dienstleistungen macht es zudem möglich, Erkenntnisse der Erforschung der Dienstleistungsqualität für die Wirtschaftsprüfung zu nutzen.

Die Weiterentwicklung des im marketingwissenschaftlichen Schrifttum sehr häufig diskutierten GAP-Modells zur Dienstleistungsqualität ermöglichte die Entwicklung eines eigenen GAP-Modells in symmetrischer Form. Das vorliegende symmetrische GAP-Modell bietet einerseits einen Erklärungsansatz für die Qualität von Wirtschaftsprüferleistungen und andererseits einen Ansatzpunkt für ein zu implementierendes Qualitätscontrolling in Wirtschaftsprüfungsgesellschaften.

---

78 Lindgens-Strache, U. (1997), S. 274.

79 Vgl. Keppel, M. (1997), S. 28; Rüchardt, F. (1995), S. 8.

Vielleicht kann das hier vorgelegte symmetrische GAP-Modell einen Beitrag zur Messung und Steuerung der Qualität von Wirtschaftsprüferleistungen in der Wirtschaftsprüfungspraxis leisten.[80]

---

80 Vgl. hierzu die empirischen Ergebnisse bei Marten, K.-U. (1997), S. 218 ff.

Das Normensystem der DIN EN ISO 9000 als Basis für ein QM-System

Dr. Helmut Pasch

Habilitand am Lehrstuhl für Betriebswirtschaftliche Steuerlehre,

Universität Augsburg

Gliederung:

---

1. Einleitung

Das Interesse der Berufsangehörigen am Symposium läßt erkennen, daß dem Thema: **Qualitätsmanagement in Steuerberatung und Wirtschaftsprüfung**, eine besondere Gewichtung zukommt, wobei viele Berufsträger insgesamt, dem Thema zur Zeit noch mit einer eher kritischen Distanz gegenüberstehen. Diese Zurückhaltung ist jedoch keineswegs als negativ zu beurteilen, zeichnet sich der Berufsstand doch dadurch aus, daß entgegen der in anderen Wirtschaftszweigen zu beobachtenden oft unreflektierten QM- und Zertifizierungs-Euphorie der Berufsstand zunächst versucht, den tatsächlichen Nutzen und die ggf. vorhandenen Risiken des Qualitätsmanagements und der damit in Verbindung stehenden Zertifizierung von QM-Systemen zu analysieren.

Die hierbei zum Teil in der Vergangenheit bereits sehr kontrovers geführten Diskussionen zur Notwendigkeit von QM-Systemen oder zur Frage der Zertifizierung sind häufig aber durch mangelnde Sachinformation der Diskussionspartner gekennzeichnet. So wird in Diskussionen oft behauptet, man kenne das Normensystem in allen Einzelheiten. Ich denke aber, und meine Erfahrungen diesbezüglich in der Praxis bestätigen es, daß die wenigsten überhaupt wissen, was sich hinter dem Normensystem verbirgt. Die wenigsten haben die Normen je gelesen, die wenigsten kennen überhaupt die gesamte Normenfamilie, noch Fragmente heraus. Sie kennen, wenn überhaupt, nur Auszüge aus einzelnen Normen und diese Auszüge zum Teil auch nur rudimentär bzw. aus Sekundärquellen. Primäre Aufgabe des Symposiums und insbesondere dieses Beitrages ist es daher, möglichst viele Sachinformationen zu geben, damit die interessierten Berufsträger in der Lage sind, sich ein eigenständiges Bild vom Nutzen des Qualitätsmanagements zu machen. In diesem Beitrag wird das Normensystem der ISO 9000 Familie in seiner Zusammensetzung und Inhalten vorgestellt werden. Dieser Beitrag kann auch kein Ersatz darstellen, sich eigenständig und umfassend mit dem Normensystem selbst auseinanderzusetzen. Er soll vielmehr eine Hilfe sein, leichter den Zugang zu dieser doch sehr theoretischen und relativ abstrakten Materie zu finden.

2. Die Entwicklung des Normensystems

Der Ursprung des Normensystem[1] DIN EN ISO 9000ff. liegt in der industriellen Sachgüterindustrie.[2] Die Verabschiedung der ersten Normenreihe ISO 9000ff. erfolgte im Jahre 1987 durch die International Organization for Standardization (ISO). Es handelt sich dabei um eine weltweit operierende Vereinigung nationaler Normungsinstitute (ISO-Mitgliedskörperschaften). Eine Veröffentlichung als Internationale Norm erfordert eine Zustimmung aller ISO-Mitgliedskörperschaften von 75%.

Die ersten Vorläufernormen des heutigen Systems wurden in Großbritannien in den 70er Jahren entwickelt, im Bestreben, den Absatz am Weltmarkt zu verbessern (BS 5750 sowie 4801)[3]. Ebenso sind Vorläufer im deutschsprachigen Raum z.B. in der Schweiz entstanden.[4] In der Bundesrepublik Deutschland sind zu diesem Zeitpunkt

---

[1] Vgl. hierzu ausführlich Pasch, H. (1997b), S 67 ff.

[2] Wobei im heutigen Normengefüge explizit darauf hingewiesen wird, daß die Normen von der Branche und vom Wirtschaftszweig unabhängig angewandt werden können: „Die Normen sind übergeordnet und unabhängig von einer spezifischen Industrie oder einem Wirtschaftssektor." vgl. DIN EN ISO 9001, 0 Einleitung.

[3] Vgl. z.B. Norwegen: NS 5801, Schweiz: SN 029100, Kanada: CANZ 299. Vgl. zur Historie der Normentstehung in der Schweiz, GIRSCHWEILER, A. (1988), S. 4f.

[4] Vgl. PFITZINGER, E. (1995a), S. 12.

hingegen noch keine Normen vorhanden.[5] Erst Ende der 70er Jahre liegt in Deutschland ein erster Normentwurf vor (DIN 55355). Die deutsche Industrie stand mit dem Argument der zusätzlichen Kostenbelastung beim Aufbau derartiger Systeme diesem Vorschlag zunächst mehrheitlich ablehnend gegenüber.

International beschäftigt sich das Technical Commitee (TC) 176 als Subcommittee SC2 mit der Weiterentwicklung der ISO 9000 Normen. Für die Bundesrepublik Deutschland beschäftigt sich innerhalb der DIN (Deutsches Institut für Normung) der Normausschuß Qualitätsmanagement Statistik und Zertifizierungsgrundlagen (NQSZ) schwerpunktmäßig mit den QM-Systemen. Die Normen der DIN EN ISO 9000ff. werden in Zeitabständen von ca. fünf Jahren erneuert und damit der Entwicklung angepaßt.[6] Unter Gliederungspunkt 6 wird ein Ausblick gegeben werden, wie die Modifikation der Normenfamilie zur Jahrtausendwende aussehen kann. Durch die Aufnahme der ISO 9000 Normen durch das Europäische Komitee für Normung (CEN) in die europäische Normenreihe wurde aus der DIN ISO 9001ff. ausdrücklich eine EN-Norm (DIN EN ISO 9001ff.) Interessant ist, dabei anzumerken, daß die Vertreter des Norminstitutes der Bundesrepublik Deutschland die Annahme der ISO 9000-Norm als EN-Norm abgelehnt haben, jedoch überstimmt wurden. Konsequenz der Annahme

---

[5] Vgl. KASSEBOHM, K. /MALORNY, CH. (1994), S. 694f. Sie führen aus, daß das Deutsche Institut für Normung als Mitglied der ISO aufgrund der fehlenden, eigenständigen deutschen Norm nicht mit dem Gewicht an der Bestrebung der Harmonisierung normierter QM-Systeme mitarbeiten konnte, was sich ihrer Meinung nach als erhebliches Defizit im Vergleich zu anderen Ländern herausstellte.

[6] Vgl. GEIGER, W. (1984), S. 213. Da 1994 die ersten Revisionen durchgeführt wurden, stehen 1999/ 2000 die nächsten Modifizierungen an, vgl. MÖLLER, K. H. (1996), S. 126. Vgl. eine ausführliche Darstellung der ersten Revision von 1990 auf 1994, KOLLECK, K. D. (1995), S. 936ff.

der ISO-Norm als EN-Norm ist, daß jedes Norminstitut eines Mitgliedslandes verpflichtet ist, die Norm in ein nationales Normenwerk einzubinden.[7] Die Einräumung dieses Stellenwertes der QM-Norm in der EG wird als der „Europäische Weg der Qualität“ (global approach)[8] bezeichnet.

Die Normen haben aber weder international, noch national rechtliche Verbindlichkeit. Sowohl die ISO als auch die nationalen Organisationen sind keine staatlichen Einrichtungen. Sie gehören weder zu den Einrichtungen der Vereinten Nationen, noch zur Europäischen Union. Sie sind lediglich ein internationales Geflecht von Normenausschüssen, von denen es in der Welt neben der ISO noch eine ganze Reihe anderer gibt.[9]

Unabhängig von der starken Verbreitung und Dominanz der Normen in Europa, hat die DIN EN ISO 9001ff. in den wichtigsten Industrieländern wie Japan[10] oder den USA eine eher untergeordnete Rolle.[11] Sofern sie dennoch im Vergleich zur Gesamtwirtschaft der beiden Länder vereinzelt Anwendung finden, ist dies darauf zurückzuführen, daß sich Unternehmen aus diesen Ländern dadurch einen erleichterten Zugang zum europäischen Markt versprechen.[12] In Japan wird bislang die ISO 9000ff. als QM-System in vielen Wirtschaftszweigen mit der

---

7 Vgl. z.B. Vorwort zur Europäischen Norm DIN EN ISO 9001.

8 Vgl. EG (o.V.) (1989), S. 3ff.

9 Vgl. auf nationaler Ebene z.B. die GAZ als eine Organisation im Bereich der Stahlindustrie.

10 Vgl. hierzu KASSEBOHM, K. /MALORNY, CH. (1994), S. 708.

11 Vgl. SCHULZ, W. (1993), S. 20.

12 Vgl. MALORNY, CH. (1994), S. 222.

Begründung abgelehnt, sie erfülle nicht die für den Weltmarkt erforderlichen Anforderungen.[13]

3. Aufbau des QM-Systems nach DIN EN ISO 9000ff.

Die ISO 9000-Normenfamilie (vgl. Abb. 1) stellt ein Normengefüge dar und beschreibt - was zunächst verwundern mag - in keiner Norm explizit ein Qualitätsmanagementsystem. Es stellt vielmehr lediglich in den noch näher zu bestimmenden Darlegungsnormen Forderungen auf, welche ein normkonformes QM-System erfüllen muß.

Die ISO 9000-Normen-Familie stellt damit ein Normengefüge dar, mit dessen Hilfe dargelegt oder festgestellt werden kann, ob ein Qualitätsmanagementsystem im Unternehmen implementiert und betrieben wird. Die Normen beschreiben Forderungen, die nach Ansicht der Normenersteller[14] in einem Unternehmen geregelt sein müssen, damit von einem Qualitätsmanagementsystem gesprochen werden kann. Dies ist je nach Darlegungsnorm anhand von bis zu 20 Einzelforderungen darzulegen. In der Umkehrung ergibt sich daraus natürlich die naheliegende Möglichkeit, an Hand dieses Forderungskataloges das eigene QM-System aufzubauen. Vorweg sei aber bereits gesagt, daß der normorientierte Aufbau eines QM-Systems sich in der Praxis nicht bewährt hat, sondern vielmehr der prozeßorientierte Ablauf. D.h. die Beschreibung anhand der tatsächlichen Abläufe in einem Unternehmen, ist der sinnvollere Weg, ein QM-System aufzubauen

---

[13] Vgl. KAWAMURA, M. (1993), S. 219-234.

[14] Technisches Komitee ISO/TC 176 „Quality Management and Quality Assurance" der International Organization for Standardization (ISO) unter Mitwirkung von Fachleuten aus 53 Ländern.

und zu beschreiben. Der Forderungskatalog der Darlegungsnormen schafft zusätzlich die Möglichkeit, das Vorhandensein eines QM-Systems von unabhängigen Dritten prüfen (auditieren) und feststellen (zertifizieren) zu lassen. Den Fragen, ob eine solche Überprüfung (Zertifizierung) notwendig ist, ob sie Nachteile oder Vorteile schafft, sollen die Ausführungen im Abschnitt 3 dieses Buches noch ausführlich darlegen. Es sei hier jedoch die Bemerkung gestattet, daß die Darlegungsnormen – anders als von vermeintlichen Fachleuten fälschlich behauptet – eine Zertifizierung nicht fordern. Die Darlegungsnormen bieten nur die Möglichkeit, durch die Überprüfung der Einhaltung der Normforderungen, den Nachweis (Darlegung) zu erbringen, daß ein normgerechtes QM-System implementiert wurde.

Das Normengefüge der ISO 9000 Familie stellt sich wie folgt dar (vgl. Abb. 1):

- Leitfäden zur Auswahl der zutreffenden Darlegungsnorm
  Diese Leitfäden dienen dazu, aus den drei Darlegungsnormen die Richtige auszuwählen.
- Leitfäden zur Auslegung und Umsetzung der Darlegungsnormen
  Diese Leitfäden stellen eine konkrete Umsetzungshilfe dar, insbesondere bei der Interpretation und Transformation der Darlegungsnormen.
- Leitfäden für das Audit von QM-Systemen
  Diese Leitfäden stellen eine Hilfe bei der externen und internen Umsetzung von Audits (Prüfungen) im Rahmen des QM-Systems dar. Hier geht es insbesondere um Fragestellungen der Auditdurchführung, Qualifikaitionskriterien von Auditoren, dem Management von Auditprogrammen.

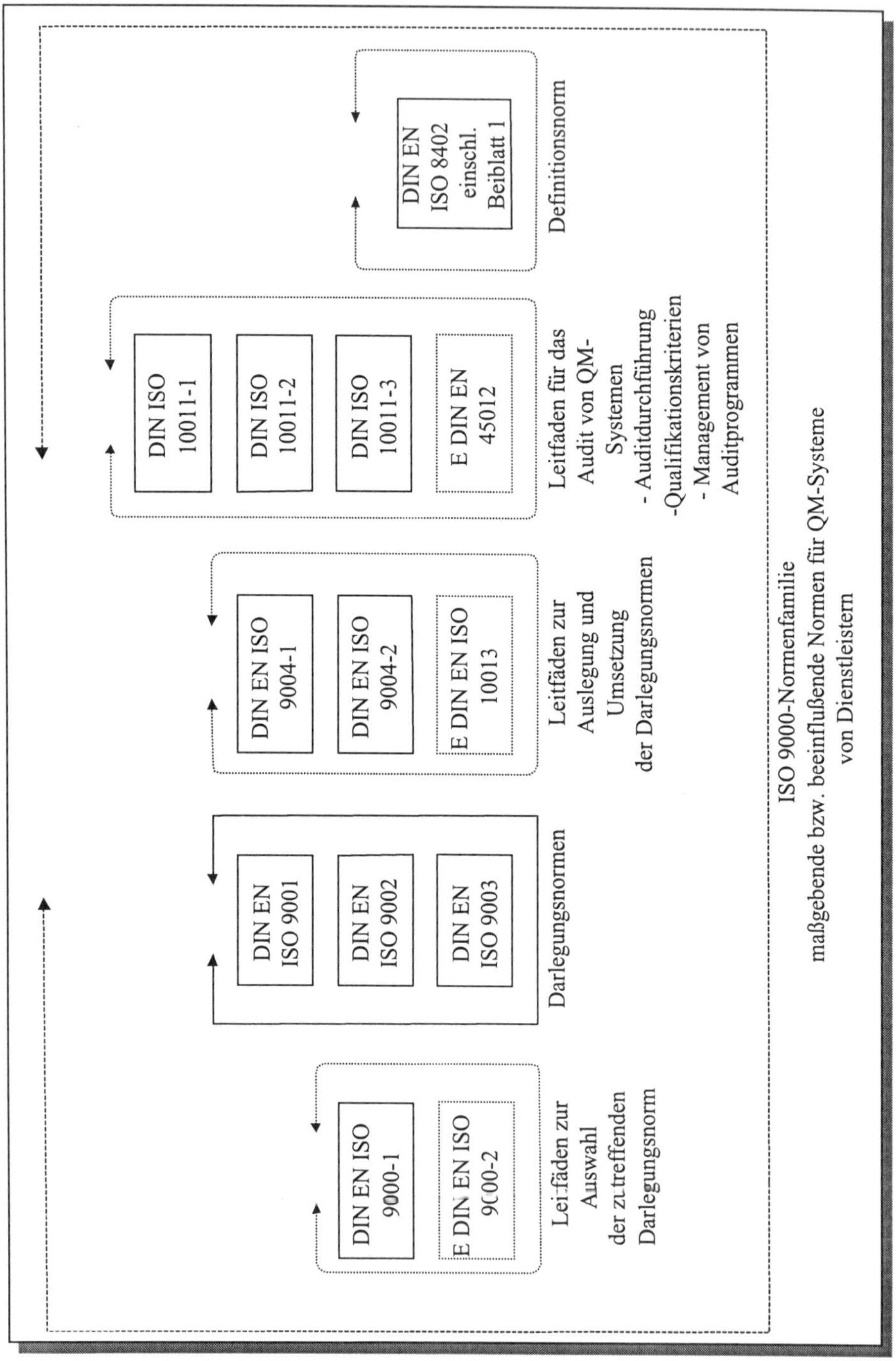

Abb. 1: Darstellung der ISO 9000 Familie

- Definitionsnorm

  In dieser Norm sind sämtliche für ein genormtes QM-System enthaltene Definitionen enthalten, um so zu gewährleisten, daß für die Norm ein einheitlicher Wortinhalt benutzt wird.
- Darlegungsnorm

  Die drei Darlegungsnormen sind die Normen, dessen Forderungen ein normiertes QM-System erfüllen muß. Es sind die Darlegungsnormen, in denen die Forderungen enthalten sind, die letztendlich eine Darlegung eines Systems ermöglichen und die das System im Grunde überprüfbar machen, es also damit auch zertifizierbar machen.

Die drei Darlegungsnormen, die letztlich die Forderungen an ein Qualitätsmanagementsystems beschreiben und bei deren Erfüllung ein Unternehmen zertifiziert werden kann, sind:

- DIN EN ISO 9001

  = Modell zur QM-Darlegung in Produktion, Montage und Wartung sowie Design und Entwicklung
- DIN EN ISO 9002

  = Modell zur QM-Darlegung in Produktion, Montage und Wartung
- DIN EN ISO 9003

  = Modell zur QM-Darlegung bei der Endprüfung

Abb. 2: Die Darlegungsnormen DIN EN ISO 9001 – 9003

Alle anderen Normen (vgl. Zusammenstellung der maßgebenden Normen, Abb. 1) im Bereich des Qualitätsmanagements sind Beiwerk, die der Hilfestellung und Auslegung dienen[15]. Sie sind sowohl Arbeitsgrundlage und Leitfaden bei der Entstehung eines Qualitätsmanagements als auch Regelwerk und Ausführungshilfe für das Audit. So gibt es Normen, die bei der Entscheidung, welches Qualitätsmanagementsystem gewählt werden sollte, einzusetzen sind (DIN EN ISO 9000-1), bis hin zu Normen, die als Leitfaden für spezielle Teilbereiche der Thematik geschrieben wurden. Dazu zählen der Leitfaden zur Erstellung von Qualitätsmanagement-Handbüchern (DIN ISO 10013) sowie die Leitfäden für das Audit von Qualitätsmanagementsystemen (DIN ISO 10011-1 -3). Ferner gibt es Normen, die die Definitionen der gewählten Fachbegriffe beinhalten (DIN EN ISO 8402). Der Gesamtumfang der Normenreihe inkl. aller Leitfäden und Definitionsnormen umfaßt dabei ca. 1000 Seiten. So schreibt Geiger bereits 1993 in einem Erfahrungsbericht zur Einführung von Qualitätsmanagementsystemen: „Wer das Thema verstehen will, muß künftig zunächst 1000 Seiten Normen studieren“[16].

Wer beim Kennenlernen der Normenreihe auf eine gewisse Systematik (Logik in der Bezeichnung und Abfolge, Numerierung usw.) hofft oder dies beim Thema Qualitätsmanagement als eine Selbstverständ-

---

[15] Vgl. eine Übersicht über die im Rahmen des Qualitätsmanagements gebräuchlichsten und im Zeitraum der Erstellung dieser Arbeit aktuellen DIN Normen im Normenverzeichnis am Schluß dieser Arbeit.

[16] GEIGER, W. (1993), S. 4.

lichkeit voraussetzt, wird schnell enttäuscht sein.[17] Es ist nur mit größeren Aufwand möglich, herauszufinden, welche aktuellen Normentexte benötigt werden und welche exakte, jeweils gültige, inländische Bezeichnung diese trägt.

Wie bereits zu Beginn des Beitrages ausgeführt kennt das Normengefüge keine Unterscheidung nach unternehmensspezifischen Unterschieden. So wird in der Einleitung der DIN EN ISO 9001 unmißverständlich festgestellt: „Die Normen sind übergeordnet und unabhängig von einer spezifischen Industrie oder einem Wirtschaftssektor.“[18] Unabhängig davon, ob eine materielle oder immaterielle Leistung für einen Kunden erbracht wird, ob diese in einem kleinen oder großen Unternehmen, im privaten oder öffentlichen Bereich erbracht wird, diese Normen sollen generell anwendbar sein. Diese Aussage gilt auch für die ISO 9002 und 9003. Ihre Herkunft und Bedeutung, speziell für die Sachgüterindustrie, ist jedoch am Sprachgefüge der Normen sehr deutlich zu erkennen.[19] Sowohl an den verwandten Fachtermini als auch am Umfang der einzelnen Forderungen der Norm erkennt man deutlich ihren Ursprung. So sind einige Norminhalte sehr stark an der Fertigungsindustrie orientiert, die in dieser Ausgestaltung

---

[17] Vgl. z.B. DIN-Taschenbuch 226, Qualitätsmanagement und Statistik, Verfahren 3: Qualitätsmanagementsysteme. Vorwort S. VIII: Die fehlende Systematik wird vom Deutschen Institut für Normung e.V. wie folgt entschuldigt: „Die Normnummern sind teilweise in einem früheren Stadium der Normenentwicklung festgelegt oder geplant worden und können daher nicht immer optimal den heutigen Gegebenheiten oder neueren Entwicklungen angepaßt werden.“ Eine Änderung würde, so heißt es weiter, einen „zu hohen Verwaltungsaufwand“ nach sich ziehen. Dieses Argument kann aber nur als Ausrede gewertet werden, wenn eine Norm im Inhalt geändert werden kann, dann sollte diese im Rahmen des Normensystems auch eine Umnummerierung erfahren können.

[18] Vgl. DIN EN ISO 9001, Einleitung, S. 5.

[19] Vgl. auch PFITZINGER, E. (1995A), S. 12.

keine oder nur eine sehr geringe Bedeutung für andere Branchen, insbesondere für Dienstleistungsunternehmen haben. Um den speziellen Darlegungsnormen DIN EN ISO 9001-9003 für alle Branchen Gültigkeit zu verleihen, wurden und werden für bestimmte Branchen sog. Leitfäden aufgestellt, die bei der Transformation auf andere Branchen helfen sollen und als Norm selbst Bestandteil des Normensystems sind. So stellt die DIN ISO 9004-2 einen konkreten Leitfaden für Dienstleistungen dar. Eine weitergehende Differenzierung für mögliche Dienstleistungsbranchen unterbleibt aber. Lediglich in einem gesonderten Anhang (A)[20] der DIN ISO 9004-2 werden Beispiele für Dienstleistungen genannt, auf die diese Norm angewandt werden kann (z.B. Juristen, Beratung). Eine spezifische Empfehlung für Steuerberater sucht man hier vergebens.

Die DIN ISO 9004-2 gibt Hinweise zur Umsetzung der Forderungen der Normen DIN EN ISO 9001-9003 für Dienstleistungen. Sie stellt dabei aber nur eine Hilfestellung für die Ausgestaltung eines QM-Systems in Dienstleistungsunternehmen dar. Sie stellt weder eine vollständige Übersetzung der Darlegungsnormen nach DIN EN ISO 9001-9003 für Dienstleister dar, noch ist sie eine Norm, die mit ihren Empfehlungen und Forderungen über die Basis- und Mindestanforderungen der Darlegungsnormen hinausgeht. Der Rückschluß der in einigen Fachaufsätzen zur Zeit gemacht wird, „daß die prinzipiellen Inhalte des Darlegungsmodells ISO 9001 im Leitfaden ISO 9004 Teil 2 enthalten sind,“ [21] muß daher als eine falsche Umkehrung der Tatsa-

---

[20] Hierbei wird ausdrücklich darauf hingewiesen, daß diese Aufzählung nur reinen informativen Charakter hat und keine verbindliche oder abschließende Aufzählung darstellt.

[21] Vgl. STRECK, M. /KILGER, H. /EHNERT, M. (1997), S. 201.

chen aufgefaßt werden. Denn im Bereich des Qualitätsnormensystems stellt die DIN ISO 9004-2 nur einen Leitfaden dar, der sich an die Forderungen des Darlegungsmodells orientiert und lediglich vorschlagenden Charakter hat. Sie ist damit keinesfalls eine verpflichtende Umsetzungsalternative der Normenforderungen für Dienstleistungsbranchen.[22] Eine Zertifizierung nach dieser Norm ist ebenfalls nicht möglich.[23]

Die beabsichtigte Allgemeingültigkeit der Darlegungsnormen bedingt einen hohen Abstraktionsgrad der Normen,[24] was dazu führt, daß der Inhalt häufig nicht unmittelbar oder gar nicht in die eigene Kanzleiumwelt transformiert werden kann. Die Umsetzung erscheint dadurch zum Teil äußerst schwierig und undurchsichtig. Hinzu kommt, daß die Normentexte in ihrer Ausdrucksweise sehr stark an einer technischen Sprache ausgerichtet sind, welche die Transformation auf einen Dienstleistungsbereich, wie dem der Steuerberater und Wirtschaftsprüfer nicht gerade erleichtern.

So wird in den Normen vom Lieferanten/Auftragnehmer und Kunden gesprochen. Als Lieferant ist immer die Person zu verstehen, die eine

---

[22] Eine m.E. unangebrachte Überbetonung der Erfüllung des Leitfadens für Dienstleister nach DIN ISO 9004-2 findet sich auch in der gemeinsamen Stellungnahme der WPK und des IDW VO1/1995 „Zur Qualitätssicherung in der Wirtschaftsprüferpraxis".

[23] Vgl. g.A. MAYER, H. /POMMERENING, S. /KITZING, S. (1997), S. 55.

[24] Um den Abstraktionsgrad zu verdeutlichen, brachte ein Mitarbeiter eines erfahrenen akkreditierten Zertifizierers folgendes Beispiel: Um die Normen zu erfüllen, ist keineswegs ein im wirtschaftlichen Sinne geführtes Unternehmen vonnöten. So könnte eine Familie ebenso ihren Haushalt oder den Küchenbereich mit einem der hier genannten Qualitätsmanagementsysteme versehen und sich anschließend von einem akkreditierten oder auch nicht akkreditierten Zertifizierer prüfen und zertifizieren lassen, z.B. die Haushaltsführung nach ISO 9002 oder gar nach ISO 9001.

Leistung zu erbringen hat und als Kunde allgemein die Person, die eine Leistung empfängt. Diese banale Feststellung ist insofern wichtig, als diese Unterscheidung im weiterführenden Qualitätsmanagementsystemen wie z.B. dem TQM (Total Quality Management) nicht nur im Außenverhältnis gilt, also im klassischen Bereich der Leistungserstellung, sondern auch im Innenverhältnis der Organisation, auch wenn hier zwischen zwei Personen ein Leistungsverhältnis besteht. Ebenso wird keine andere Bezeichnung für den Begriff Lieferant eingeführt, auch wenn es sich nicht um eine Sachleistung handelt, sondern um eine Dienstleistung.

Der Begriff Produkt stellt einen Sammelbegriff für sämtliche Sach- und Dienstleistungen dar. Es wird nicht unterschieden, ob es sich um eine materielle oder immaterielle Leistung oder um eine Kombination aus beiden handelt. In der folgenden Bearbeitung der Thematik wird, soweit möglich, der Begriff Leistung angewandt.

4. Aufbau und Auswahl der Darlegungsnormen DIN EN ISO 9001-9003

Die drei Darlegungsnormen legen als einzige Normen der sog. „ISO-9000 Familie" die Forderungen für die Darlegung, Auditierung und Zertifizierung von Qualitätsmanagementsystemen fest. Sie stellen dabei jeweils eigenständige Darlegungsnormen dar, wobei einige Teilforderungen jeweils identisch sind. Sie unterscheiden sich - wie unschwer bereits an den Überschriften der Normen zu erkennen ist (vgl. Abb. 2) - im Umfang dessen, was als Prozeß im Unternehmen dargelegt werden soll.

Die Forderungen der DIN EN ISO 9001-9003 sollen, sofern sie erfüllt und eingehalten werden, dazu beitragen, Kundenzufriedenheit durch die Vermeidung von Fehlern in allen Phasen von der Entwicklung der Leistung, über die Durchführung und Erbringung der Leistung, bis hin zur Nachbetreuung zu erreichen. Die mögliche Fehlervermeidung und die Darlegung des Vertrauens in den Leistungserstellungsprozeß gegenüber dem Leistungsempfänger entsprechen dem Zweck der Umsetzung der Normen. Es sind damit Darlegungsnormen für den Prozeß der Leistungserbringung und keinesfalls für sämtliche Unternehmensprozesse. Sämtliche Prozesse in der Kanzlei, die nicht unmittelbar mit der Leistungserstellung in Verbindung stehen, werden von dieser Norm nicht automatisch erfaßt.

Die Verfasser der Normen stellen im nationalen Vorwort[25] explizit fest, daß es sich **nicht** um eine Produktnorm handelt, sondern um eine Norm, deren Beachtung und Einhaltung der Forderungen helfen soll, das Vertrauen in die Organisation des Unternehmens zu stärken.[26] So wird die DIN EN ISO 9001 auch ausdrücklich als eine Ergänzung, nicht als eine Alternative zu den Qualitätsforderungen an die unmittelbare Leistung verstanden.

---

[25] Durch die Verpflichtung der nationalen Normeninstitute der ungeänderten Eingliederung der offiziellen dreisprachigen Fassung (Deutsch, Englisch, Französisch) der Europäischen Norm der CEN in die DIN, erlangt sie vom Deutschen Institut für Normung unmittelbar den Status einer Deutschen Norm. Durch die parallele Abstimmung und Identität mit der ISO 9001 hat diese Norm für die Mitglieder ebenfalls internationale Gültigkeit.

[26] Vgl. DIN EN ISO 9001. Im nationalen Vorwort und in der Einleitung S. 4 heißt es, daß sich die Norm für den Zweck eignet, daß das Unternehmen seine Fähigkeit darlegt, die Erfüllung festgelegter Forderungen während des Leistungserstellungsprozesses zu sichern und daß der Kunde in der Lage ist, durch externe Stellen diese dargelegte Fähigkeit zu beurteilen.

Ebensowenig sind in den Normenforderungen unmittelbar kundenorientierte Forderungen enthalten, so daß es keine Forderungen gibt, die auf unmittelbare Außenwirkung gerichtet sind. Sämtliche Forderungen beziehen sich auf die Leistungsprozesse einer Unternehmung. Dabei soll sichergestellt werden, daß durch die Erfüllung der Forderung, die Prozesse der Leistungserstellung so stabil sind, daß letztlich die gewünschte Leistung hergestellt werden kann, um den Kunden (Mandanten) zufriedenzustellen.

Die Norm DIN EN ISO 9001 enthält als weitestgehende Norm 20 Forderungen, die grundsätzlich erfüllt sein müssen, damit ein Qualitätsmanagementsystem dieser Norm genügt. Es soll bereits an dieser Stelle nicht unerwähnt bleiben, daß sofern einzelne Forderungen der Norm in einer Branche keine Bedeutung haben, diese auch nicht erfüllt werden müssen.[27] Jede Erfüllung sowie bewußte Nichterfüllung einer Forderung der Normen bedarf aber einer ausreichenden Begründung und Dokumentation.

Der folgende Forderungskatalog (vgl. Abb. 3) der DIN EN ISO 9001 - 9003 zeigt, inwieweit die einzelnen Forderungen im Rahmen der Normen erfüllt sein müssen. Was sich inhaltlich hinter den einzelnen Forderungen verbirgt wird im folgenden Gliederungspunkt 5 näher dargestellt werden.

---

[27] Vgl. DIN EN ISO 9001, Einleitung, S. 5.

Nr.	**Bezeichnung des Qualitätselementes**	**Erfüllungsgrad der Forderung in der jeweiligen DIN EN ISO Norm** ● = umfassende Forderungserfüllung ◗ = geringere Forderungserfüllung ❍ = keine Forderung		
		9001	**9002**	**9003**
1	**Verantwortung der Leitung**	●	●	◗
2	**Qualitätsmanagementsystem**	●	●	◗
3	**Vertragsprüfung**	●	●	●
4	**Designlenkung**	●	❍	❍
5	**Lenkung der Dokumente und Daten**	●	●	●
6	**Beschaffung**	●	●	❍
7	**Lenkung der vom Kunden beigestellten Produkte (z.B. Unterlagen)**	●	●	●
8	**Kennzeichnung und Rückverfolgbarkeit von Produkten**	●	●	◗
9	**Prozeßlenkung**	●	●	❍
10	**Prüfungen**	●	●	◗
11	**Prüfmittelüberwachung**	●	●	●
12	**Prüfstatuts**	●	●	●
13	**Lenkung fehlerhafter Produkte**	●	●	◗
14	**Korrektur- und Vorbeugungsmaßnahmen**	●	●	◗
15	**Handhabung, Lagerung, Verpackung, Konservierung und Versand**	●	●	●
16	**Lenkung von Qualitätsaufzeichnungen**	●	●	◗
17	**Interne Qualitätsaudits**	●	●	◗
18	**Schulung**	●	●	◗
19	**Wartung**	●	●	❍
20	**Statistische Methoden**	●	●	◗

Abb. 3: Die Normenforderungen der DIN EN ISO 9001 –9003

Von den drei Darlegungsnormen kommen für die Steuerberatungskanzlei im Grunde nur zwei Normen in Frage, die DIN EN ISO 9001 und die DIN EN ISO 9002. Die Darlegungsnorm der DIN EN ISO 9003 kann grundsätzlich auch gewählt werden, schließt im Umfang aber den Leistungserstellungsprozeß einer Steuerberatungskanzlei nicht umfassend mit ein. Es handelt sich bei dieser Norm um eine spezielle Norm im Bereich der QM-Darlegung bei der Endprüfung. Diese ist z.B. für Kaufhäuser, Groß- und Einzelhandel, die selbst die primäre Leistung nicht erstellen, anwendbar.[28]

Die DIN EN ISO 9001 und die DIN EN ISO 9002 unterscheiden sich lediglich durch die Forderung der Designlenkung.[29]

Diese Forderung kann mit einbezogen werden, sofern ein Unternehmen selbst Leistungen entwickelt, also im Fall der Steuerberatung ein eigenes spezifisches Leistungsangebot (Produkte im weiteren Sinne) entwickelt wird. Die Frage, ob im Bereich der Steuerberatung, Wirtschaftsprüfung oder auch Rechtsberatung überhaupt eigenständige Leistungen (Produkte) entwickelt werden, kann durchaus kontrovers diskutiert werden, wobei die Designlenkung bzw. –entwicklung in der derzeitigen Diskussion im Vergleich zu anderen Wirtschaftsbereichen sehr frei interpretiert wird. So wird es bereits als Leistungsentwicklung angesehen, wenn eine Kanzlei z.B. zur Rechtsnachfolge ein Beratungspaket erarbeitet und diese Beratung den Mandanten anbietet.[30]

---

[28] Vgl. hierzu ausführlich die DIN EN ISO 9000-1 als Leitfaden zur Auswahl und Anwendung der Darlegungsnormen DIN EN ISO 9001-9003.

[29] Vgl. DIN EN ISO 9001, Forderung 4.4. Sonst sind die beiden Normen vom Text völlig identisch. So ist der Einfachheit halber in der DIN EN ISO 9002, im Punkt 4.4 ein Freilassungszeichen eingefügt

[30] Vgl. ausführliche Beschreibung zu Forderung 4.4.

Bei der Beurteilung ob eigenständig Produkte (Leistungen) entwickelt werden ist das spezifische Leistungsangebot jeder Kanzlei einzeln zu beurteilen, wobei das Anbieten und Erfüllen reiner Vorbehaltsaufgaben m.E. nicht unmittelbar als eine eigenständige Leistungsangebotsentwicklung angesehen werden kann.

Letztlich ist es für das Niveau bzw. die Brauchbarkeit eines QM-System unerheblich, ob ein System nach DIN EN ISO 9001 oder nach DIN EN ISO 9002 dargelegt wird. Unter dem Blickwinkel einer Zertifizierung wird in der Praxis die DIN EN ISO 9001 oft fälschlicherweise als eine ranghöhere Norm angesehen.

5. Darstellung der Normforderungen der DIN EN ISO 9001

5.1. Systematisierung der Normforderung

Die zwanzig Forderungen machen, in der aus der Norm übernommenen Reihenfolge, zunächst den Eindruck einer zusammenhangslosen Aneinanderreihung von Einzelforderungen (vgl. Abb. 3). Um dennoch eine gewisse Struktur hineinzubringen, wird in der folgenden Systematisierung eine Ordnung nach folgenden Gesichtspunkten vorgenommen:

A. Führungselemente eines QM-Systems

B. Das QM-System betreffende Elemente

C. Den Leistungsprozeß betreffende Elemente

D. Den QM-Prozeß und den Leistungsprozeß betreffende Elemente

Im Folgenden werden den vier Ebenen (A-D) die Forderungen der DIN EN ISO 9001 zugefügt, wobei den Forderungen zum besseren Verständnis, zusätzlich eine Kurzinterpretation der Forderungsinhaltes zugefügt wird.
Es ergibt sich dann folgende Ordnung:[31]

A. Führungselemente eines QM-Systems	**Norm DIN EN ISO 9001**
A.1 Verantwortung der Geschäftsleitung der Kanzlei	**4.1**
• Die Kanzleileitung definiert die Qualitätspolitik und die Qualitätsziele und legt die notwendige Organisation fest. Sie benennt einen sog. Qualitätsmanagement-Beauftragten und erklärt sich für das QM-System selbst verantwortlich und unterzieht es regelmäßigen Bewertungen.	
A.2 Schulung aller in der Kanzlei Tätigen	**4.18**
• In der Kanzlei ist der Schulungs- und Weiterbildungsbedarf der Mitarbeiter und der Kanzleileitung systematisch zu ermitteln und dafür zu sorgen, daß der Bedarf entsprechend der zu erbringenden Leistung gedeckt wird.	

[31] Vgl. ausführlich Pasch, H. (1997b), S. 224f.

B. Das QM-System betreffende Elemente	Norm DIN EN ISO 9001
B.1 QM-System	**4.2**
• In der Kanzlei ist ein QM-System aufzubauen und in angemessener Weise (Qualitätsmanagement-Handbuch, Verfahrens- und Arbeitsanweisungen, qualitätsrelevante Dokumente usw.) zu dokumentieren.	
B.2 Lenkung von Qualitätsaufzeichnungen	**4.16**
• In der Kanzlei sind Verfahren zur Lenkung (Handhabung) der Qualitätsaufzeichnungen einzuführen.	
B.3 Interne Qualitätsaudits	**4.17**
• In der Kanzlei sind interne Qualitätsaudits zur Prüfung des QM-Systems zu planen und durchzuführen.	
B.4 Statistische Methoden	**4.20**
• Es sind, sofern nötig, statistische Verfahren für Leistungsprozesse einzuführen.	

C. Den Leistungsprozeß betreffende Elemente	Norm DIN EN ISO 9001
C.1 Vertragsprüfung	**4.3**
• Die vertraglichen Beziehungen zu den Mandanten sind in geeigneter Weise festzulegen (Angebotsabgabe, Verträge, allgemeine Geschäftsbedingungen)	
C.2 Leistungsentwicklung (spezifisches Element DIN EN ISO 9001)	**4.4**
• In der Kanzlei sind Verfahren zur Lenkung der Entwicklung von eigenen Leistungen einzuführen.	
C.3 Beschaffung	**4.6**
• In der Kanzlei sind Verfahren einzuführen, die die Leistungsfähigkeit der Zulieferer überprüfen.	
C.4 Lenkung der vom Mandanten beigestellten Leistungen /Unterlagen	**4.7**
• In der Kanzlei sind Verfahren für die Handhabung beigestellter Unterlagen der Mandanten einzuführen.	
C.5 Kennzeichnung und Rückverfolgbarkeit der Leistung	**4.8**
• In der Kanzlei sind Verfahren zur Kennzeichnung und Identifikation der erstellten Leistung einzuführen.	

C.6 Erbringung der Leistung /Prozeßlenkung der Leistungserstellung	**4.9**
• In der Kanzlei sind Verfahren zur Sicherstellung stabiler und beherrschbarer Prozesse einzuführen.	
C.7 Prüfmittelüberwachung /Überwachungsverfahren	**4.11**
• In der Kanzlei sind Verfahren zur Erhaltung und Sicherung der Tauglichkeit von einzusetzenden Prüfmitteln einzuführen.	
C.8 Prüfstatus	**4.12**
• In der Kanzlei ist sicherzustellen, daß der Prüfstatus einer Leistung zu erkennen ist.	
C.9 Lenkung (Prüfung und Behandlung) fehlerhafter Leistungen	**4.13**
• In der Kanzlei sind Verfahren zur Feststellung und Aussonderung fehlerhafter Leistungen einzuführen.	
C.10 Handhabung, Lagerung, Verpackung, Konservierung u. Versand	**4.15**
• In der Kanzlei sind Verfahren für Handhabung, Lagerung, Verpackung, Versand und Konservierung von Daten und Unterlagen einzuführen.	
C.11 Wartung	**4.19**
• In der Kanzlei sind Verfahren zur Wartung von Leistungen einzuführen.	

D. Den QM-Prozeß und den Leistungsprozeß betreffende Elemente	**Norm DIN EN ISO 9001**
D.1 Lenkung der Dokumente und Daten	**4.5**
• In der Kanzlei sind Verfahren zur Lenkung der Dokumente und Daten einzuführen.	
D.2 Prüfungen /Qualitätslenkung	**4.10**
• In der Kanzlei ist ein Prüfungssystem festzulegen und zu dokumentieren, so daß die festgelegten Anforderungen an die Leistung sichergestellt sind.	
D.3 Korrektur- und Vorbeugemaßnahmen	**4.14**
• In der Kanzlei sind Verfahren zur Beseitigung von tatsächlichen und möglichen Fehlern einzuführen.	

5.2. Darstellung und Transformation der Normforderungen auf eine Steuerberatungs- und Wirtschaftsprüfungskanzlei

Bei der nachfolgenden ausführlichen inhaltlichen Darstellung der Einzelforderungen wird der Reihenfolge der die DIN EN ISO 9001 Stand 08/1994 gefolgt, um so den unmittelbaren Bezug zum Normenwerk herzustellen. Den einzelnen Forderungen werden der Übersicht halber die Numerierung der Forderungen der DIN EN ISO 9001 vorangestellt. Dabei werden zunächst - grau hinterlegt - die Normforderung vorgestellt, welche im unmittelbaren Anschluß daran interpretiert und auf eine Steuerkanzlei transformiert werden. Soweit es sinnvoll ist, werden die in der Norm verwendeten, allgemein gehaltenen

Bezeichnungen durch eine auf eine Kanzlei bezogene eindeutigere Terminologie ersetzt

Es werden alle Forderungen der Norm vorgestellt, auch wenn diese für Steuerkanzleien keine oder nur eine untergeordnete Bedeutung haben.[32]

4.1 Verantwortung der Leitung[33]

4.1.1 Qualitätspolitik

Als oberste Leitung ist die verantwortliche Kanzleileitung zu verstehen. Das Qualitätsmanagement wird damit zwingend zur 'Chefsache' erklärt. Die Kanzleileitung hat die Qualitätspolitik für das Unternehmen festzulegen und in geeigneter Form zu dokumentieren. Zur Qualitätspolitik gehört vorrangig die Verpflichtung zum Qualitätsmanagement. Damit verbunden ist die Festlegung der Ziele. Desweiteren wird gefordert, daß die Qualitätspolitik gleichermaßen für die Organisation der Kanzlei und für die Erwartungen und Erfordernisse der Leistungsempfänger relevant sein muß. Darüber hinaus hat die Kanzleileitung dafür Sorge zu tragen, daß die Qualitätspolitik in allen Organisations- bzw. Hierarchieebenen umgesetzt (d.h. verstanden, verwirklicht und aufrechterhalten) wird.

Die Qualitätspolitik stellt nach der Definition der DIN EN ISO 8402 die umfassende Absichtserklärung und Zielsetzung einer Organisation zur Qualität dar.[34] Sie ist damit elementarer Bestandteil der gesamten Kanzleiziele. Da grundsätzlich alle Ziele einer Kanzlei in Verbindung stehen mit der ureigensten Aufgabe, für eine bestimmte Zielgruppe

---

[32] Die folgenden Ausführungen stellen einen Auszug aus der ausführlichen Analyse der Normforderungen dar in: Pasch, H. (1997b), S. 225-278.

[33] Vgl. DIN EN ISO 9001, Nr. 4.1.

[34] Vgl. DIN EN ISO 8402, Gruppe 3, Nr. 3.1.

von Mandanten eine für sie zufriedenstellende Leistung zu erbringen und hierfür eine monetäre Gegenleistung zu erhalten, ist eine Trennung in allgemeinen Kanzleizielen und reinen Qualitätszielen nicht durchführbar. Die Qualitätsziele sind auf die tatsächlichen Mandantenwünsche und -bedürfnisse abzustellen. Eine Übererfüllung des Mandantenanspruches ist ebenso nicht sinnvoll wie die Nichterfüllung der Mandantenwünsche, da eine Übererfüllung evtl. nicht honoriert wird, aber die Erbringung dieses Leistungsniveaus Kosten verursacht hat. Die Beschränkung und Fokussierung auf tatsächliche bzw. real mögliche Mandantenansprüche muß dabei eine obere Grenze darstellen. Wobei auch diese Obergrenze nur so lange Gültigkeit hat, wie dieser Anspruch im wirtschaftlich vertretbaren Rahmen erfüllt werden kann. Ein absolutes Streben nach Qualität als Synonym für Perfektion wird nicht gefordert.

Qualitätsziele festzulegen heißt, die Ziele zu formulieren, die in der Kanzlei umgesetzt werden sollen. Hierbei müssen die derzeitige Organisationsstruktur, die Mandantenstruktur und damit verbunden auch die Tätigkeitsbereiche der Kanzlei beachtet werden. Man sollte sich hierbei Gedanken machen, was die jetzigen und zukünftigen Mandanten als Leistung von der Kanzlei erwarten. Für den Fall, daß in der Vergangenheit wenig oder nur unsystematisch die Aufmerksamkeit auf das Mandantenprofil und die Bedürfnisstruktur der Mandanten gerichtet worden ist, sollte in diesem Bereich eine systematische Eruierung, Evalvation und Evaluation der Mandantendaten erfolgen. Nur so kann sichergestellt werden, daß die Qualitätsziele auch auf die wirklichen Bedürfnisse der Mandanten abgestellt sind. Hierauf sind auch entsprechend die organisatorischen Ziele der Kanzlei (z.B. Anzahl, Qualifikation der Mitarbeiter, Größe, Ort der Kanzleiniederlassung) auszurichten.

Qualitätsziele zu formulieren heißt dabei nicht, Werbeslogans zu entwerfen. Es soll sich vielmehr um Aussagen handeln, die in der Kanzlei auch ihre Umsetzung finden können. Die Verneinung von Werbeslogans bedeutet nicht, daß die Ziele nicht durchaus plakativ formuliert sein können bzw. sogar sollen. Sie lassen sich so in der täglichen Arbeit leichter ins Gedächtnis rufen, so daß sie nicht nur leichter von allen Kanzleiangehörigen verstanden werden, sondern in den jeweiligen Arbeitsbereichen auch leichter ihre entsprechende Umsetzung finden. Wichtig ist dabei, daß auch die Mitarbeiter erkennen, daß die Kanzleileitung ihren festen Willen zur Einführung und Umsetzung der Qualitätsziele im Rahmen des QM-Systems auch selbst in der täglichen Arbeit praktiziert. Hieraus resultiert auch die unbedingte Verantwortung und Verpflichtung der Entwicklung des QM-Systems von Seiten der Kanzleispitze aus.

4.1.2 Organisation

4.1.2.1 Verantwortung und Befugnis

Im Rahmen der Organisation der Kanzlei sind die Verantwortung, die Befugnisse und die gegenseitigen Beziehungen der Mitarbeiter festzulegen und zu dokumentieren, die durch ihre Tätigkeit unmittelbar die Leistung oder mittelbar das Umfeld, in dem die Leistung erbracht wird, mit beeinflussen. Dies gilt im Grunde für alle Mitarbeiter, da letztlich alle im Unternehmen befindlichen Personen den Leistungserstellungsprozeß beeinflussen. Dennoch stellt die Norm ausdrücklich heraus, daß dies für Mitarbeiter gilt mit leitender, ausführender und prüfender Tätigkeit, welche die Qualität beeinflussen. Im Rahmen der Norm wird im Anschluß diese Forderung (die Verantwortung, die Befugnisse und die gegenseitigen Beziehungen der Mitarbeiter festzulegen und zu dokumentieren) für die Mitarbeiter noch einmal bekräftigt, die im besonderen die

Unabhängigkeit und entsprechende Befugnisse benötigen, weil sie ausdrücklich zuständig sind:

a) für die Veranlassung von Vorbeugungsmaßnahmen bei der Leistung, beim Prozeß oder beim QM-System;

b) für das Feststellen und Aufzeichnen von Problemen bei der Leistung, beim Prozeß oder beim QM-System;

c) Problemlösungen nach festgelegten Abläufen zu veranlassen, zu empfehlen oder vorzusehen;

d) für die Verifizierung der Verwirklichung von Problemlösungen;

e) für die Überwachung von Problemfeldern im Leistungsprozeß, bis die veranlaßten Lösungen greifen.

Auch in einer Kanzleiorganisation ist es notwendig, verbindlich festzulegen und je nach Größe der Organisation auch entsprechend zu dokumentieren, wer welche Befugnisse, wer welche Verantwortung hat und wie im Bereich der Schnittstellen die gegenseitigen Beziehungen abzulaufen haben und dort die Befugnisse und Verantwortungen sind.

Die Kanzlei sollte, wenn sie dies bislang nicht ohnehin schon getan hat, die Organisationsstruktur (Aufbau- und Ablauforganisation) erfassen, wobei die verbindlich festgelegten Befugnisse und Verantwortungen in allen Bereichen der Kanzlei entsprechend zu dokumentieren sind. Von besonderem Interesse sind dabei die sog. organisatorischen Schnittstellen zwischen eindeutigen Tätigkeitsbereichen, da diese oftmals die Schwachstellen einer Kanzlei darstellen. Ebenso sind übergreifende Bereiche wie z.B. die Bereiche des QM-Systems oder der EDV, die oftmals durch separates Personal (einem sog. QM-/oder EDV-Beauftragten), besetzt sind, in den Befugnissen und Verantwortungen gegenüber den klassischen Tätigkeitsbereichen (Eigenverwaltung, Beratungsteams, FIBU, zentrale Schreibbüros) eindeutig zu definieren. Sie sind wie alle anderen Tätigkeitsbereiche sowohl in das Gesamtsystem überschneidungsfrei zu integrieren als auch in den Befugnissen und Verantwortungen eindeutig abzugrenzen. Wichtig ist, daß alle Mitarbeiter in der Kanzlei entsprechend den ihnen zugewiesenen Aufgaben die dafür notwendigen Befugnisse und Verantwortlichkeiten erhalten, und daß diese für jeden in der Kanzlei durch eine verbindliche Dokumentation unmißverständlich erkennbar und nachvollziehbar sind.

4.1.2.2 Mittel

Die Kanzlei muß für das Qualitätsmanagement die erforderlichen sachlichen, finanziellen und personellen Mittel festlegen und hierfür zur Verfügung stellen. Es wird ausdrücklich darauf hingewiesen, daß zur Durchführung der anfallenden leitenden, ausführenden und prüfenden Tätigkeiten (einschließlich der internen Qualitätsaudits) geschultes Personal für das Qualitätsmanagement bereitgestellt werden muß

Mit dieser Forderung wird lediglich die Notwendigkeit zum Ausdruck gebracht, daß für die Einrichtung und das Fortbestehen des QM-Systems zusätzlich Kosten entstehen.[35] Die hierfür notwendigen Aufwendungen (Geld-, Sachmittel, qualifiziertes Personal) sind festzustellen und entsprechend bereitzustellen.

Für den Steuerberater leitet sich eine solche Verpflichtung im allgemeinen bereits aus den Berufsgrundsätzen ab. Gemäß § 4 Abs. 3 Berufsordnung ist der Steuerberater verpflichtet, die für eine gewissen-

---

[35] Vgl. z.B. HOTHUM, CH. (1994), S. 55.

hafte Berufsausübung erforderlichen sachlichen, personellen und sonstigen organisatorischen Voraussetzungen zu gewährleisten.

4.1.2.3 Beauftragter der obersten Leitung

Die Kanzleileitung hat aus dem näheren Führungskreis eine Person zu bestimmen (QM-Beauftragter) und mit der entsprechenden Befugnis auszustatten, die neben ihren sonstigen Verantwortlichkeiten und Tätigkeiten sicherstellt, daß

a) ein QM-System entsprechend dieser Norm auch tatsächlich im Unternehmen umgesetzt (festgelegt, verwirklicht und aufrechterhalten) wird;

b) der Kanzleileitung ständig einen aktuellen Überblick über den Zustand des QM-Systems gibt, um ihnen weitere Ansatzpunkte zur Verbesserung zu geben.

Die Verantwortung des QM-Beauftragten kann in Sachen des QM-Systems auch eine Verbindung (Zusammenarbeit, Austausch) mit externen Fachleuten, Stellen einschließen.

Die Bestimmung eines QM-Beauftragten bzw. eines Beauftragten der obersten Leitung für das QM-System stellt eine Notwendigkeit des QM-Systems dar, wenn nicht die Gefahr bestehen soll, daß mittel- bis langfristig das QM-System durch den Alltagsdruck zur Nebensache disqualifiziert wird und irgendwann als System nicht mehr existiert oder nur noch offiziell auf dem Papier besteht. Die Aufgabe des QM-Beauftragten ist aber nicht, das QM-System in Eigenregie zu entwikkeln und zu implementieren, sondern er übernimmt die Rolle des Promotors, des Moderators und Koordinators für das QM-System. Er soll Anlaufstelle sein und, wenn erforderlich, entsprechende Weichenstellungen vornehmen, damit Entwicklungen zielgerichtet weitergehen können. Diese Person übernimmt die Koordination der Dokumentation des QM-Systems. Es wird ausdrücklich bestimmt, daß diese Person aus dem Führungskreis zu bestimmen ist. Dies ist erforderlich, da für diese Aufgabe eine Verantwortung und Befugnis erteilt wird, die auch eine gewisse Führungsstärke und Etablierung im Unternehmen (soziale Kompetenz) verlangen.

Je nach Größe der Kanzlei ist die Aufgabenbewältigung mehr oder weniger zeitintensiv. Unabhängig von der Größe der Kanzlei ist sicherlich der Umfang der Aufgabe in der Zeit der Implementierung eines QM-Systems ungleich größer als im Bereich der späteren Aufrechterhaltung und ggf. Weiterentwicklung des QM-Systems.

Die Person sollte auf keinen Fall für diese Tätigkeit extern eingestellt werden, da sie

- das Vertrauen der Mitarbeiter und damit die Führungsetablierung in der Kanzlei noch nicht besitzt,
- die Strukturen und Abläufe der Kanzlei nicht ausreichend kennt. Darin inbegriffen sind z.B. auch informelle Beziehungsgeflechte, die eine solche Arbeit behindern wenn nicht gar vereiteln können,
- dies eine Wirkung hervorruft, als würde das QM-System der Kanzlei von außen aufoktroyiert werden.

Die auszuwählende Person sollte, wenn diese Aufgabe nicht aus den Reihen der Kanzleileitung selbst ausgeführt wird, der unmittelbar darunter befindlichen Hierarchieebene angehören, wobei wichtig ist, daß diese Person über entsprechende Führungsqualitäten und Organisationsfähigkeiten verfügt und ihr für die Aufgabenbewältigung auch die notwendigen zeitlichen Freiräume neben den sonstigen Verantwortlichkeiten, die sie bereits inne hat, eingeräumt werden.

Als wesentliche Aufgaben des QM-Beauftragten können genannt werden:[36]

- Umsetzung und Durchsetzung der Qualitätspolitik
- Implementierung des QM-Systems in allen Ebenen der Kanzlei
- Beobachtung und Einleitung von Anpassungen der Aufbau- und Ablauforganisation für qualitätsrelevante Aspekte, die sich aus Veränderungen des Umfeldes (z.B. Veränderung der Mandantenstruktur) ergeben.
- Erkennen von Störungen im QM-System, die sich z.B. aus Schnittpunkten der Querschnittsfunktionen ergeben, und Hilfestellung/Unterstützung bei der Lösung dieser Störungen leisten.
- Durchführung von internen Qualitätsaudits.
- Information und Beratung bei der Bewertung des QM-Systems durch die oberste Leitung.

4.1.3 QM-Bewertung

Die Norm fordert, daß die Kanzleileitung regelmäßig eine Bewertung des QM-Systems bezüglich seiner Eignung und Wirksamkeit der Normforderungen sowie der Qualitätspolitik und -ziele vornehmen muß. Die Bewertung des Qualitätsmanagementsystems sollte regelmäßig, in festgelegten Zeitabständen erfolgen. Die Aufzeichnungen (Protokolle, Prüfungsberichte) sind aufzubewahren.

Eine Kanzlei ist wie jedes Unternehmen ständigen, planbaren und nicht planbaren Einflüssen und damit permanenten Veränderungen unterworfen. Diesem Veränderungs- bzw. Anpassungsdruck muß das

---

[36] Vgl. GASTER, D. (1995), S. 12.

QM-System gleichsam unterworfen sein, sofern es positiv wirken soll. Um ein solches System funktionsfähig und nutzbringend zu erhalten, ist es zwangsläufig notwendig, es in regelmäßigen Abständen auf seine Tauglichkeit und Verbesserungsfähigkeit hin zu überprüfen und zu bewerten.

Die Notwendigkeit der regelmäßigen Bewertung der Effizienz der Organisation leitet sich beim Steuerberater ebenfalls bereits aus der Berufsordnung ab.[37] Um die für die gewissenhafte Berufsausübung erforderlichen organisatorischen Voraussetzungen zu gewährleisten, ist eine regelmäßige Bewertung notwendig.

In der Kanzlei muß von Seiten der Kanzleileitung ein Überprüfungs- und Bewertungsverfahren festgelegt und in regelmäßigen Abständen durchgeführt werden, das sicherstellt, daß das QM-System der hier zu erörternden Norm und immer den jeweils gültigen Qualitätszielsetzungen entspricht. Die Zeitabstände hängen vom Umfang des QM-Systems, der Kanzleigröße sowie von der Veränderungsgeschwindigkeit der Kanzleiumwelt ab. Unabhängig von den Abständen der Bewertungen sind sie regelmäßig durchzuführen, um eine Bewertung in jedem Falle sicherzustellen. Je nach Bedarf können die Zeitintervalle als Ergebnis einer solchen Bewertung für die Zukunft verkürzt oder verlängert werden. Eine Dokumentation der Bewertung versteht sich von alleine, da mit Hilfe dieser Aufzeichnungen Entwicklungen besser beurteilt werden können und z.B. Fehlentscheidungen und Bewertungen nicht unbewußt ein zweites Mal wieder gemacht werden.

---

[37] Vgl. § 4 Abs. 3 Berufsordnung vom 18.11.1996.

4.2 Qualitätsmanagementsystem[38]

4.2.1 Allgemeines

Die Kanzlei muß als ein Mittel zur Sicherstellung, daß eine Leistung die festgelegten Qualitätsforderungen erfüllt, ein QM-System einführen, dokumentieren und aufrechterhalten. Zur Dokumentation muß die Kanzlei ein Qualitätsmanagement-Handbuch[39] (kurz QM-Handbuch) erstellen, in dem

a) die Erfüllung der Forderungen der Norm behandelt werden;

b) die QM-Verfahrensanweisungen des QM-Systems enthalten sind bzw. ein Quellennachweis hierauf enthalten ist;

c) die Struktur der Dokumentation des QM-Systems skizziert ist.

Hier wird ausdrücklich gefordert, daß ein QM-System einzurichten, aufrecht zu halten und zu dokumentieren ist, so daß sichergestellt ist, daß die an eine Leistung gestellten Forderungen auch erfüllt werden. Hieraus folgt, daß die 20 Forderungen der DIN EN ISO 9001 noch kein eigenständiges QM-System darstellen, sondern daß ein individuelles QM-System, das den spezifischen Anforderung des jeweiligen Unternehmens mit seinem spezifischen Leistungsangebot entspricht, zu entwickeln ist. Ein QM-System ist dabei definiert durch die zur Verwirklichung des Qualitätsmanagements erforderliche Organisationsstruktur, Verfahren, Mittel und Prozesse. Art und Umfang der Verfahren, Mittel, Prozesse und Organisationsstruktur sind dabei Ausfluß des tatsächlich und geplanten Spektrums der Kanzleitätigkeit. Ziel dieses Systems ist es, daß beschriebene Abläufe immer

---

[38] Vgl. DIN EN ISO 9001, Nr. 4.2.

[39] Vgl. E DIN ISO 10013 Leitfaden für die Erstellung von QM-Handbüchern.

gleich ablaufen, um so eine Kontinuität in der Leistungserstellung zu erreichen. Etliche Abläufe und Vorgehensweisen sind bereits durch das Gesetz oder durch die Notwendigkeit einer bestimmten Vorgehensweise im Grundsatz vorgegeben. In diesem Bereich könnte, soweit bereits vorhanden, auf standardisierte Abläufe zurückgegriffen werden.

Die Kanzlei hat ein QM-Handbuch zusammenzustellen, das ihr individuelles System beschreibt. Es ist damit ein Unikat, daß die jeweilige Kanzlei in ihrer eigenen Prozeßstruktur abbildet. Im QM-Handbuch ist in weiten Teilen das Kanzlei-Know-how niedergelegt. Die Dokumentation, die das QM-System beschreibt (QM-Handbuch), ist definiert als ein Dokument, in dem die Qualitätspolitik festgelegt und das QM-System der Kanzlei) beschrieben ist. Die vorteilhafteste Gliederung dieses Handbuches ergibt sich nicht nach der Reihenfolge der QM-Forderungen der ISO-Norm sondern orientiert sich am besten am tatsächlichen Ablauf und an der Struktur der eigenen Kanzlei.

Es bietet sich eine Form der Loseblattsammlung an, die es ermöglicht, einzelne Bereiche zu überarbeiten und durch Austausch in das Grundwerk einzufügen. Eine sinnvolle Hierarchie für die Zusammenstellung der Dokumente in Form einer Dreiteilung schlägt die E DIN ISO 10013 vor.

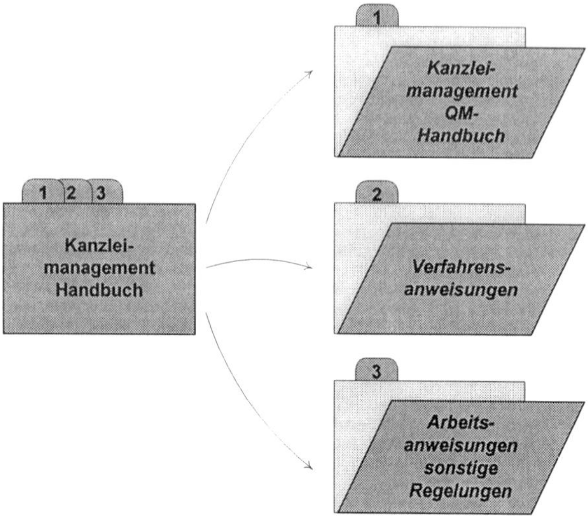

Abb. 4: Aufteilung der Kanzleimanagement-Dokumentation nach E DIN ISO 10013

Nach dieser Aufteilung wird die Dokumentation des QM-Systems in drei Gruppen zusammengefaßt:

- Teil I ist das QM-Handbuch, welches die Qualitätsziele beinhaltet und das QM-System beschreibt. Es beinhaltet: Grundsatzfestlegungen, Kanzleimaxime, Kanzleipolitik, Kanzleistrategie, Grundsatzaussagen zum Kanzleimanagement.

- Teil II sind die QM-Verfahrensanweisungen. Es beinhaltet: Detaillierte Beschreibung der Kanzleiabläufe mit der Feststellung: wer hat wann in der Kanzlei welche Aufgaben zu erledigen.

- Teil III sind die QM-Unterlagen (Formulare, Vordrucke, Arbeitsanweisungen usw.). Es beinhaltet eine detaillierte Beschreibung bestimmter Arbeitsprozesse und Abläufe: wie ist die Aufgabe im Detail zu erledigen.

4.2.2 QM-Verfahrensanweisungen

Die Kanzlei muß

a) die Verfahrensanweisungen des QM-Systems in Übereinstimmung mit den Forderungen der ISO-Norm und der selbst definierten Qualitätspolitik aufstellen;

b) das QM-System und die Verfahrensanweisungen verwirklichen.

Es wird festgestellt, daß die Komplexität der Verfahrensanweisungen, unabhängig von dem sich durch die Einhaltung der Norm bestimmenden Verfahren, entscheidend von der Komplexität des Tätigkeitsspektrums eines Unternehmens, von den angewendeten Methoden, sowie von der notwendigen und tatsächlichen Qualifikation der Mitarbeiter, die die Tätigkeiten ausüben, abhängt.[40]

Wichtige Abläufe in der Kanzlei sind durch entsprechende Verfahrensanweisungen verbindlich zu regeln. Hierin müssen der Geltungsbereich, die Zuständigkeit, die Beschreibung des Vorganges, die Dokumentationsform, eine Änderungsregelung und der Verteiler enthalten sein. Ziel einer QM-Dokumentation ist nicht, jeden möglichen Schritt in einer Kanzlei zu regeln und zu dokumentieren. Die Folge wäre eine Lähmung des Systems, da hier jeder Bewegungsraum für Kreativität, der Grundvoraussetzung einer Weiterentwicklung ist, blockiert werden würde. Viele Kanzleien werden feststellen, daß die meisten wichtigen Abläufe ohnehin schon durch Verfahrensanweisungen geregelt wurden. So ist es meist hier die Aufgabe, nicht Ver-

---

[40] Um Mißverständnissen vorzubeugen, muß hier deutlich gemacht werden, daß in Verfahrensanweisungen nicht unmittelbare Arbeitsanweisungen enthalten sein müssen, so daß, sofern bei bestimmten Arbeitsabläufen Bedarf besteht, die unmittelbaren Tätigkeitsausführungs- und -ablaufbeschreibungen in konkreten Arbeitsanweisungen niederzulegen sind.

fahrensanweisungen neu zu erstellen, sondern bestehende systematisch zu sichten und zusammenzufügen. Aus der praktischen Erfahrung im Rahmen von Arbeitsstudien und Einzelberatungen im Auftrage des Deutschen Steuerberater Institutes e.V. bei der Umsetzung von QM-Systemen in Steuerkanzleien muß immer wieder festgestellt werden, mit welcher Verwunderung die Kanzleileitung und die Mitarbeiter feststellen, daß in der Regel mehr als 90% aller Verfahren geregelt sind; sie sind nur noch nicht als ein Gesamtsystem zusammengefaßt und vereinheitlicht worden.

4.2.3 Qualitätsplanung (zum QM-System)

Die Kanzlei muß festlegen und dokumentieren, wie sie die Qualitätsanforderungen an die von ihr zu erstellende Leistung erfüllen will. Eine hierfür notwendige Planung (QM-Planung) muß im Einklang mit den selbst aufgestellten Forderungen an das QM-System stehen. Die QM-Planung ist ebenfalls zu dokumentieren, wobei als Zusatzforderung genannt wird, daß die Planungsstruktur zur Arbeitsmethode der Kanzlei passen muß.

Des weiteren wird die Forderung aufgestellt, daß die Kanzlei „in angemessener Weise“ bei allen Tätigkeiten, die das QM-System selbst betreffen oder im direkten Zusammenhang mit der Leistungserstellung stehen, bedenkt, daß die festgelegten Forderungen an die Leistung, an Projekte und Verträge auch erfüllt werden. Als Tätigkeiten, die eine Kanzlei betreffen, können genannt werden:

a) die Ausarbeitung von QM-Plänen[41];

b) das Feststellen und Bereitstellen von Lenkungsmaßnahmen, Prozessen, Einrichtungen (eingeschlossen Prüfeinrichtungen), von Vorrichtungen, Mitteln und Fertigkeiten, die zur Erfüllung der Qualitätsforderung benötigt werden könnten;

c) das Sicherstellen der Verträglichkeit mit dem QM-System aller Prozesse, die unmittelbar, aber auch mittelbar mit der Leistungserstellung in der Kanzlei zusammenhängen;

d) das Aktualisieren der Qualitätslenkungs- und Prüfverfahren, eingeschlossen die Entwicklung neuer Geräteausstattungen soweit erforderlich;

e) das Feststellen von Forderungen an die Meßtechnik zur Leistungssicherung. Dies schließt auch das Feststellen der Meßtechnik ein, die der derzeit aktuellen Technik voraus ist, so daß genügend Zeit für die Entwicklung der dafür notwendigen Fähigkeiten bleibt;

f) das Feststellen geeigneter Nachweise (Verifizierungen) an zweckdienlichen Stellen der Leistungsrealisierung;

g) das Klären von Annahmekriterien bezüglich aller Merkmale und Forderungen, auch diejenigen, die ein subjektives Element enthalten;

h) das Feststellen und Vorbereiten von QM-Aufzeichnungen.

Die Planung, daß die Mandantenanforderungen an die Leistung auch erfüllt werden, ist im Grunde für eine Kanzlei kein neuer Tatbestand. Alleine aus dem berufsrechtlichen Selbstverständnis der Gewissen-

---

41 Die QM-Pläne müssen nicht Inhalt der Verfahrensanweisungen sein, es reicht wenn sie als Verweis in den Verfahrensanweisungen des QM-Handbuches enthalten sind.

haftigkeit ergibt sich eine Verpflichtung zu einem planvollen Handeln zur Sicherung der für den Mandanten zu erbringenden Leistung.

So ist es selbstverständlich, daß die Durchführung der Leistung zu planen und zu lenken ist. Eine Überprüfung von Zwischenergebnissen (z.B. durch Plausibilitätsprüfungen, Vier-Augen-Prinzip) ist ebenso wie eine Endkontrolle durch einen Berufsangehörigen eine Selbstverständlichkeit. Ferner werden die Voraussetzungen für die Leistungserbringung eruiert und entsprechend geplant (z.B. Einsatz von entsprechend qualifiziertem Personal, Einsatz von Sachmitteln).

Hieraus resultiert ähnlich wie bei den Verfahrensanweisungen, daß vieles bereits sinnvoll geplant ist. Was zum Teil in den Kanzleien fehlt, ist eine systematische Planung. In der Umsetzung dieser Forderung ist es wichtig, die bereits vorhandenen Planungselemente der Kanzlei zu einem Gesamtgefüge zusammenzuführen und durch ggf. notwendig werdende Planungen als Gesamtsystem zu ergänzen. Soweit die bisherige Planung nicht mit der Norm und den eigenen QM-Zielen korrespondiert, ist diese entsprechend zu modifizieren.

4.3 Vertragsprüfung[42]

4.3.1 Allgemeines

Die Kanzlei muß Verfahrensanweisungen zur Vertragsprüfung und zur Koordination der hierbei notwendigen Tätigkeiten einführen und aufrechterhalten.[43]

---

[42] Vgl. DIN EN ISO 9001, Nr. 4.3.

[43] Vgl. DIN EN ISO 9001, Nr. 3, S. 7. Als Vertrag wird die vereinbarte Forderung zwischen einem Lieferanten und einem Kunden bezeichnet. Eine bestimmte Form der Übermittlung und Dokumentation der Vereinbarung (schriftlicher Vertrag) ist nicht gefordert.

Diese Forderung ist dem Grunde nach eine zwingende unternehmerische Notwendigkeit. Bevor ein Auftrag angenommen wird, also ein Vertrag - **unabhängig in welcher formalen Form** - eingegangen wird, muß überprüft werden, ob die gewünschte und geforderte Leistung auch erbracht werden kann. Die Forderung der Überprüfung eines Mandats bzw. eines bestimmten Auftrages für einen Mandanten erfordert bereits aufgrund berufsrechtlicher Bestimmungen (Unabhängigkeit, Eigenverantwortlichkeit, Einhaltung gesetzlicher Bestimmungen) größte Sorgfalt vor der Auftragsannahme. Aber neben diesen berufsspezifischen Anforderungen an eine Auftragsannahme sollte es auch selbstverständlich sein, vor der Annahme eines Auftrages zu überprüfen, ob der Auftrag in seiner Ausgestaltung mit der Kanzlei auch tatsächlich zur Zufriedenheit des Mandanten erfüllt werden kann.

Die Spezifikation des Leistungsumfangs des Steuerberaters und die Mitwirkungspflichten des Mandanten sollten dabei genau definiert sein. Hierdurch werden Streitigkeiten oder gar gerichtliche Auseinandersetzungen vorgebeugt.[44]

4.3.2 Prüfung

Vor der Unterbreitung eines Angebotes[45] oder der Annahme eines Vertrages oder Auftrages müssen diese durch die Kanzlei zunächst geprüft werden, um sicherzustellen, daß...

---

44 Vgl. g.A. SCHÄFER, H. J. (1997), S. 796.

45 Vgl. DIN EN ISO 9001, Nr. 3, S. 7. Als Angebot wird eine nach Aufforderung abgegebene Bereitschaftserklärung einen rechtwirksamen Vertrag über die Erbringung einer Leistung erfüllen.

a) ...die enthaltenen Forderungen angemessen festgelegt und dokumentiert sind. Sofern keine schriftlichen Aufzeichnungen (Verträge) für einen mündlich erhaltenen Auftrag vorhanden sind, ist sicherzustellen, daß über den geforderten Umfang der Leistungen vor Auftragsannahme tatsächlich Einvernehmen besteht;

b) ...sofern Abweichungen in den Forderungen eines Vertrages oder Auftrages vom Angebot bestehen, diese mit dem Leistungsempfänger geklärt sind;

c) ...die Kanzlei überhaupt die Fähigkeit zur Erfüllung der Forderungen aus dem Vertrag oder des angenommenen Auftrages besitzt.

Neben den genannten berufsspezifischen Voraussetzungen für eine Auftragsannahme sind auch die vorgenannten Bedingungen zu erfüllen.

Hierzu gehört eine entsprechende Abstimmung der Einzelforderungen mit dem Mandanten, so daß Zweifel über den tatsächlichen Forderungsumfang des Auftrages ausgeräumt werden. Da in Kanzleien in der Regel Aufträge im Rahmen von persönlichen Gesprächen mit dem Mandanten zustande kommen, sind für diesen Bereich sog. Checklisten mit notwendigen Informationsabfragen sehr hilfreich; sie verhindern, daß in einem Gespräch wichtige Informationen nicht abgefragt werden, die später zu einer Leistungsstörung führen können. Ebenso verhilft eine solche Form der Informationssammlung, daß wichtige Details nicht im Gesamtgespräch verloren gehen.

4.3.3 Vertragsänderung

Die Kanzlei muß festlegen, wie eine Vertragsänderung zu behandeln ist und sicherstellen, daß die betroffenen Funktionen (Abteilungen, Teams, Mitarbeiter) in der Kanzlei unterrichtet werden, so daß diese auch rechtzeitig das Notwendige veranlassen können.

Es ist wichtig in einer Kanzlei, daß möglichst frühzeitig Vertragsänderungen (Umfangsänderungen oder Stornierungen des Auftrages) bekannt gemacht werden, damit die zuständigen Stellen entsprechend agieren und reagieren können.

In der Kanzlei entfalten Vertragsänderungen nicht nur Innenwirkungen, also daß innerhalb der Kanzlei entsprechend Maßnahmen zu ergreifen sind, die die veränderte Situation auffangen müssen, sondern auch zum Teil Wirkungen im Außenverhältnis. So müssen ggf. Behörden informiert werden, z.B. über eine erteilte oder zurückgenommene Vollmacht. Für diese Fälle sind - sofern nicht ohnehin schon vorhanden - entsprechende Regelungen einzurichten.

Änderungen der Vertragsbeziehung sind durch entsprechende Besprechungsprotokolle zu dokumentieren und am besten durch beide (Steuerberater und Mandant) gegenzuzeichnen. Diese Dokumentation ist als Auftragsspezifizierung in Verbindung mit dem ursprünglichen Vertrag Grundlage für die weitere Auftragsabwicklung.

4.3.4 Aufzeichnungen

Aufzeichnungen über die Vertragsprüfungen müssen aufbewahrt werden. Zur Vertragsprüfung erfolgt noch die Anmerkung, daß die Kommunikationswege und die Schnittstellen zur Organisation des Leistungsempfängers in Vertragsangelegenheiten festgelegt sein sollten.

In der Steuerberatungskanzlei empfiehlt es sich bereits aus berufsspezifischen, haftungsrechtlichen Gründen, die Vertragsprüfung zu dokumentieren. So bestimmt § 63 StBerG, daß der Steuerberater, sofern er einen angebotenen Auftrag nicht annehmen kann oder will, die Ablehnung unverzüglich zu erklären hat. Er hat den Schaden zu ersetzen, der aus einer schuldhaften Verzögerung dieser Erklärung entsteht.

4.4 Designlenkung[46]

4.4.1 Allgemeines

Unter Design ist hier im allgemeinen die Entwicklung von neuen Leistungen zu verstehen.[47] Die Kanzlei muß Verfahrensanweisungen zur Lenkung und Verifizierung von Leistungsentwicklungen implementieren, um die Erfüllung der festgelegten Qualitätsforderungen zu gewährleisten.

In dieser Forderung unterscheidet sich die DIN EN ISO 9001 von der DIN EN ISO 9002, die diese Forderung nicht umfaßt. Es handelt sich um Forderungen, die die Behandlung der Entwicklung von neuen, eigenen Leistungen umfaßt. Hier werden Forderungen aufgestellt, wie in welchen Entwicklungsabschnitten mit einer Entwicklung zu verfahren ist.

Es stellt sich die Frage, ob in einer Kanzlei neue Produkte entwickelt werden können. Diese Fragestellung wird durchaus kontrovers von

---

[46] Vgl. DIN EN ISO 9001, Nr. 4.4.

[47] In der Anmerkung zur Einleitung der DIN EN ISO 9001, S. 4, wird angemerkt, daß statt des Begriffes Design die Begriffe Entwicklung, Berechnung, Konstruktion als Synonyme Anwendung finden dürfen, sowie für das Ergebnis des Designprozesses auch die Begriffe Entwurf, Gestaltung oder Konzept entsprechend benannt werden können.

Fachleuten diskutiert.[48] So sind die, die dieser These ablehnend gegenüber stehen, der Überzeugung, daß auch sog. spezifische Beratungsprodukte nur für den Bedarf zusammengefügte Bausteine der sonst üblichen Vorbehaltstätigkeit sind, so daß von einer Produktentwicklung als Beratungsleistung nicht gesprochen werden kann. Befürworter einer eigenständigen Leistungsentwicklung auch in der Steuerberatungs- und Wirtschaftsprüfungskanzlei führen an, daß z.B. im Rahmen der Entwicklung von rechtlichen Konstellationen durchaus von der Entwicklung eines eigenständigen Beratungsproduktes gesprochen werden kann.[49]

Meiner Auffassung nach sollte der Begriff Design bzw. Produkt- oder Leistungsentwicklung nicht zu eng ausgelegt werden. Sofern eine Steuerkanzlei für eine bestimmte Thematik einen Beratungsmarkt erkennt (z.B. Erbfolge, Unternehmensnachfolge) und hierzu Konzepte für die Beratung und Umsetzung der Problemstellungen erarbeitet, kann dieses durchaus als eine Form der Entwicklung neuer Leistungsangebote angesehen werden. Einzelfallösungen, auch wenn eine solche Problemstellung bislang noch nicht in der Kanzlei angefallen ist, können aber kaum als Entwicklung eines neuen Leistungsangebotes betrachtet werden.

4.4.2 Design- und Entwicklungsplanung

Die Kanzlei muß für jede Entwicklungstätigkeit Pläne erstellen, die diese Tätigkeiten beschreiben oder auf sie Bezug nehmen und die Verantwortung für die Umsetzung dieser Entwicklung festlegen. Es wird ange-

---

[48] Vgl. z.B. STRECK, M. /KILGER H. /EHNERT M. (1997), S 201.

[49] Vgl. allgemein zu dieser Problematik der Einschätzung, BRUHN, M. (1996), S. 181f.

merkt, daß es für solche Entwicklungstätigkeiten eines entsprechenden Personals und entsprechender Mittel bedarf. Die Pläne sind analog dem Stand des Entwicklungsfortschritts anzupassen.

Sofern eine Kanzlei eigenständige Leistungsangebote entwickelt, ist es unerläßlich für sie, die Entwicklung und spätere Umsetzung entsprechend zu planen. Hierfür müssen Sachmittel und qualifiziertes Personal zur Verfügung gestellt werden. Die Berufsangehörigen haben bei der Entwicklung von Leistungen wie bei allen anderen Tätigkeiten entsprechend ihrer berufsrechtlichen Verpflichtung zur Gewissenhaftigkeit, unabhängig der Erfüllung der DIN, eine Pflicht zur sorgfältigen und durchdachten Entwicklung ihrer Produkte.

4.4.3 Organisatorische und technische Schnittstellen

Die Schnittstellen (organisatorischer und technischer Art) zwischen Gruppen müssen für die Entwicklung der Leistung festgelegt werden. Die notwendigen Informationen müssen dokumentiert, übermittelt und regelmäßig geprüft werden.

Sofern an der Entwicklung von neuen Leistungsangeboten nicht nur eine bestimmtes Team arbeitet, sondern nach Bedarf unterschiedliche Mitarbeiter aus der Kanzlei hinzugezogen werden, muß auch hier bei der Planung sichergestellt werden, daß der für die Entwicklung notwendige Informationsaustausch und die notwendige Zusammenarbeit stattfinden.

4.4.4 Designvorgaben

Die an die zu entwickelnde Leistung zu stellenden Anforderungen (einschl. aller rechtlichen Vorgaben) müssen festgestellt und dokumentiert werden. Die beeinflußbaren Forderungen sind auf ihre Angemessenheit hin zu überprüfen. Unvollständige, widersprüchliche oder unklare Forderungen sind mit den hierfür verantwortlichen Entwicklern, die diese Forderung aufgestellt haben, zu klären.

Die Vorgaben für die Entwicklung müssen die Ergebnisse aller Tätigkeiten der Vertragsprüfung berücksichtigen.

Sofern in einer Kanzlei angestrebt wird, Leistungen eigenständig zu entwickeln, ist es erforderlich, sich über die Anforderungen an die jeweils zu entwickelnde Leistung Klarheit zu verschaffen und diese entsprechend festzulegen. Es sind dabei insb. die rechtlichen Aspekte genau abzuwägen, da aus einem schlecht geplanten Beratungsangebot evtl. hohe Haftungsrisiken entstehen können. Eine Pflicht zur sorgfältigen und widerspruchsfreien Ermittlung der Anforderungen und zur Dokumentation der Forderungen an die Leistung ergeben sich auch hier bereits, unabhängig eines QM-Systems, aus der grundsätzlichen gesetzlichen Verpflichtung zur Gewissenhaftigkeit der Berufsausübung.

4.4.5 Designergebnis

Das Entwicklungsergebnis ist so zu dokumentieren, daß die Übereinstimmung mit den Vorgaben überprüft (verifiziert) und nach erfolgreicher Überprüfung bestätigt (validiert) werden kann. Hierfür muß das Entwicklungsergebnis:

a) alle Forderungen der Vorgaben erfüllen;

b) Annahmekriterien enthalten bzw. auf sie verweisen

c) die Merkmale aufweisen die zwingend (bezüglich Sicherheit und einwandfreier Funktion) an eine Leistung dieser Art zu stellen sind.

Vor der letztlichen Freigabe der Leistung müssen die Dokumentationen der Entwicklungsergebnisse geprüft werden.

Diese Forderung beinhaltet die Notwendigkeit der Überprüfung und Bestätigung des Ergebnisses der Leistungsentwicklung mit den aufgestellten Forderungen an die Leistung. Im Rahmen der Entwicklung eines Leistungsangebotes wird das fertige Ergebnis (z.B. ein für ein bestimmtes Problem erarbeitetes Beratungs- und Lösungskonzept) mit den vorher analysierten und festgelegten Anforderungen in seiner Übereinstimmung überprüft und, soweit keine Abweichungen vorliegen, bestätigt.

4.4.6 Design-Prüfung

In geeigneten Entwicklungsphasen müssen formelle, dokumentierte Prüfungen der bis dahin erreichten Ergebnisse geplant und schließlich bei Erreichen der Phase durchgeführt werden. In die Prüfung sind alle beteiligten Bereiche (Teams, Mitarbeiter) der Entwicklung mit einzubeziehen, die an der entsprechenden Phase der Entwicklung beteiligt sind, sowie ggf. erforderliche Spezialisten. Aufzeichnungen dieser Prüfungen sind aufzubewahren.

Um den ständigen erfolgreichen Fortgang der Entwicklung überprüfen und so sicherstellen zu können, daß die vorliegenden Ergebnisse mit den gesetzten Forderungen übereinstimmen, sind in sinnvollen Abständen Zwischenprüfungen durchzuführen. In die Überprüfung sind die Personen, die in den Phasen mit der Entwicklung betraut sind, einzubeziehen. Eine solche Vorgehensweise der Zwischenergebnisüberprüfung ergibt sich ebenfalls auch aus der Verpflichtung der grundsätzlichen gewissenhaften Berufsausübung.

4.4.7 Designverifizierung

In geeigneten Entwicklungsphasen sind Nachweiskontrollen durchzuführen, um sicherzustellen, daß die in den jeweiligen Phasen zu erreichenden

Vorgaben vom Zwischenentwicklungsergebnis auch erfüllt werden. Die durchzuführenden Verifizierungsmaßnahmen sind aufzuzeichnen.

Als Anmerkung wird der Normenforderung hinzugefügt, daß die Entwicklungsverifizierung als Ergänzung zur Entwicklungsprüfung folgende Tätigkeiten abdecken kann:

a) Durchführung von alternativen Berechnungen;

b) Vergleich der Entwicklung mit vorherigen Entwicklungsstufen oder fertigen Entwicklungen;

c) Durchführung von Untersuchungen und Demonstrationen

d) Prüfung der Dokumente der jeweiligen Entwicklungsphase vor der Freigabe.

Für die Designverifizierung gelten die Ausführungen unter 4.4.6 und entsprechend, da es ein Teil bzw. eine Ergänzung der Designprüfung ist. Bei der Verifizierung handelt es sich um die Abgleichung der Entwicklungsteilergebnisse und des Endergebnisses mit den für die Leistung aufgestellten Anforderungen.

4.4.8 Designvalidierung

Eine Entwicklungsvalidierung ist notwendig, um abschließend festzustellen, daß die Leistung den festgelegten Anforderungen entspricht und/oder die Anforderung des Leistungsempfängers erfüllt.

Den Forderungen der Norm werden noch 4 Anmerkungen angefügt:

a) Die Validierung schließt an eine erfolgreiche Verifizierung an.

b) Die Validierung wird unter vorher bestimmten Umgebungsbedingungen ausgeführt.

c) Die Validierung wird in der Regel erst am Ende der Entwicklung ausgeführt. In besonderen Fällen kann aber auch eine Teilvalidierung notwendig sein.

d) Mehrfache Validierungen sind möglich, sofern die Leistung für unterschiedliche Zweck- und Zielsetzungen Anwendung finden soll.

Für die Designvalidierung gelten die Ausführungen unter 4.4.6 sowie 4.4.7 entsprechend, da es sich um einen Teil bzw. eine Ergänzung der Designüberprüfung und -verifizierung handelt. Die Designvalidierung stellt für die Entwicklung die abschließende Bestätigung dar, daß die entwickelte Leistung mit den gesetzten Forderungen übereinstimmt. Soweit erforderlich, sind aber auch Zwischenergebnisse zu validieren, sofern im Bereich der Planung festgelegt wurde, daß vor einer Weiterentwicklung diese Entwicklungsstufe zu validieren ist. Dies kann z.B. sinnvoll sein, wenn dieses Zwischenergebnis für andere zukünftig anzubietende Leistungen als Bestandteil herangezogen wird.

Eine eindeutig trennscharfe Unterteilung in Designprüfung, -verifizierung, und -validierung als eigenständige Prozesse ist nicht möglich, da sie gemeinsam den Prozeß der Überprüfung darstellen. Die Unterteilung in der Norm stellt infolgedessen nicht unbedingt eine Aufteilung in drei losgelöste Forderungen, sondern eine explizite Darstellung der Überprüfungsmodalitäten dar.

4.4.9 Designänderungen

Alle Änderungen an Leistungsentwicklungen müssen erkannt und vermerkt werden. Sie müssen einer Tauglichkeitsprüfung unterzogen werden und vor ihrer Umsetzung entsprechend durch autorisierte Mitarbeiter genehmigt werden.

Ebenso wie bei der eigentlichen Leistungsentwicklung muß auch bei entsprechenden Modifikationen vorgegangen werden. Die Forderungen unter 4.4.2-4.4.8 sind entsprechend zu beachten, da letztlich eine Veränderung in der selben Weise wie eine Weiterentwicklung vorgenommen wird.

4.5 Lenkung der Dokumente und Daten[50]

4.5.1 Allgemeines

Die Kanzlei muß zur Lenkung aller Dokumente und Daten, die sich auf das QM-System dieser Norm beziehen, Verfahrensanweisungen erstellen und aufrechterhalten. Dies gilt erweiternd in angemessener Form auch für Dokumente von außen, z.B. beigestellte Unterlagen des Leistungsempfängers.

Es wird angemerkt, daß als Dokument jedes Trägermedium zur Aufbewahrung von Daten zu verstehen ist.

Die Bedeutung der Behandlung sämtlicher Dokumente in einer Kanzlei ist nicht nur für die Sicherung des Leistungsprozesses von großer Bedeutung, sondern auch für die berufsspezifischen Erfordernisse. Da diese Dokumente in der Regel zu schützende Daten von Dritten beinhalten, ist alleine aus der Verpflichtung zur Verschwiegenheit mit diesen Dokumenten mit größter Sorgfalt umzugehen. Es ist daher unerläßlich, daß in einer Kanzlei Verfahrensanweisungen zu erstellen sind, wie mit sämtlichen, die Kanzlei durchlaufenden Dokumenten umzugehen ist. Dies gilt sowohl für die kleinste Gesprächsnotiz bis hin zu den Steuererklärungen oder persönlichen Dokumenten (Policen, Urkunden usw.) des Mandanten.

---

[50] Vgl. DIN EN ISO 9001, Nr. 4.5.

Aber auch der Umgang mit Dokumenten, die die Organisation der Kanzlei betreffen (Formulare, EDV-Masken, Ablaufpläne, Verfahrensanweisungen, Arbeitsanweisungen) bis hin zu speziellen Dokumenten des QM-Systems (z.B. das QM-Handbuch selbst) ist in Verfahrensanweisungen festzulegen.

4.5.2 Genehmigung und Herausgabe von Dokumenten und Daten

Dokumente und Daten sind vor ihrer Herausgabe durch autorisierte Mitarbeiter hinsichtlich ihrer Angemessenheit zu prüfen und zu genehmigen. Durch ein leicht verfügbares Dokumenten-Überwachungsverfahren (z.B. durch eine einfache Änderungs-Sammelliste), ist der laufende Änderungsstatus der Dokumente aufzuzeigen, so daß die Nutzung ungültiger[51] Dokumente ausgeschlossen ist. Es muß sichergestellt sein, daß...

a) ...die aktuellen Dokumentenversionen und Daten, in den Bereichen (Team, Mitarbeiter) in denen Tätigkeiten im Rahmen des QM-Systems ausgeübt werden, vorhanden sind;

b) ...ungültige Dokumente sofort ausgetauscht werden, bzw. ein unbeabsichtigter Gebrauch verhindert wird;

c) ...ungültige Dokumente, die aus rechtlichen Gründen oder zur Erhaltung der dort enthaltenen Informationen aufzubewahren sind, als solche eindeutig gekennzeichnet sind.

Diese Forderung beinhaltet eine Teilforderung der obigen Forderung der grundsätzlichen Notwendigkeit der Lenkung von Dokumenten und Daten.

---

[51] Die Bezeichnung in der DIN „ungültiger und/oder überholter Dokumente“ ist unnötig, da auch ein überholtes Dokument ungültig ist, da es nicht mehr zu verwenden ist.

Für die Dokumentenverwaltung sind entsprechende Systeme einzurichten (z.B. ein Änderungsdienst mit erkennbarem Revisionsstatus), der einen sicheren Umgang mit den Dokumenten gewährleistet. Die Art und der Umfang eines Dokumenten-Überwachungsverfahrens hängt weitgehend vom Umfang der zu verwaltenden Dokumente ab. Dies kann vom Führen einer einfachen Änderungs-Sammelliste mit dazugehöriger Kennzeichnung der Dokumente bis hin zu einem aufwendigen, EDV- gestützten Dokumenten-Managementsystem gehen.

4.5.3 Änderungen von Dokumenten und Daten

Falls nicht ausdrücklich anders bestimmt, sollten für Prüfungen und Genehmigung von Dokumentenänderungen diejenigen verantwortlich sein, die bereits für die Prüfung und Genehmigung der Erstausgabe verantwortlich waren. Die Personen müssen für die Prüfung und Genehmigung Zugang zu allen hierfür notwendigen Hintergrundinformationen bekommen. Soweit es möglich ist, ist Art und Umfang der Dokumentenänderung auf den Dokumenten selbst oder in geeigneten Beilagen auszuweisen.

Mit dieser Forderung soll sichergestellt werden, daß nicht ungewollte Änderungen an einem Dokument vorgenommen werden, sowie Änderungen vorgenommen werden, die im Grunde nicht notwendig sind. Soweit möglich, wird weiter gefordert, daß die Änderungen in geeigneter Weise ausgewiesen werden. Dies ist insofern von Nutzen, als es dem Anwender sofort zeigt, wie und warum eine Änderung vorgenommen worden ist.

Änderungswünsche oder vorgebrachte Notwendigkeiten der Änderung sind an eine hierfür zuständige Person weiterzuleiten (z.B. dem QM-Beauftragten), die sich mit den Mitarbeitern, die z.B. das Formular oder den Ablaufplan erstellt haben, auseinandersetzen, inwieweit die vorgeschlagene Änderung umzusetzen ist. Erst nach Umsetzung und Freigabe dürfen veränderte Dokumente in der Kanzlei genutzt werden.

4.6 Beschaffung[52]

4.6.1 Allgemeines

Die Kanzlei muß Verfahrensanweisungen festlegen und aufrechterhalten, die sicherstellen, daß beschaffte Leistungen (Produkte, Dienstleistungen) die festgelegten Qualitätsforderungen erfüllen.

Diese Forderung soll sicher stellen, daß die Anforderungen an die von dritter Seite zu beschaffende Leistungen erfüllt werden.

Nicht alle beschafften Leistungen haben den gleichen Einfluß auf die Beschaffenheit der zu erstellenden Leistung. So ist es einsichtig, daß es nicht von so entscheidender Bedeutung ist, wie lange in einer Kanzlei ein Bleistift verwendet werden kann oder ob er wirklich den geforderten Härtegrad hat. Wichtiger hingegen ist es, daß die beschaffte EDV-Anlage oder Telefonanlage den notwendigen Anforderungen entspricht. So sind z.B. die Anforderungen (fehlerfrei, effizient, benutzerfreundlich, kostengünstig) die an Software-Produkte zu stellen sind, im Vergleich zu anderen Branchen relativ hoch, da hier die Software zu einem unverzichtbaren Hilfsinstrument bei der Erledigung der täglichen Arbeitsprozesse geworden ist. Es empfiehlt sich daher, die Leistungen, die von außen beschafft werden müssen, entsprechend ihrer Bedeutung für den Leistungsprozeß in Kategorien oder Klassen zusammenzufassen und ihrer Bedeutung gemäß Verfahren zu bestimmen, wie im Falle einer Beschaffung zu verfahren ist.

---

[52] Vgl. DIN EN ISO 9001, Nr. 4.6.

Konkret heißt das, daß an den Lieferanten von klassischem Büromaterial geringere Ansprüche zu stellen sind als an den Lieferanten der EDV- oder Kommunikationsanlage.

Dies gilt auch für Leistungen, die z.B. im Rahmen einer Konsultation durch einen anderen Berufskollegen oder einen Fachmann einer anderen Fachdisziplin erbracht werden. Auch hier müssen bei der Auswahl Anweisungen festgelegt werden, die sicherstellen, daß der hinzugezogene Fachmann die Forderungen an die zu erbringende Leistung auch tatsächlich erfüllen kann.

4.6.2 Beurteilung von Unterauftragnehmern

Die Kanzlei muß...

a) ...die Unterauftragnehmer für den Nachweis, daß sie die Forderungen des Untervertrages sowie spezifische Forderungen als auch die Forderungen des QM-Systems erfüllen, beurteilen und auswählen;[53]

b) ...Art, Umfang und Auswahlkriterien der laufenden Beurteilung von Unterauftragnehmern festlegen. Hierbei sollte man sich am Leistungstyp und an der Art des Einflusses, den diese Leistung auf die Qualität der Endleistung hat, sowie an bereits in der Vergangenheit dokumentierte Leistungsnachweisen und Qualitätsprüfungen orientieren.

c) ...qualitätsbezogene Aufzeichnungen über annehmbare Unterauftragnehmer erstellen und entsprechend führen.

---

[53] Der Unterauftragnehmer kann in der Begriffswelt Lieferant als Unterlieferant bezeichnet werden. Die Begriffe **Lieferant** und **Unterlieferant** sind nach der Norm E DIN ISO 8402 wie folgt definiert: **Lieferant** ist der, der dem Besteller (Kunde) Produkte und Dienstleistungen liefert. **Unterlieferant** ist der, der dem Lieferanten Produkte und Dienstleistungen liefert für seine Erbringung der Dienstleistung.

Entsprechend der Bedeutung der Leistungen und Produkte, die von Dritten für den Leistungsprozeß der Kanzlei zu beschaffen sind, sind auch in einer Kanzlei die obigen Forderungen zu erfüllen. Konkret heißt dies, daß überprüft werden muß, ob der anbietende Lieferant überhaupt in der Lage ist, die geforderte Leistung zu erbringen. Sofern ein Dauervertragsverhältnis begründet wird, ist festzulegen, in welcher Form und in welchen Abständen eine solche Überprüfung bzw. Überwachung erneut durchgeführt wird (z.B. bei wiederholten Leistungsstörungen). Entsprechende Aufzeichnungen über geeignete Lieferanten sollten geführt werden, damit im Beschaffungsfalle auf diese Unterlagen (Lieferantenlisten) zurückgegriffen werden kann. Dies erleichtert die Auswahl für die jeweilige Beschaffung.

4.6.3 Beschaffungsangaben

Es ist sicherzustellen, daß Beschaffungsdokumente für die zu beschaffende Leistung alle erforderlichen Angaben enthalten, die die Leistung eindeutig beschreiben. Hierzu gehören, soweit auf die spezifische Leistung anwendbar:

a) der Typ, die Sorte, Anspruchsklasse oder eine andere genaue Identifizierungsangabe;

b) eine eindeutige Kennzeichnung (z.B. Titel), die anzuwendenden Ausgaben von Spezifikationen, Zeichnungen, Forderungen an Prozesse, Prüfanweisungen, und andere technische Angaben; eingeschlossen sind die Forderungen bezüglich Genehmigungen oder Qualifikation der Leistung, der Verfahren, der Leistungserstellungseinrichtungen sowie des hierfür notwendigen Personals;

c) den Titel, die Nummer und die Ausgabe der anzuwendenden Norm zum QM-System.

Beschaffungsdokumente sind durch die Kanzlei vor ihrer Freigabe bezüglich der Angemessenheit der darin festgelegten Forderungen zu prüfen und zu genehmigen.

Es wird gefordert, daß im Falle einer Beschaffung die Leistung, die bestellt wird, eindeutig bestimmt wird, also daß die Bestellzettel, Verträge, Angebotsannahmen so auszufüllen sind, daß die gewünschte Leistung durch genaue Beschreibung des Typs, der Sorte, der Leistungsanforderungen usw. eindeutig bestimmt ist. Vor der Auftragsvergabe, Aufgabe der Bestellung, sind der Bestellschein, die Auftragsbestätigung noch einmal dahingehend zu prüfen, ob die Leistung mit den dort spezifizierten Forderungen auch so benötigt wird.

4.6.4 Prüfung von beschafften Produkten

4.6.4.1 Prüfung durch das Unternehmen beim Unterauftragnehmer

Es sind Prüfungsvereinbarungen und die Methode der Produktfreigabe in den Beschaffungsdokumenten festzulegen, sofern beschaffte Leistungen durch die Kanzlei vor Ort beim Lieferanten geprüft werden sollen.

Eine konkrete Überprüfungen der Leistung vor Ort beim Lieferanten findet in der Regel wegen der fehlenden Notwendigkeit hierfür nicht statt. Diese Forderung der Prüfung der Beschaffungsleistungen vor Ort beim Lieferanten hat im Bereich der Steuerberatungskanzlei daher keine oder nur eine sehr geringe Bedeutung.

4.6.4.2 Prüfung des Produkts des Unterauftragnehmers durch den Leistungsempfänger

Sofern es vertraglich vereinbart wurde, Unterauftragsleistungen durch den Leistungsempfänger der Endleistung wahlweise direkt beim Unterauftragnehmer oder in der Kanzlei selbst auf die festgelegten Qualitätsforderungen zu überprüfen, muß dem Leistungsempfänger diese Möglichkeit auch eingeräumt werden. Eine solche Prüfung ist von der Kanzlei nicht als eine ausreichende und wirksame Qualitätsüberwachung durch den Unterauftragnehmer auszulegen. Die Prüfung der Unterauftrags-Leistungen durch den Leistungsempfänger entbindet die Kanzlei weder davon, selbst eine annehmbare Leistung zu erbringen, noch ist sie ein Grund, Rückweisungen der eigenen Leistung auszuschließen.

Die Forderung der Überprüfung der Leistungsanforderungen durch den Leistungsempfänger von beschafften Leistungen beim Unterauftragnehmer oder beim Unternehmen selbst, haben in der Kanzlei wie die Forderung 4.6.4.1 keine praktische Bedeutung. Dies resultiert daraus, daß es sich bei den in der Kanzlei zu beschaffenden Leistungen um Hilfsleistungen für den Prozeß handelt, die in der Regel nicht zum wesentlichen Leistungsbestandteil werden.

4.7 Lenkung der vom Leistungsempfänger beigestellten Produkte[54]

Die Kanzlei hat Verfahrensanweisungen zur Behandlung der vom Mandanten (oder Dritten für den Mandanten) beigestellten Leistungen (Unterlagen, Dokumente, Daten usw.) festzulegen. Darin werden Verifizierung, sowie Lagerung und Erhaltung der beigestellten Leistungen beschrieben. Sofern sie verloren gehen oder beschädigt oder unbrauchbar wurden, ist dieser Vorfall zu dokumentieren und der Leistungsempfänger entsprechend zu informieren.

---

[54] Vgl. DIN EN ISO 9001, Nr. 4.7.

Die Verifizierung der beigestellten Leistung entbindet den Leistungsempfänger nicht von der Verantwortung zur Beistellung annehmbarer Leistungen.

Diese Forderung beinhaltet den Umgang mit vom Mandanten beigestellten Leistungen. Unter beigestellten Leistungen ist alles zu verstehen, was der Mandant oder von Dritten für den Mandanten im Rahmen des Leistungserstellungsprozesses an die Kanzlei übergibt. Dies kann in einer erweiterten Interpretation auf alle vom Leistungsempfänger im Rahmen seiner sog. Mitwirkungspflicht entfallenden Leistungen Anwendung finden. Die Verpflichtung zum kontrollierten und sorgfältigen Umgang mit vom Mandanten beigestellten Leistungen (Unterlagen, jede Form von Dokumenten und Daten) ergibt sich in der Kanzlei nicht erst aus einer Qualitätsverpflichtung, sondern bereits wiederum aus grundlegenden, berufsrechtlichen Pflichten. Alleine die Pflicht zur Gewissenhaftigkeit und Verschwiegenheit erfordert einen sorgfältigen Umgang mit Mandantenunterlagen. In der Kanzlei sind daher alleine aus dieser Verpflichtung bereits eindeutige Verfahrensanweisungen für den Umgang mit diesen Unterlagen verpflichtend.

In der Kanzlei sind alle Phasen des Umgangs mit den beigestellten Leistungen von der Annahme unter entsprechender Verifizierung der Richtigkeit und Vollständigkeit, über die Benutzung bis zur Lagerung und Aushändigung verbindlich zu regeln. Es ist dabei sicherzustellen,

- daß Unterlagen nicht durch Vertauschen in falsche Hände gelangen,
- daß sie durch unsachgemäßen Umgang beschädigt oder gar zerstört werden,

- daß sie so aufbewahrt werden, daß Dritte keinen Einblick in diese Unterlagen nehmen können,
- daß sie bis zur Wiederaushändigung an den Mandanten so gelagert bzw. aufbewahrt werden, daß hieraus kein Schaden entsteht,
- daß die Aushändigung so geregelt ist, daß die Unterlagen nur dem tatsächlichen Eigentümer oder einem eindeutig zu identifizierenden Beauftragten ausgehändigt werden. Wobei hier sicherzustellen ist, daß auch ein Beauftragter nicht die Möglichkeit bekommt, Einsicht in die Unterlagen zu nehmen.

4.8 Kennzeichnung und Rückverfolgbarkeit von Produkten[55]

Verfahrensanweisungen sind zur Kennzeichnung der Leistung während der gesamten Leistungserbringung festzulegen, sofern es für die Leistung zweckmäßig zu sein scheint. Wenn die Rückverfolgbarkeit eine Forderung an die zu erbringende Leistung ist, sind im Umfang der Rückverfolgbarkeits-Forderung Verfahren (Identifikationssysteme) zu entwickeln und durchzuführen, die die eindeutige Kennzeichnung einer Leistung sicherstellen. Die Kennzeichnung ist zu dokumentieren.

Zur Umsetzung dieser Forderung müssen Verfahrensanweisungen und Kennzeichnungsregeln aufgestellt und festgelegt werden, die sicherstellen, daß die Leistungen entsprechend rückzuverfolgen sind. Hierfür können z.B. Ablaufpläne, Laufverfügungen oder Checklisten benutzt werden, auf denen die entsprechenden Informationen vermerkt sind. Eine Rückverfolgbarkeit bietet überdies den Vorteil, daß eine Fehleranalyse eindeutiger erfolgen kann.

---

[55] Vgl. DIN EN ISO 9001, Nr. 4.8.

4.9 Prozeßlenkung[56]

Die Kanzlei muß die Leistungsprozesse, welche die Qualität der Leistung unmittelbar beeinflussen, feststellen und planen. Diese Prozesse müssen unter beherrschten Bedingungen ausgeführt werden, die durch folgende Maßnahmen zu sichern sind:

a) es müssen für solche Prozesse der Leistungserstellung Verfahrensanweisungen bestehen, bei denen ohne solche Verfahrensanweisungen Gefahr der Qualitätsbeeinträchtigung besteht;

b) es muß eine geeignete Einrichtung für die Leistungserbringung benutzt werden, sowie eine geeignete Arbeitsumgebung vorhanden sein;

c) es muß gewährleistet sein, daß alle einschlägigen Normen, QM-Pläne, Verfahrensanweisungen erfüllt werden;

d) Prozeßparameter und -merkmale müssen überwacht und gelenkt werden;

e) sofern es die Prozesse und Einrichtungen erfordern, sind diese vor der Leistungserbringung zu genehmigen;

f) Kriterien für eine Arbeitsausführung müssen in einer einfachen, eindeutigen und praktischen Weise festgelegt und dokumentiert sein;

g) es ist eine zweckmäßige Instandhaltung der Einrichtungen durchzuführen, zur Sicherung eines ungestörten Leistungserstellungsprozesses.

Es ist sicherzustellen, daß Leistungsprozesse, deren Ergebnisse durch Überprüfungen an der Leistung nicht vollständig verifiziert werden können, so daß sich Fehler erst nach der Leistungsabgabe zeigen, nur durch

---

[56] Vgl. DIN EN ISO 9001, Nr. 4.9.

ausdrücklich qualifizierte Mitarbeiter ausgeführt werden und/oder durch ständige Überwachung und Lenkung der Prozeßparameter beherrscht werden, damit in Folge dessen sichergestellt wird, daß die festgelegten Qualitätsforderungen erfüllt werden.

Forderungen an die Qualifikation von Prozeßabläufen und den dabei notwendigen Einrichtungen und Mitarbeitern müssen spezifiziert werden.[57]

Aufzeichnungen über sämtliche qualifizierte Prozesse, Einrichtungen und Mitarbeiter sind in angemessener Weise aufzubewahren.

Es handelt sich um eine Forderung, die unmittelbar den eigentlichen Leistungsprozeß betrifft. Eine bewußte Lenkung der Leistungsprozesse ist auch in einer Kanzlei unerläßlich.

Im Vordergrund der Leistungserbringung steht die Erfüllung der an die zu erbringende Leistung gestellten Forderungen bei größtmöglichem Fehlerausschluß. Hieraus ergibt sich die Notwendigkeit der Steuerung der Prozeßabläufe, der hierzu benötigten Einrichtungen und der eingesetzten Mitarbeiter. Für die Leistungserbringung sind eindeutige Vorgaben in Form von Ablaufplänen, Verfahrens- und Arbeitsanweisungen und Kriterien festzulegen. Die Prozeßlenkung beinhaltet dabei sowohl die Ausführung als auch die erforderlichen Überprüfungen. Durch entsprechende Qualifikation ist das Personal entsprechend für die durchzuführenden Arbeiten vorzubereiten. Die notwendigen Einrichtungen sind durch Wartung und Instandhaltung in dem für die Leistungserbringung notwendigen Zustand zu halten.

---

[57] Es wird hierzu angemerkt, daß Prozeßabläufe die einer Vorab-Qualifikation bedürfen vielfach als sog. ‘spezielle Prozesse’ bezeichnet werden.

Der Umfang der die Prozeßlenkung betreffenden Anweisungen wird durch die Komplexität der Prozesse selbst bestimmt. Art und Umfang der Tätigkeiten bestimmen auch hier den Regelungsumfang für eine gesicherte Leistungserbringung.

4.10 Prüfungen[58]

4.10.1 Allgemeines

Die Kanzlei muß Verfahrensanweisungen für Prüftätigkeiten festlegen, um mit diesen verifizieren zu können, daß die festgelegten Qualitätsforderungen an die Leistung erfüllt werden. Die verlangten Prüfungen und die dazu zu erstellenden Aufzeichnungen (Protokolle, Berichte) müssen im QM-Plan oder in den Verfahrensanweisungen im einzelnen festgelegt werden.

Die Forderung nach Prüfung der Leistung ist ein ebenso wichtiger Bestandteil der unmittelbaren Leistungssicherung wie die bewußte Lenkung und Steuerung der Leistungserbringung. Unabhängig von der Einrichtung eines QM-Systems ergibt sich diese Verpflichtung aber auch bereits aus der Beachtung der gesetzlichen Berufspflicht zur Gewissenhaftigkeit in der Berufsausübung.

Entsprechend der Bedeutung der Leistung und der dazu gehörenden Leistungsprozesse sind entsprechende Überprüfungen zu planen und in Plänen oder Verfahrensanweisungen festzulegen. Dabei sind die Art und der Umfang der jeweils zu erledigenden Prüfschritte, der Prüfungsablauf und sonstige Bedingungen der Prüfung festzulegen. Dies gilt sowohl für Eingangs-, Zwischen- und Endkontrollen.

---

[58] Vgl. DIN EN ISO 9001, Nr. 4.10.

4.10.2 Eingangsprüfung

4.10.2.1 Die Kanzlei hat sicherzustellen, daß nur zugestellte Leistungen verwendet und verarbeitet werden, bei denen verifiziert ist, daß sie die Qualitätsforderungen erfüllen. Die Verifizierung bezüglich der Erfüllung der festgelegten Qualitätsforderung muß dem QM-Plan und/oder den Verfahrensanweisungen entsprechen.

4.10.2.2 Bei der Festlegung des Umfangs und der Art der Eingangsprüfungen sind die Überwachungen beim Unterauftragnehmer und die Übereinstimmungsnachweise zu berücksichtigen.

4.10.2.3 Sofern Zulieferleistungen aufgrund einer zeitlich drängenden Leistungserstellung ohne Eingangsverifizierung freigegeben werden, muß die Leistung entsprechend gekennzeichnet werden. Dieser Vorgang muß dokumentiert werden (vgl. Forderung 4.16), damit bei Nichterfüllung der Forderungen ein unmittelbarer Rückruf und Ersatz stattfinden kann.

Entsprechend der Verfahrensanweisungen sind Leistungen, die in den Leistungsprozeß eingehen oder die Durchführungsvoraussetzungen für den Leistungserbringungsprozeß schaffen, zu überprüfen, ob sie den Anforderungen genügen. Als Beispiel wäre die Überprüfung zu nennen, ob die benötigten Unterlagen des Mandanten bereitgestellt und vollständig sind. Als ein weiteres Beispiel wäre die Überprüfung eines FIBU-Programmes vor Einsatz in der Kanzlei zu nennen. Hier sind Plausibilitätsprüfungen durchzuführen, ob das Programm auch die notwendigen Buchungsprozesse korrekt durchführt.

4.10.3 Zwischenprüfung

Die Kanzlei muß:

a) eine Leistung entsprechend der Forderung in den QM-Plänen und/oder Verfahrensanweisungen prüfen;

b) ein Leistungsabgabe an den Empfänger so lange unterbinden, bis die festgelegten Prüfungen der Leistung abgeschlossen oder die Berichte entgegengenommen und geprüft worden sind. Ausnahme bilden hier die widerrufbaren Freigaben, wobei eine solche widerrufbare Freigabe eine Zwischenprüfung nicht ausschließen darf.

Im Rahmen der Leistungserbringung einer Kanzlei sind mitunter Prüfungen der Zwischenergebnisse notwendig, um sicherzustellen, daß der weitere Prozeß nicht auf fehlerhaften Ergebnissen aufbaut. Ob solche Zwischenprüfungen erforderlich sind, hängt vom Umfang und der Bedeutung der zu erbringenden Leistung und der Bedeutung des Zwischenschrittes im Hinblick auf die Gesamtleistung ab. Die Notwendigkeit selbst wird nicht erst durch die Einrichtung eines QM-Systems begründet, sondern ist letztlich bereits eine verpflichtende Konsequenz aus der Beachtung der Berufspflicht der Gewissenhaftigkeit. Neben diesen Aspekten haben Zwischenprüfungen auch wirtschaftliche Vorteile, denn je früher ein Fehler festgestellt wird, um so weniger Kosten verursacht die Fehlerbeseitigung. Qualitätsmanagement hat primär die Aufgabe durch eine geeignete Planung der Prozesse, Fehler in der Entstehung zu vermeiden.

4.10.4 Endprüfungen

Die Kanzlei muß sicherstellen, daß sämtliche Endprüfungen entsprechend dem QM-Plan und/oder den Verfahrensanweisungen ausgeführt werden, um damit den vollständigen Nachweis zu erbringen, daß alle Forderungen durch die Endleistung erfüllt werden.

Der QM-Plan und/oder die Verfahrensanweisungen zur Endprüfung müssen fordern, daß alle Qualitätsprüfungen (Eingangs-, Zwischen- und Endprüfungen) durchgeführt worden sind und daß die Forderungen hierbei jeweils erfüllt wurden.

Keine Leistung darf aus dem Einflußbereich der Kanzlei gelangen, bevor die festgelegten Tätigkeiten einschließlich aller Prüfungen zufriedenstellend durchgeführt wurden, sowie die zugehörigen Daten und Dokumente verfügbar und genehmigt sind.

Die Endprüfung ist eine zwingende Notwendigkeit im Rahmen der Tätigkeit des Steuerberaters. Die Notwendigkeit ergibt sich damit unabhängig des QM-Systems bereits aus der Verpflichtung zur gewissenhaften Berufsausübung.

Die von qualifiziertem Personal durchgeführte Endprüfung sollte sicherstellen, daß die Leistung mit den gesetzten Forderungen übereinstimmt. Soweit es berufsrechtlich notwendig ist, muß diese Überprüfung durch einen Berufsangehörigen vollzogen und bestätigt werden.

4.10.5 Prüfungsaufzeichnungen

Die Kanzlei muß Prüfungsaufzeichnungen für Eingangs-, Zwischen- und Endprüfungen führen, aus denen ersichtlich ist, ob die Leistung geprüft worden ist, und ob sie hierbei die festgelegten Kriterien für die Annahme erfüllt hat oder nicht. Sofern eine Leistung eine Prüfung nicht bestanden hat, müssen die Verfahren für die Lenkung fehlerhafter Leistungen (Forderung 4.13) angewendet werden. Die Prüfungsaufzeichnungen müssen die für die Freigabe verantwortliche Prüfstelle ausweisen (Forderung 4.16).

Die Forderung beinhaltet Maßnahmen, die sicherstellen, daß ersichtlich ist, ob, wann und wer die Leistung überprüft hat. Hierzu ist es erforderlich, entsprechende verbindliche Verfügungen und Anweisungen zu erstellen, die dem Vorgang z.B. in Form einer Checkliste beizufügen sind. Diese werden von den entsprechenden Personen, die die Überprüfung vornehmen, ausgefüllt bzw. durch Namenszeichen bestätigt. Gleichermaßen ist im Rahmen dieses Verfahrens sicherzustellen, daß im Falle von Leistungsstörungen Verfahren in Gang gesetzt werden, die für eine Beseitigung der Mängel sorgen.

Prüfaufzeichnungen geben überdies die Möglichkeit, die dabei ermittelten Ergebnisse in ihrer Gesamtheit auszuwerten, um so Schwachstellen im System zu erkennen und beseitigen zu können.

4.11 Prüfmittelüberwachung[59]

4.11.1 Allgemeines

Es sind Verfahrensanweisungen für die systematische Überwachung, Kalibrierung und Instandhaltung der Prüfmittel festzulegen, die zur Darlegung der Konformität von Leistungen angewendet werden. Dies gilt auch für Prüfsoftware. Prüfmittel dürfen nur in einem Rahmen angewandt werden, in dem die Meßunsicherheit bekannt ist. Die Fehlertoleranz muß mit der Forderung vereinbar sein.

Bei Prüfsoftware oder Prüfhardware (z.B. als Bezugsnormale), die als Prüfmittel eingesetzt werden, müssen sie auf ihre Eignung zur Verifizierung geprüft werden, bevor sie für den Leistungsprozeß freigegeben werden. Diese Eignungsprüfung soll regelmäßig wiederholt werden. Der Umfang und die Häufigkeit der Prüfungen sind festzulegen und die Aufzeichnungen der Prüfungen als Nachweis aufzubewahren (Forderung 4.16).

Soweit eine Forderung über die Verfügbarkeit der technischen Daten der Prüfmittel besteht, müssen diese dem Leistungsempfänger zugänglich gemacht werden, damit dieser die Angemessenheit der Prüfmittel in ihrer Funktion überprüfen kann.

---

[59] Vgl. DIN EN ISO 9001, Nr. 4.11.

4.11.2 Überwachungsverfahren[60]

Die Kanzlei muß...

a) ...die durchzuführenden Messungen, die dabei geforderte Genauigkeit sowie die entsprechend der Richtigkeit und Präzision geeigneten Prüfmittel[61] festlegen;

b) ...sämtliche Prüfmittel, die die Leistungsqualität betreffen können, identifizieren und sie in vorgegeben Zeitintervallen oder vor jedem Einsatz kalibrieren[62] und zwar mit zertifizierten Mitteln, die anerkannten nationalen und internationale Normalen entsprechen. Wo solche allgemeingültigen Normale fehlen, ist die eigene verwendete Kalibrierung zu dokumentieren;

c) ...die Prozesse für die Kalibrierung von Prüfmitteln im Detail festlegen, dazu gehört die Angabe zu: Gerätetyp, Identifikation des Prüfmittels, Einsatzort, Kalibrierhäufigkeit und -methode, Annahmekriterien, und die Festlegung der Maßnahmen bei zu beanstandenden Ergebnissen;

d) ...die Prüfmittel zum Aufzeigen des Kalibrierungsstatus mit einem geeigneten Indikator oder mit einer anerkannten Identifikationsaufzeichnung erkennbar machen;

---

[60] Es wird angemerkt, daß die Norm ISO 10012 (das meßtechnische Bestätigungssystem für Meßmittel) als Leitfaden benutzt werden kann.

[61] Es wird angemerkt, daß in der deutschsprachigen Fassung unter Prüfmittel Meßeinrichtungen und Lehren zu verstehen sind, wobei in der internationalen Norm (Anmerkung 17) darauf verwiesen wird, daß unter den Begriff Meßeinrichtungen auch Meßgeräte zu fassen sind.

[62] Das Kalibrieren ist das Eichen von Meßinstrumenten oder das Justieren/Ausrichten von Werkstücken und Maschinen, so daß in der Norm die ausdrückliche Nennung des Justierens entbehrlich ist.

e) ...über die Kalibrierung von Prüfmitteln Aufzeichnungen aufbewahren (Forderung 4.16);

f) ...die Gültigkeit von Ergebnissen bereits vollzogener Prüfungen bewerten und diese dokumentieren, sofern sich herausstellt, daß ein Prüfmittel bei der Kalibrierung Fehler aufweist;

g) ...sicherstellen, daß für die Kalibrierungen, Prüfungen und Messungen eine geeignete Umgebungsbedingungen vorherrscht;

h) ...sicherstellen, daß die Handhabung, der Schutz und die Lagerung von Prüfmitteln so erfolgt, daß die Gebrauchstauglichkeit[63] nicht beeinträchtigt wird;

i) ...sicherstellen, daß die Prüfmittel einschließlich der Prüfhardware und –software vor Einstellungsänderungen, die die Kalibrierung ungültig machen würden, geschützt sind.

An dieser Stelle der Norm wird deutlich, daß es sich, wie bereits mehrfach verdeutlicht, um eine Norm handelt, deren entwicklungshistorischer Hintergrund eindeutig in der industriellen Sachgüterindustrie liegt. Hier haben Prüfmittel zur Überprüfung von Materialbeschaffenheit, Funktionalität usw. ihre entsprechende Bedeutung. Für diese Prüfungen ist es von entscheidender Bedeutung, daß die Prüfmittel einwandfrei arbeiten.

In der Kanzlei hat diese Normforderung keine oder nur eine äußerst periphere Bedeutung. Da die Leistung, die durch eine Steuerkanzlei erbracht wird, nicht durch Meß- und Prüfmittel zu verifizieren ist,

---

63 Die Nennung der Genauigkeit in der internationalen Norm ist überflüssig, da die Gebrauchstauglichkeit eines Prüfmittels als zwingende Voraussetzung die Genauigkeit impliziert.

beschränkt sich der mögliche Einsatz von Prüfmitteln nur auf Bereiche von technischen Einrichtungen, die bei der Leistungserbringung eingesetzt werden. Zu denken wäre hier an den Einsatz von EDV-Anlagen und sonstigen technischen Geräten, wobei hier sicherzustellen wäre, daß mögliche Prüfmittel, wie z.B. Virenschutzprogramme, Diagnoseprogramme auf dem neuesten Stand sind.

4.12 Prüfstatus[64]

Der Prüfstatuts einer Leistung muß durch geeignete Mittel gekennzeichnet werden. Dadurch soll der Erfüllungsgrad/Konformität (in Ordnung /nicht in Ordnung) der Leistung in Bezug auf die durchgeführten Qualitätsprüfungen angezeigt werden. Es ist sicherzustellen, daß die Kennzeichnung während des gesamten Leistungsprozesses in festgelegtem Umfang beibehalten wird, um zu gewährleisten, daß nur geprüfte Leistungen, die die Anforderungen erfüllen, an den Empfänger der Leistung abgegeben werden, oder daß nach genehmigter Sonderfreigabe die ordnungsmäßige Freigabe nachträglich erfolgt.

Diese Forderung knüpft an den Ausführungen zur Forderung der Prüfaufzeichnungen an. Wie dort unter 4.10 bereits ausgeführt, ist es auch in einer Steuerkanzlei wichtig, an einem Vorgang jederzeit den Bearbeitungs- und Prüfstand zu erkennen. Im Rahmen der Prüfaufzeichnungen ist daher am Vorgang soweit möglich z.B. durch ein vorgeheftetes Blatt in Form einer Checkliste eindeutig zu dokumentieren, in welchem Stadium der Leistungserbringung sich dieser Vorgang befindet. Dies würde z.B. in einer praktischen Umsetzung bedeuten, daß ein Vorgang vor verlassen einer Abteilung durch eine autorisierte Person, etwa durch Namenzeichnung, die Freigabe zur Weiterleitung

---

64 Vgl. DIN EN ISO 9001, Nr. 4.12.

erhält, mit der Konsequenz, daß dieser Vorgang vor der offiziellen Freigabe nicht in einer anderen Abteilung weiter bearbeitet werden darf.

4.13 Lenkung fehlerhafter Produkte[65]

4.13.1 Allgemeines

Die Kanzlei muß in Verfahrensanweisungen festlegen, wie fehlerhafte Leistungen behandelt werden. Dies schließt die Kennzeichnung, Dokumentation, Beurteilung, Behandlung und Benachrichtigung der betroffenen Bereiche (Team, Mitarbeiter) ein. Es ist sicherzustellen, daß Leistungen, die in einem von den Vorgaben abweichenden Ablauf gefertigt wurden, bzw. Leistungen, die den spezifizierten Anforderungen nicht gerecht werden, nicht versehentlich weiter verwendet werden.

Es ist unerläßlich, daß die als fehlerhaft erkannten Teilleistungen und Endleistungen nicht weiterverarbeitet oder an den Leistungsempfänger weitergegeben werden. Diese Forderung ist wiederum eine Verpflichtung, die sich bereits aus dem Grundsatz der gewissenhaften Berufsausübung ergibt. Auch hier ist es daher bereits obligatorisch, Regelungen zu treffen, die eine mögliche Weiterleitung von fehlerhaften Leistungen verhindern. Fehlerhafte Leistungen sind mit entsprechender Darstellung des Fehlers zu kennzeichnen. Sie müssen so ausgesondert (zwischengelagert) und gekennzeichnet werden (z.B. mit entsprechenden optischen Hilfsmitteln wie Klebezetteln), daß sie nicht aus Versehen weiter bearbeitet werden können oder gar an den Mandanten abgegeben werden.

---

[65] Vgl. DIN EN ISO 9001, Nr. 4.13.

4.13.2 Bewertung und Behandlung fehlerhafter Produkte

Es ist die Verantwortung für die Bewertung und Befugnis zur weiteren Behandlung fehlerhafter Leistungen in Verfahrensanweisungen festzulegen. Eine weitere Behandlung kann sein:

a) das Nacharbeiten zur Erfüllung der festgelegten Forderungen;

b) die Sonderfreigabe mit oder ohne Nachbesserung;

c) die Einstufung in eine andere Verwendung;

d) die Rückweisung, Aussonderung und Vernichtung der Leistung.

Wo der Vertrag es erfordert, ist der Leistungsempfänger über die beabsichtigte Verwendung oder Nachbesserung einer Leistung, die die Anforderungen nicht erfüllt, im Falle einer Sonderfreigabe in Kenntnis zu setzen. Es ist sicherzustellen, daß im Falle einer solchen Sonderfreigabe Aufzeichnungen von dem akzeptierten Fehler und von Nachbesserungen geführt werden, um den tatsächlichen Zustand zu beschreiben (Forderung 4.16).

Eine nachgebesserte Leistung muß entsprechend dem QM-Plan oder den Verfahrensanweisungen erneut geprüft werden.

Die Forderung stellt eine Konsequenz aus der Feststellung dar, daß eine fehlerhafte Leistung vorliegt. Nun müssen, um letztlich die Leistung erbringen zu können, Maßnahmen der Bewertung des Fehlers und der weiteren Behandlung der Zwischenleistung oder der Endleistung vorgenommen werden. Es ist zu entscheiden, in welcher Form eine Nachbearbeitung erfolgen kann (z.B. bei Versäumen einer Frist, soweit möglich Wiedereinsetzungsverfahren einleiten), oder ob die Leistung neu erstellt werden muß. Vorweg wird daher festgestellt, ob die Leistung korrigiert oder grundsätzlich noch erbracht werden kann (ggf. Einschaltung des Haftpflichtversicherers). Nach der Nachbearbeitung muß wie bei allen anderen Leistungen bezüglich der Nacharbeit nochmals eine Überprüfung vorgenommen werden, ob nun die Leistung mit den gesetzten Forderungen übereinstimmt und an den Mandanten abgegeben werden kann.

Sofern der Mandant durch die Leistungsabgabe vom Fehler unmittelbar betroffen ist, da Leistungserstellung und -abgabe identisch sind, ist er in den Nachbesserungsprozeß einzubeziehen, damit man entsprechend auf geänderte Anforderungen aus diesem Vorgang rechtzeitig reagieren kann.

4.14 Korrektur- und Vorbeugungsmaßnahmen[66]

4.14.1 Allgemeines

Die Kanzlei hat Verfahrensanweisungen zur Umsetzung von Korrektur- und Vorbeugungsmaßnahmen festzulegen und durchzuführen. Die Maßnahmen zur Beseitigung von tatsächlichen und potentiellen Fehlern müssen so gestaltet sein, daß sie dem Problemumfang und den Risiken gerecht werden. Die Kanzlei muß die aus den Maßnahmen resultierenden Änderungen umsetzen und in den Verfahrensanweisungen aufnehmen.

4.14.2 Korrekturmaßnahmen

Die Verfahren für Korrekturmaßnahmen müssen folgende Maßnahmen einschließen:

a) die wirksame Behandlung von Beschwerden der Leistungsempfänger sowie das Berichten über Leistungsfehler;

66 Vgl. DIN EN ISO 9001, Nr. 4.14.

b) die Analyse von Fehlerursachen bezüglich der Leistung, des Leistungsprozesses und des QM-Systems, sowie die Aufzeichnung der Untersuchungsergebnisse (Forderung 4.16);

c) die Festlegung der zur Fehlerbehebung erforderlichen Korrekturmaßnahmen;

d) die Überwachung zur Sicherstellung der Umsetzung und Wirksamkeit der Korrekturmaßnahmen.

4.14.3 Vorbeugungsmaßnahmen

Die Verfahren zur Prävention müssen folgende Maßnahmen einschließen:

a) die Nutzung geeigneter Informationsquellen (Prozesse, Sonderfreigaben, Ergebnisse von Qualitätsprüfungen, Qualitätsaufzeichnungen, Beschwerden), um potentielle Fehlerursachen zu entdecken und sie analysieren und beheben zu können;

b) die Regelung der Behandlung von Prozessen, die eine Vorbeugungsmaßnahme notwendig machen;

c) die Veranlassung von Vorbeugungsmaßnahmen und die Überwachung ihrer Wirksamkeit;

d) die Sicherstellung, daß Informationen über ergriffene Vorbeugungsmaßnahmen für eine QM-Bewertung (Foderung 4.1) als Vorlage zur Verfügung stehen.

Es wird gefordert, daß eine Kanzlei wirksame Verfahren zur Korrektur und Vorbeugung von Fehlern entwickelt, was zum größten Teil durch andere Forderungen der Norm bereits gesichert bzw. vorbereitet wird. So garantieren z.B. die Prüfungsaufzeichnungen, daß die Kanzlei in die Lage versetzt wird, Fehler nach ihrer Bedeutung und Häufigkeit zu analysieren, um so Korrekturmaßnahmen einleiten zu können und wo nötig geeignete Vorbeugemaßnahmen zu implementieren.

Es wird weiter gefordert, daß die über die einzelne Leistung hinweg die Gesamtprozesse beherrscht werden, um so sicherzustellen, daß Fehler vermieden bzw. zukünftig durch Vorbeugemaßnahmen ausgeschlossen werden. Hierzu sind sämtliche Aufzeichnungen über den Leistungsprozeß sowie bezüglich aufgetretener Störungen auszuwerten.

Wichtig ist bei dieser Forderung anzumerken, daß aufgetretene Fehler nicht nur korrigiert werden, sondern Anlaß sind, darüber nachzudenken, inwieweit mit einer Veränderung des Leistungsprozesses erreicht werden kann, daß diese Fehler nicht mehr auftreten. Hierzu ist ein gewisser Umgang mit Fehlern in der Kanzlei festzulegen. Wichtig ist, daß im Umgang mit Fehlern der Einzelne nicht aus Angst vor persönlichen Repressionen eine allgemeine Fehleranalyse durch vertuschen oder heimlicher Ausbesserung verhindert.

4.15 Handhabung, Lagerung, Verpackung, Konservierung und Transport[67]

4.15.1 Allgemeines

Die Kanzlei muß Verfahrensanweisungen zur Handhabung, Lagerung, Verpackung, Konservierung und zum Versand der Leistung festlegen und aufrechterhalten.

[67] Vgl. DIN EN ISO 9001, Nr. 4.15.

4.15.2 Handhabung

Die Kanzlei muß Methoden für die Handhabung der Leistung vorsehen, die eine Beeinträchtigung der Leistung verhindern.

4.15.3 Lagerung

Die Kanzlei muß sicherstellen, daß die Lagerbereiche oder Lagerräume der Leistungen so beschaffen sind, daß Beeinträchtigungen der Leistung ausgeschlossen sind. Es müssen geeignete Methoden zur Befugniserteilung festgelegt werden, bezüglich des Produkteingangs und -ausgangs aus dem Lagerbereich. Der Zustand der zu lagernden Leistungen muß in geeigneten Zeitintervallen beurteilt werden, um eine Beeinträchtigung zu entdecken.

4.15.4 Verpackung

Die Kanzlei muß die Prozesse der Packvorgänge und die Kennzeichnung der verpackten Leistung sowie die hierzu verwendeten Materialien überwachen, um die Erfüllung der festgelegten Qualitätsanforderungen sicherzustellen.

4.15.5 Konservierung

Die Kanzlei muß geeignete Methoden für die Erhaltung und das Getrennthalten der Leistungen durchführen, solange sie sich in seiner Verfügungsgewalt befinden.

4.15.6 Versand

Die Kanzlei muß die Versandbedingungen soweit wie möglich organisieren, damit die Leistung bei der Versendung nicht negativen Umwelteinflüssen ausgesetzt ist, die die Qualität der Leistung beeinflussen können.

Dieser Schutz muß bis zur konkreten Auslieferung am vertraglich vereinbarten Bestimmungsort ausgedehnt werden.

Die Forderung der Handhabung, Lagerung, Verpackung, Konservierung und Versand ist für eine Steuerkanzlei ebenfalls wichtig. So kann zwar in der Regel die Leistung, die der Steuerberater erbringt, nicht gelagert und versandt werden, doch befinden sich sowohl die vom Mandanten beigestellten Dokumente, als auch Dokumente, die im Rahmen der Leistungserstellung für den Mandanten entstehen, in der Kanzlei. Weiterhin sind Datensammlungen zu berücksichtigen, die eine sorgfältige Behandlung erforderlich machen. Es wurde bereits unter der Forderung Lenkung der vom Kunden beigestellten Produkte auf die besondere Sorgfalt im Umgang mit Dokumenten und Daten des Mandanten hingewiesen. Diese Verpflichtung resultiert auch aus den rechtlichen Berufspflichten zur Gewissenhaftigkeit und Verschwiegenheit. Aufgrund dieser Verpflichtung ist es unerläßlich, entsprechende Verfahrensanweisungen und Vorkehrungen zu treffen, die die Handhabung von der Lagerung bis zur Versendung regeln.

Dies bedeutet konkret:

- Es sind entsprechend des Umfangs der zu lagernden Dokumente geeignete Räumlichkeiten zu schaffen, die eine der Beschaffenheit und der notwendigen Zugänglichkeit der Dokumente gemäße Lagerung garantieren.
- Für die Lagerung und ggf. notwendige Archivierung sind geeignete Systeme festzulegen, die die verwechslungsfreie Zuordnung der richtigen Dokumente zu den einzelnen Mandanten gewährleisten.

- In Bereichen, in denen Publikumsverkehr stattfindet, sind Unterlagen so aufzubewahren, daß sie von Dritten nicht eingesehen werden können.
- Beim Versand oder bei der Übergabe von Dokumenten sind Verfahren festzulegen, die sicherstellen, daß unbeteiligte Dritte keinen Einblick in die Unterlagen nehmen können.
- Daneben muß beim Versand darauf geachtet werden, daß Unterlagen so verpackt werden, daß sie auf dem Transportweg keinen Schaden nehmen.
- Beim Versand von Dokumenten ist sicherzustellen, daß sich jederzeit feststellen läßt, wann welches Dokument die Kanzlei verlassen hat.

Sofern eine Vorratshaltung von Büromaterial durchgeführt wird, ist auch hierfür eine dem Umfang angemessene Lagerhaltung einzurichten. Eine gewisse Vorratshaltung dieser Materialien ist angebracht, um in jedem Fall in ausreichendem Maß im Rahmen der Leistungserstellung darüber verfügen zu können. Hierfür ist es erforderlich, festzulegen, wer die Verantwortung für die Vorratshaltung trägt. Ebenso müssen die Zugriffsberechtigungen festgelegt sein, damit nicht durch eine unkontrollierte Entnahme Situationen entstehen, in denen dringend benötigte Materialien fehlen.

4.16 Lenkung von Qualitätsaufzeichnungen[68]

Die Kanzlei hat Verfahrensanweisungen zur Kennzeichnung, Sammlung, Registrierung, Zugänglichkeit, Ablage, Aufbewahrung, Pflege und Ver-

[68] Vgl. DIN EN ISO 9001, Nr. 4.16.

nichtung von Qualitätsaufzeichnungen[69] festzulegen und aufrechtzuerhalten.

Qualitätsaufzeichnungen müssen als Nachweis zur Erfüllung der festgelegten Qualitätsforderungen und als Wirksamkeitsnachweis des QM-Systems aufbewahrt werden. Qualitätsaufzeichnungen vom Unterauftragnehmer sind dabei Bestandteil dieser Aufzeichnungen.

Qualitätsaufzeichnungen müssen in geeigneter Form und Einrichtung leserlich sowie leicht und eindeutig zugänglich aufbewahrt werden. Dazu gehört auch, daß sie unter geeigneten Aufbewahrungsbedingungen aufbewahrt werden, um sie so vor jedweden Beeinträchtigungen und vor Verlusten zu schützen. Die Aufbewahrungszeit ist in angemessener Form festzulegen und zu dokumentieren.

Qualitätsaufzeichnungen müssen, soweit es vertraglich vereinbart ist, dem Leistungsempfänger zur Auswertung für den vereinbarten Zeitraum zugänglich gemacht werden.

Bei dieser Forderung handelt es sich anders als die anderen Forderungen um eine spezifische Forderung des QM-Systems. Es wird gefordert, Verfahrensanweisungen festzulegen, welche Qualitätsaufzeichnungen aufzubewahren sind, wie sie zu ordnen und wie lange sie aufzubewahren sind. Hierzu gehören alle Dokumente, die das QM-System betreffen, Prüfprotokolle, Prüfberichte, Fehlermeldungen, -analysen, Vertragsprüfungen, Lieferantenlisten. Eine solche Aufbewahrung der Qualitätsdokumente wird gefordert, um nachzuweisen, daß die festgelegten Qualitätsforderungen erfüllt wurden, und um ein wirksames Arbeiten des QM-Systems darlegen zu können.

---

[69] Es wird hier angemerkt, daß als Speichermedium für die aufzuzeichnenden und aufzubewahrenden Daten sämtliche Formen von Datenträgern in Frage kommen.

4.17 Interne Qualitätsaudits[70]

Die Kanzlei hat Verfahrensanweisungen zur Planung und Durchführung von internen Qualitätsprüfungen (Qualitätsaudits)[71] festzulegen und aufrechtzuerhalten, um zu prüfen, ob das QM-System wirksam ist. Dies geschieht durch Überprüfung der qualitätsbezogenen Tätigkeiten und der zugehörigen Ergebnisse, ob diese die Forderungen erfüllen.

Die internen Qualitätsprüfungen sind entsprechend dem Status und der Bedeutung der zu prüfenden Tätigkeiten zu planen. Es ist sicherstellen, daß die mit der internen Prüfung beauftragten Personen unabhängig sind von den Personen, die die unmittelbare Verantwortung für die dann zu prüfende Tätigkeit haben.

Die Prüfungsergebnisse interner Prüfungen sind aufzuzeichnen (Forderung 4.16) und den verantwortlichen Mitarbeitern der geprüften Bereiche zur Kenntnis zu bringen.

Es ist sicherzustellen, daß die Führungskräfte der geprüften Bereiche für gefundene Unzulänglichkeiten im Rahmen der Prüfung rechtzeitig Korrekturmaßnahmen ergreifen.

Es ist sicherzustellen, daß durch Folgeprüfungen die Umsetzung und Wirksamkeit der eingeleiteten Korrekturmaßnahmen überprüft und aufgezeichnet werden.

Es wird angemerkt, daß die Ergebnisse der internen Qualitätsprüfungen als integraler Bestandteil der Informationsbasis für Tätigkeiten im Bereich der QM-Bewertungen zu sehen sind.

---

[70] Vgl. DIN EN ISO 9001, Nr. 4.17.

Auch diese Forderung ist eine Norm-Forderung, die explizit das QM-System betrifft. Es wird gefordert, Verfahren für **interne** Prüfungen (Audits) des QM-Systems festzulegen, bei denen die Wirksamkeit des QM-Systems in dem Sinne, ob es tatsächlich vorhanden und auch wirksam ist, überprüft wird.[72] Hierbei werden einzelne qualitätsbezogene Tätigkeiten daraufhin überprüft, inwieweit sie mit den dazu festgelegten Anweisungen und Forderungen der Norm übereinstimmen. Es wird überprüft, daß die Vorgaben des QM-Systems von allen Mitarbeitern verstanden und eingehalten werden und, was noch wichtiger ist, daß die Vorgaben auch im Sinne der Zielvorgaben wirksam werden.

Umfang und Häufigkeit der Prüfung sind entsprechend der Bedeutung und dem Status der qualitätsbezogenen Tätigkeiten zu planen. Eine solche Überprüfung ist von Personen auszuführen, die mit dem Tätigkeitsbereich, der unmittelbar zu prüfen ist, nicht selbst betraut sind, trotzdem aber ausreichende Sachkenntnis haben, diesen Bereich zu überprüfen.

Werden bei solchen Prüfungen Schwachstellen aufgedeckt, sind diese den Mitarbeitern der jeweiligen Tätigkeitsbereiche aufzuzeigen, wo-

---

[71] Es wird angemerkt (Anmerkung 20), daß die ISO Norm 10011, Leitfaden für das Audit von Qualitätssicherungssystemen, entsprechend als Leitfaden genutzt werden kann.

[72] Vgl. HILL, H. (1991), S. 7, der zu Recht behauptet, daß die Wirksamkeit eines QM-Systems nicht mit einem System- oder Verfahrensaudit geprüft werden kann, sondern lediglich das Vorhandensein und die Anwendung. Insoweit ist natürlich der Gebrauch des Begriffes 'wirksam' mißverständlich. Vgl. auch FLEMMING, M. /HENSE, A. V. /LINDENMEYER, R. (1995), S. 223ff.; sie schlagen ein Konzept vor, nach dem solche Prüfungen (je nach Größe des Unternehmens) in die interne Revision zu integrieren sind, was unter der Zielsetzung der QM-Audits nicht unkritisch zu beurteilen ist. Vgl. BIEGERT, H. (1994), S.1045ff.

bei die verantwortlichen Führungskräfte dieser Bereiche entsprechende Verbesserungen und Korrekturmaßnahmen durchzuführen haben. Die Korrekturmaßnahmen sind bei Folgeaudits auf ihre Wirksamkeit hin zu überprüfen.

Die Ergebnisse solcher Überprüfungen sollen Grundlage der Kanzleileitung für die Bewertung des momentanen QM-Systems unter dem Blickwinkel einer Weiterentwicklung des Systems sein (Vgl. Forderung 4.1).

4.18 Schulung[73]

Die Kanzlei hat Verfahrensanweisungen zur Ermittlung des Schulungsbedarfs zu erstellen und aufrechtzuerhalten. Es hat für die Schulung der Mitarbeiter zu sorgen, die mit Tätigkeiten befaßt sind, die die Qualität beeinflussen. Es wird gefordert, daß jeder Mitarbeiter entsprechend den Anforderungen an den ihm zugeordneten Aufgabenbereich auf der Basis einer angemessenen Ausbildung, Schulung sowie einer unter Umständen notwendigen Erfahrung, qualifiziert ist. Zweckentsprechende Aufzeichnungen über Schulungen müssen aufbewahrt werden (Forderung 4.16).

Es handelt sich um eine Forderung, die nicht nur als QM-Forderung Bedeutung erlangt, sondern ebenfalls aufgrund der rechtlichen Verpflichtung zur gewissenhaften Berufsausübung zu erfüllen ist. So ist es auch hier obligatorisch, daß für den Bedarf der Kanzlei ein entsprechender Personalbedarf festzustellen ist. Dabei ist neben der notwendigen Anzahl auch die Qualifikation des Personals, also die erforderliche Ausbildung (Bürokaufleute, Steuerfachgehilfen, Steuerfachassistenten, Bilanzbuchhalter, angestellte Steuerberater) und die Er-

---

[73] Vgl. DIN EN ISO 9001, Nr. 4.18.

fahrung der Mitarbeiter sowie zusätzlich notwendige Fertigkeiten und Fachwissen (z.B. Fachkenntnisse: Fremdsprachen, QM) festzulegen. Es ist nicht nur eine QM-Forderung, sondern eine berufsrechtliche Notwendigkeit, sicherzustellen, daß speziell zugeordnete Aufgaben nur von Personen auszuführen sind, die auch durch Ausbildung und Weiterbildung ausreichend qualifiziert sind.

Diese Anforderungen sind in entsprechenden Stellenbeschreibungen oder Tätigkeitsprofilen festzulegen. Neben den Eingangsvoraussetzungen ist auch die Weiterbildung der Mitarbeiter festzustellen und festzulegen. Dies ist unerläßlich, um sicherzustellen, daß die Mitarbeiter auch in der Zukunft noch den Anforderungen entsprechen. Darüber hinaus ist auch an eine Weiterbildung zu denken, die eine Weiterentwicklung in Form weiterer Qualifikationen darstellt. Hierfür ist der erforderliche Schulungs-, Aus- und Weiterbildungsbedarf festzustellen und die Umsetzung durch interne und externe Angebote zu planen und zu organisieren.

4.19 Wartung[74]

Sofern Wartung (weiter zu fassen als Service, Kundendienst, Unterstützung in der Handhabung und Einrichtung) eine festgelegte Forderung an die Leistung ist, muß die Kanzlei Verfahrensanweisungen zur Ausführung und Prüfung dieser Tätigkeit sowie zur Berichterstattung festlegen, so daß diese Tätigkeit die festgelegten Forderungen erfüllt.

Diese Forderung hat in einer Steuerkanzlei keine große Bedeutung. Dennoch ist sie bei etwas weiterer Auslegung nicht bedeutungslos. Versteht man unter Wartung nicht nur eine gewisse Betreuung wäh-

---

[74] Vgl. DIN EN ISO 9001, Nr. 4.19.

rend der Leistungserstellung, sondern auch eine Nachbetreuung, so spielt diese Forderung auch in einer Steuerkanzlei ein Rolle. Es kann ein Mandant neben der eigentlichen Leistungserbringung auch die Möglichkeit schätzen, etwaige Fragen auch später noch beantwortet zu bekommen. Ebenso gehört die Möglichkeit der Reklamation dazu, die von einem Dienstleistungsunternehmen wie einer Steuerkanzlei als ein bewußter Service verstanden werden sollte, mit der Zielsetzung einen möglichen unzufriedenen Mandanten im Nachhinein noch zufriedenzustellen.

Wartung kann in diesem Bereich auch als Service verstanden werden, den Mandanten neben der eigentlichen Leistung zusätzlich zufriedenzustellen. Hierzu gehören z.B. auch mandantenfreundliche Sprech- und Telefonzeiten, ausreichende Parkplätze für die Mandanten, Checklisten/Musterordner für den Mandanten mit der Information, über die von ihm beizubringenden Unterlagen. Eine klassische Wartungstätigkeit wäre z.B. die Einrichtung einer FIBU-Software beim Mandanten mit sowohl fachlicher Betreuung als auch die Vermittlung des technischen Supports bei auftretenden Schwierigkeiten.

Eine Abgrenzung insbes. bei einem Dauermandat, was unter den Begriff Wartung fallen könnte oder im Grunde originärer Vertragsbestandteil ist, ist schwer zu treffen. Geht der Steuerberater mit dem Mandanten ein umfassendes Beratungsverhältnis ein, so daß er den Mandanten in allen steuerlichen Fragen betreut, ist m.E. eine eindeutige Trennung von konkreter Leistungserstellung und Service in Form von Wartung schwer möglich. Dies resultiert aus der Tatsache, daß der Mandant eine umfassende Betreuung und Beratung verlangt.

4.20 Statistische Methoden[75]

4.20.1 Feststellen des Bedarfs

Die Kanzlei muß den Bedarf für statistische Methoden feststellen, die für die Ermittlung, Überwachung und Prüfung von Prozeßfähigkeit und Leistungsmerkmalen gefordert werden.

4.20.2 Verfahren

Die Kanzlei muß Verfahrensanweisungen zur Durchführung und Überwachung der anzuwendenden statistischen Methoden festlegen und aufrechterhalten.

Diese Forderung hat in der Steuerkanzlei keine oder nur geringe Bedeutung. Eine Überprüfung mit Hilfe von statistischen Methoden ist in der Regel in Kanzleien nicht sinnvoll anwendbar, da sich aufgrund der Unterschiede im Leistungsumfang der zu erbringenden Leistungen keine ausreichenden Grundgesamtheiten zur Auswertung ergeben. Darüber hinaus verbietet der Grundsatz der gewissenhaften Berufsausübung eine solche Verfahrensweise, da mit einer solchen Methode der Prüfung die Verpflichtung gegenüber dem einzelnen Mandanten nicht in ausreichender Sorgfalt erbracht ist.

Eine sonstige Prozeßüberwachung mit Hilfe von statistischen Methoden ist evtl. im Bereich der EDV denkbar. Hier können Aufzeichnungen über Störungszeiten, Zugriffszeiten, Belastungsmessungen statistisch ausgewertet werden, um so z.B. Anhaltspunkte über mögliche Ursachen (Überlastung, Belastungsspitzen) zu erhalten, die als Information zur Erarbeitung von Verbesserungsvorschlägen dienen kön-

---

[75] Vgl. DIN EN ISO 9001, Nr. 4.20.

nen. Für solche Analysen können bereits handelsübliche Softwarelösungen bei Bedarf eingesetzt werden.

Ebenso kann die Anwendung von statistischen Methoden im Bereich der Auswertungen von Mandantenbefragungen notwendig werden. Auch hier kann bereits auf handelsübliche Software zur Unterstützung der Auswertung zurückgegriffen werden.

6. Ausblick auf die Normenfamilie zur Jahrtausendwende

Das zur Zeit bestehende Normenwerk kann in seiner heutigen Struktur nicht als langfristige Grundlage betrachtet werden. So werden zur Jahrtausendwende viele der heute existierenden Normen wahrscheinlich zusammengefaßt werden oder wegfallen.[76] Es ist geplant, daß es künftig nur noch vier Normen als „product line" zur ISO 9000 geben soll, wobei alle anderen Normen in die neuen Normen integriert werden, wegfallen oder nur noch als Broschüre[77] in Form von Empfehlungen, Stellungnahmen (sog. Technical Reports) publiziert werden.[78] Ob es aber im Jahre 2000 von Seiten des Technical Committee 176 (TC 176) dieses Normengefüge in der Zusammensetzung und mit diesen Schwerpunkten noch geben wird, ist zur Zeit noch völlig unklar. Die Verwirrung wird zum Änderungszeitpunkt noch wachsen, da

---

[76] Vgl. MÖLLER, K. H. (1996), S. 126f.

[77] So ist geplant, die heutige ISO 900-1 (Leitfaden zur Auswahl und Anwendung) künftig nur noch als ISO-Broschüre zu veröffentlichen.

[78] Vgl. MÖLLER, K. H. (1996), S. 126.

geplant ist, die Option zuzulassen, daß die alten Normenprojekte bleiben und gleichzeitig neue herausgebracht werden können.[79]

Die vier Normen sollen folgenden Inhalte enthalten:

ISO 9000 Concepts and vocabulary ➔ Begriffsnorm (bisher ISO 8402)

> In der ISO 9000 werden die grundsätzlichen Konzepte aufgegriffen sowie die Gedankenmodelle und die Begriffe der heutigen Norm 8402, wobei geplant ist die Begriffssystematik erheblich zu verbessern und logischer zu gestalten.

ISO 9001 Requirements for Quality Management Systems ➔ Darlegungsnorm mit Anforderungen an das QM-System (ISO 9001, 9002 und 9003 sollen hierin zusammengefaßt werden.)

> Vom Forderungsniveau wird sich die neuen ISO 9001 von der jetzigen nicht unterscheiden. Sie wird aber in ihrer Zusammensetzung eine Umstrukturierung erfahren, die im Aufbau letztlich identisch sein soll mit der neuen ISO 9004.

> Es soll eine Grobgliederung eingebaut werden, woran besser zu erkennen ist, um welch eine Forderung es sich handelt. Die Grobgliederung der zukünftigen Normen, entspricht dabei im Grundsatz dem von mir im obigen Kapitel bereits vorgestellten Gliederunssystematik, wobei vergleichbar meinem Entwurf ebenfalls das Hauptaugenmerk auf den Leistungserstellungsprozeß liegt.

---

[79] Vgl. MÖLLER, K. H. (1996), S. 126.

ISO 9004 Guidance for Quality Management Systems ➔ Norm mit der Ausrichtung auf die Organisation der Unternehmung

> Die neue ISO 9004 wird als Hauptleidfaden für das Qualitätsmanagement erheblich erweitert werden. Hierin werden zusätzliche Kriterien bezüglich einem Total Quality Management aufgenommen werden sowie Kriterien von Qualitätsauszeichnungen z.B. dem EFQM-Modell oder dem Malcom Baldrige Award hinzugenommen werden. Ebenso ist geplant das Thema „self assessment" aufzunehmen, was bislang fehlte.

ISO 10011 Guidelines for Auditing Quality Management Systems ➔ Norm für das Auditieren von QM-Systemen.[80]

> Hier versucht man in Zusammenhang mit den Umwelt-Management-System-Normen eine einheitliche Audit-Norm zu schaffen, also das Audit von Managementsystemen soll vereinheitlicht werden.

Interpretiert man die Ausführungen zu den möglichen Änderungen des TC 176 richtig, so bestehen innerhalb der Arbeitsstäbe wie auch zwischen den Arbeitsstäben kontroverse Auffassungen, die eine Restrukturierung innerhalb des ISO TC 176 notwendig werden lassen. Das ausschlaggebende Argument, das auch für eine Neustrukturierung der Arbeitsgruppen der ISO TC 176 und für eine Überarbeitung der Normen spricht, ist die zum heutigen Zeitpunkt bestehende Ausuferung der Normenfamilie, die, wie bereits erwähnt, mit allen Leitfäden und Anhängen einen erheblichen Umfang angenommen hat.[81] Es

---

[80] Vgl. MÖLLER, K. H. (1996), S. 126.

[81] Vgl. MÖLLER, K. H. (1996), S. 126f.

bleibt daher abzuwarten, inwieweit die Normen der ISO 9000 Familie im Umfang gestrafft und dem Inhalt nach besser formuliert und abgestimmt werden.

Erfolgsfaktoren bei der Implementierung eines Qualitätsmanagementsystems in Steuerberatung und Wirtschaftsprüfung

von Dipl.-Wirtschaftsingenieur Helmut Stais

Branchenbeauftragter und Auditor im Bereich StB und WP der DQS
Erfahrung aus zirka 30 Audits u.a. StB, WP und RA

Gliederung:

1. Von der ISO 9000 zu einem Kanzleiführungsinstrument
2. Vorstellung der DQS als Zertifzierungsgesellschaft
3. Standortbestimmung der Kanzlei
4. Definition von Qualität
5. Kanzleispezifische Definition von Qualitätszielen
6. Ist-Aufnahme in der Kanzlei
7. Soll-Konzept zum Aufbau eines Qualitätsmanagementsystems
8. Behandlung von Fehlern und Reklamationen
9. Ablauforientierte Dokumentation – oder: zwischen Chaos und Ordnung
10. Erfolgsfaktoren beim Aufbau eines Qualitätsmanagementsystems
11. Stolpersteine beim Aufbau eines Qualitätsmanagementsystems
12. Erfahrungen aus Audits
13. Nutzen eines Qualitätsmanagementsystems in der Kanzlei

1. Von der ISO 9000 zu einem Kanzleiführungsinstrument

Beim Symposium „Qualitätsmanagement in Steuerberatung und Wirtschaftsprüfung“, das vom Augsburger Betriebswirtschaftlichen Steuerforum veranstaltet wurde, hatte ich Gelegenheit, aus Sicht eines Auditors über meine Erfahrungen zum Thema Qualitätsmanagementsysteme in Steuerberatungskanzleien zu referieren.

Sehen Sie die nachfolgenden Ausführungen als zusammenfassende Erfahrung der DQS aus über 6.000 Zertifizierungen in allen Wirtschaftsbranchen sowie als Ergebnis vieler Gespräche und Audits, die ich in meiner Funktion als Branchenbeauftragter und Auditor mit Steuerberatungskanzleien geführt habe.

Kritiker bezeichnen die Norm DIN EN ISO 9001 (oder kurz ISO 9000) gerne als "Flut der Dokumentation“. Wir hingegen sehen die Normen als mögliches Führungsinstrument, welches das Bewußtsein für Qualität fördern kann. Voraussetzung dafür ist, daß die Normen mit diesem Anspruch eingesetzt und ein zielgerichtetes Qualitätsmanagementsystem aufgebaut wird. Deshalb möchte ich weniger über Normen reden als darüber, wie Steuerberater die ISO 9000 als Instrument für die Führung Ihrer Kanzlei nutzen können.

In vielen Diskussionen und Veröffentlichungen wird die ISO 9000 pauschal als eine Möglichkeit gesehen die wesentlichen Abläufe und Prozesse einer Kanzlei zu beschreiben.

Dies manifestiert sich in Aussagen von Mitarbeitern „Wir machen jetzt auch ISO, bei uns muß man jetzt alles aufschreiben und bei uns ist jetzt alles geregelt.“ Dies dokumentiert sich in sehr ausführlichen, bis ins letzte Detail gehende Qualitätsmanagementhandbücher von beträchtlichem Umfang. Wird dann im Zertifizierungsaudit die Akzeptanz dieser Handbücher hinterfragt, erkennt man sehr schnell, daß es sich hier um eine „Pseudodokumentation“ handelt, die der ISO 9000 gerecht werden will, bei den Mitarbeitern aber keinerlei Akzeptanz findet und mit der täglichen Praxis einer Steuerberatungskanzlei wenig zu tun hat.

Dieser Erfahrungsbericht ist nicht als Feldzug gegen die Dokumentation von Abläufen zu verstehen, sondern ermahnt zum zielgerichteten und schlanken Dokumentieren aller Abläufe, die qualitätsrelevant für die Kernprozesse einer Steuerberatungskanzlei wichtig sind.

Als Maß für die Notwendigkeit und den Umfang einer Ablauf- oder Prozeßbeschreibung sollten immer folgende Fragen beantwortet werden:

- Ist dieser Ablauf qualitätsrelevant?
- Muß dieses Vorgehen für alle Mitarbeiter bindend geregelt werden?
- Was passiert, wenn ich dieses Vorgehen nicht festlege?
- Muß ein Ablauf detailliert geregelt werden oder genügen wichtige Eckpunkte?
- Wie ist die Qualifikation und der Freiraum der betroffenen Mitarbeiter?

Damit in einer Kanzlei klar definiert werden kann, welche Eckpunkte und wichtigen Schritte in Abläufen und Prozessen dokumentiert und festgeschrieben werden müssen, sind zunächst grundlegende Überlegungen anzustellen.

Die Dokumentation von Abläufen kann nur eine logische Konsequenz sein aus der Definition von

Qualität
➔ „Was heißt Qualität in unserer Kanzlei?“
Qualitätspolitik,- oder philosophie
➔ „Was soll Qualität in unserer Kanzlei bewirken?“
Qualitätsziele
➔ „Was und wie wollen wir konkret verbessern und erreichen, bis wann?“

Abb. 1: Qualität – Qualitätspolitik - Qualitätsziele

Wenn man sich diese Zusammenhänge klar macht, ist sehr schnell zu erkennen, daß Qualitätsmanagement in einer Kanzlei nur etwas bewegt, wenn man o.g. Fragen eindeutig beantwortet und in einer Kanzleiphilosophie oder Kanzleipolitik schriftlich formuliert.

Qualitätsmanagement muß sich aus einem zielgerichteten, strategischen Ansatz entwickeln. Es muß von der Kanzleileitung verinnerlicht und täglich vorgelebt werden.

Wenn Mitarbeiter die Zusammenhänge und Einflußfaktoren für ein Qualitätsmanagementsystem nicht kennen und verstehen, werden sich möglicherweise Blockaden und Hindernisse aufbauen. Qualität muß täglich mit den Mitarbeitern kommuniziert werden, denn es muß sich im Bewußtsein der Mitarbeiter manifestieren.

Qualität als wesentliche Wertvorstellung in einer Kanzlei, vorgelebt durch die Kanzleileitung und verankert im Bewußtsein der einzelnen

Mitarbeiter, ist eine Garantie für effiziente und wirkungsvolle Umsetzung eines Prozesses zur ständigen Verbesserung und Weiterentwicklung.

2. Vorstellung der DQS als Zertifzierungsgesellschaft

DQS - Deutsche Gesellschaft zur Zertifizierung von Managementsystemen mbH

Qualitäts- und Umweltgutachter
August-Schanz-Straße 21
60433 Frankfurt

Die DQS ist die erste deutsche Zertifizierungsgesellschaft und gehört heute zu den Marktführern. Ihre Gesellschafter sind die Deutsche Gesellschaft für Qualität e.V. (DGQ), das Deutsche Institut für Normung e.V. (DIN) und Industrieverbände. Die DQS arbeitet objektiv, unabhängig und nicht gewinnorientiert. Für alle Branchen verwirklicht sie individuell zugeschnittene Zertifizierungsprojekte, wobei sie erfahrene Auditoren des jeweiligen Berufsstandes einsetzt.

Kooperationspartner des Deutschen Steuerberaterverbandes e.V.

Ansprechpartner :
Helmut Stais, Tel.: (069) 9 54 27 – 179
Fax.: (069) 9 54 27 – 166
E-Mail: helmut.stais@dqs.de

3. Standortbestimmung der Kanzlei

Der erste Schritt auf dem Weg zum Aufbau eines Qualitätsmanagementsystems mit anschließender Zertifizierung ist nicht, sich mit der Norm zu beschäftigen, sondern mit der Kanzlei. Am Anfang sollte eine ganzheitliche Betrachtung aller Stärken und Schwächen einer Kanzlei vorausgehen. Mögliche Analysepunkte können beispielsweise sein:

- Mandantenstruktur (Altmandate, Neumandate)
- Honorarstruktur in Abhängigkeit von Mandanten
- Mitarbeiterstruktur (Zugehörigkeit, Stärken, Potentiale, Qualifikation)
- Organisationsstruktur (mandantenorientiert oder kanzleiorientert)
- Deckungsbeitragsstruktur (bei Mandanten, Mitarbeitern oder Dienstleistungen)
- Position im Vergleich zu anderen ortsansässigen Kanzleien
- Ursachen von Mandatsverlusten (Schwächen)
- Gründe für Neumandate (Stärken)

Kürzlich besuchte ich eine junge Kanzlei in den neuen Bundesländern - dort herrscht eine ganz andere Struktur als in einer Kanzlei, die in den alten Bundesländern schon seit über 40 Jahren etabliert ist. Daraus ergeben sich unterschiedliche Ansätze für das Selbstverständnis und die Positionierung einer Kanzlei. Eine solche Standortbestimmung, die nur von der Kanzleileitung selbst mit den Mitarbeitern geleistet werden kann, ist die Basis für ein sinnvolles Qualitätsmanagementsystem.

4. Definition von Qualität

Ich halte nicht viel von vorgefertigten Qualitätsdefinitionen. Versuchen Sie entsprechend Ihrer Philosophie, Ihrer Prinzipien und Ihrer Visionen eigene Ansätze zu finden:

- Was erwartet der Mandant von uns?
- Wie definieren wir Qualität für unsere Mandanten?
- Was bedeutet Qualität innerhalb der Kanzlei?
- Was bedeutet Qualität für die Mitarbeiter?

Wenn Sie beispielsweise die Qualitätsphilosophie Ihrer Kanzlei mit Mandantenorientierung definieren, muß jeder Mitarbeiter wissen, was konkret darunter zu verstehen ist und wie damit umgegangen werden soll.

- Wie gehen wir mit dem Mandant am Telefon um?
- Wie sind wir aus Mandantensicht erreichbar?
- Wie behandeln wir Mandanten, die reklamieren oder rückfragen?
- Wie gut sind unsere Terminzusagen an Mandanten?
- Wie empfindet ein Mandant die Räumlichkeiten der Kanzlei?
- Wie bewertet ein Mandant die fachliche Arbeit?

Stehen Mandatszuwächse und weitere Kanzleizukäufe im Vordergrund, ergeben sich ganz andere Prioritäten - oder auch eine ganz andere Definition von Qualität.

Als Mandant kann man sich in Kanzleien vor Ort oft sehr schnell ein Bild über deren "Wertevorstellung und Philosophie" machen. Der Mandant spürt dic Atmosphäre einer Kanzlei, Ruhe oder Hektik, das

Einhalten von Terminen, die Art der Kommunikation, die Räumlichkeiten, Ordnung oder Chaos, freundliche oder gehetzte Mitarbeiter. Diese Werte sind meist ein Spiegelbild dessen, was die Kanzleiführung vorlebt.

Große Probleme treten dann auf, wenn die tägliche Vorbildfunktion der Kanzleileitung stark von den angestrebten Zielen, Wertevorstellungen und Visionen abweicht. Solche Dissonanzen münden in Konflikte, die um so stärker ausfallen, wenn das falsche Bild noch schriftlich niederlegt wurde.

5. Kanzleispezifische Definition von Qualitätszielen

Bei der Definition von Qualitätszielen können Sie zwischen strategischen und operativen Zielen unterscheiden. Strategische Ziele sind mittel- und langfristig ausgelegt, operative Ziele sind kurzfristig, meist als Jahresziele festgelegt. Achten Sie darauf, daß die operativen Ziele Ihrer Kanzlei meßbar sind, für Ihre Belegschaft transparent und erreichbar. Wenn Sie sich und Ihre Mitarbeiter überfordern, ist ein Scheitern vorprogrammiert.

Kommen wir beispielsweise auf die Kanzlei zurück, die langfristig expandieren will. Expansion steht im Vordergrund und ist ein strategisches Ziel - und daraus leiten sich operative Qualitätsziele ab. Um dem geplanten Wachstum eine solide Basis zu geben, kann man als operatives Qualitätsziel für das kommende Jahr formulieren: „Stabilisierung und Festlegung aller wichtigen Abläufe in allen zugekauften Kanzleien und Integration in die Kommunikationswege bis Jahresende". Um dieses Ziel konkret umzusetzen, ist ein detaillierter Maßnahmenplan erforderlich mit notwendigen Aktionen, Verantwortlichen und Terminen.

Möglich ist auch, die Mitarbeiter in den Mittelpunkt einer Strategie zu stellen. Das Ziel einer solchen Kanzlei wäre beispielsweise: Bei uns sollen sich Mitarbeiter wohl fühlen.

Ein Maßstab dafür wäre, daß langfristig und im nächsten Jahr kein Mitarbeiter kündigt aus Gründen, die die Kanzlei zu verantworten hat. Daraus leiten sich operative Ziele ab wie regelmäßige Mitarbeitergespräche in einer offenen Atmosphäre und die Bearbeitung und Bewertung von Mitarbeitervorschlägen. Es können noch eine Fülle von Maßnahmen folgen, die geeignet sind, daß sich Mitarbeiter in dieser Kanzlei besonders wohl fühlen.

Wenn es gelingt, dieses langfristige Ziel der Mitarbeiterzufriedenheit konsequent umzusetzen, wird sich dies im Umfeld der Kanzlei herumsprechen und diese Kanzlei hat in der Regel mehr Mitarbeiteranfragen, wie sie verkraften kann.

Ziele zu definieren bedeutet auch, Prioritäten zu setzen. Ich habe viele Gespräche geführt, in denen eine Fülle von Zielen aufgezählt und nebeneinandergestellt wurden. Hier muß geklärt werden, was am wichtigsten ist. In der Praxis ist es unmöglich, gleichzeitig eine Vielzahl von Zielen zu erreichen. Die Priorität der Ziele untereinander muß klar vorgegeben werden um sich nicht zu verzetteln.

Aus den operativen Zielen ergibt sich für Sie ein Führungsinstrument: Zielvereinbarungen mit Mitarbeitern. Auch hier ein Beispiel: Ein Team im Bereich Lohn ist mit der Prozeßanalyse so weit, daß es die Durchlaufzeiten erfassen kann. Ein meßbares operatives Ziel, das man gemeinsam festlegen könnte, wäre eine Verkürzung der Durchlaufzeiten innerhalb eines Jahres. Wenn Sie dabei die Zeitspanne und das Maß der Verkürzung nicht genau festlegen, werden Sie und die Mitarbeiter nie objektiv feststellen können, ob das Ziel je erreicht wurde.

Wenn Qualitätsziele meßbar definiert und auf einzelne Teams heruntergebrochen sind, müssen diese den Mitarbeitern in der Kanzelei bekannt gemacht und in Zusammenhängen erklärt werden.

6. Ist-Aufnahme in der Kanzlei

Das grundlegende Fundament für ein Qualitätsmanagement ist die Integration von bestehenden Werten und Regelungen:

- Was gibt es an bestehenden Regelungen?
- Was ist bei den Mitarbeitern bekannt und akzeptiert?
- Gibt es schon ein bestehendes Organisationshandbuch?
- Was muß überarbeitet werden?
- Was muß neu geregelt werden?
- Welche Mitarbeiter tragen das neue Konzept?
- Wie ist die Qualifikation der Mitarbeiter?
- Wo sind die größten Schwachstellen?

Machen Sie nicht den Fehler, Ihr bewährtes Organisationshandbuch zur Seite zu legen und ein neues Qualitätsmanagementhandbuch streng nach Normelementen aufzubauen. Damit machen Sie es allen Beteiligten wesentlich schwerer als nötig. Bauen Sie Ihre Dokumentation so auf, daß es für Ihre Mitarbeiter verständlich gegliedert (nach den Abläufen der Kanzlei) und in Ihrer Sprache formuliert ist.

Ein Qualitätsmanagement-Handbuch ist für die Mitarbeiter der Kanzlei geschrieben und nicht für Externe (Mandanten oder Auditoren)!

Unsere Erfahrung: Wer auf Bestehendes aufbaut, hat für das Projekt eine wesentlich bessere Akzeptanz. Binden Sie die Belegschaft mit ein und machen Sie eine Bestandsaufnahme der Stärken und der Schwächen. Mitarbeiter, die motiviert mitarbeiten und eingebunden sind in Veränderungsprozesse, kennen die Schwächen und können diese auch verbessern. Hier liegt ein sehr großes Potential.

7. Soll-Konzept zum Aufbau eines Qualitätsmanagementsystems

Auf Basis der Ist-Aufnahme erfolgt das Soll-Konzept:

Wie sieht der Qualitätsregelkreis in der Kanzlei aus? Oder mit welchen Mitteln und Maßnahmen stellen wir sicher, daß wir uns ständig weiterentwickeln und verbessern.

- Phase der Qualitätszieldefinition
- Phase der Zielumsetzung
- Bewertung der Zielerreichung
- Maßnahmen der Verbesserung

Was soll konkret in einzelnen Schritten verändert und verbessert werden?

Wer ist für welche Maßnahme zuständig?

Bis zu welchen Termin ist welche Maßnahme umgesetzt?

Aufstellen eines Schulungsplans für alle Mitarbeiter, damit die Neuerungen und Veränderungen auch systematisch vermittelt werden.

8. Behandlung von Fehlern und Reklamationen

Man kann nicht über Qualitätsmanagement sprechen, ohne auf Fehler und Reklamationen einzugehen. Wir empfehlen: Versuchen Sie eine offene Kommunikation in Ihrer Kanzlei zu schaffen, indem Sie sagen:

Bei uns sind Fehler und Reklamationen erwünscht - aber nur einmal.

Nehmen Sie dieses Thema ernst und fördern Sie einen bewußten Umgang damit.

- Welche Fehler werden gemacht?
- Welche Ursachen haben sie?
- Wie können sie zukünftig vermieden werden?

Versuchen Sie darüber offen und ohne Schuldzuweisungen zu kommunizieren - indem Sie Mandantenreklamationen und Fehler zum regelmäßigen Thema Ihrer Besprechungen machen.

Man kann dabei allerdings auch über das Ziel hinausschießen, wie ich in einer Kanzlei erlebt habe. Dort gab es innerhalb eines Halbjahres allein 100 Fehlermeldungen - und das bei knapp 30 Mitarbeitern. Es zeigte sich, daß jede kleine Unregelmäßigkeit – in dem der eine Mitarbeiter etwas nicht exakt so machte wie der andere – schon fast als Fehler gesehen wurde. Dem lag ein Mißverständnis zugrunde:

Qualitätsmanagement heißt nicht, daß jeder alles gleich machen muß.

9. Ablauforientierte Dokumentation - oder: zwischen Chaos und Ordnung

Wenn Sie das Qualitätsmanagementsystem einführen, geht es natürlich sehr viel um Dokumentationen. Hier wiederum der Hinweis: Orientieren Sie sich an Bestehendem. Dokumentieren Sie Abläufe so, wie sie in Ihrer Kanzlei in der Praxis ablaufen! Es gibt keine Normforderung , daß sich Ihre Dokumentation den 20 Normelementen der ISO 9000 anpassen muß. Wer will, kann sich natürlich daran ausrichten. Aber unsere Erfahrung lehrt:

Die Akzeptanz der Dokumentation ist größer, wenn ablauforientiert dokumentiert wird.

ISO 9000 ist keine Flut der Dokumentationen. Aber sie kann es werden, wenn man nicht den richtigen Ansatz findet - wie eine Kanzlei mit fünfundzwanzig Mitarbeitern, die insgesamt 40 Verfahrens- und 80 Arbeitsanweisungen anlegte. Dazu kamen etwa 110 Formulare und Checklisten in insgesamt vier Ordnern.

Was war passiert? Die Kanzlei hatte kaum geregelte Strukturen und begann, sich mit dem Aufbau eines Qualitätsmanagementsystems zu beschäftigen. Man ist unsicher und verfällt der Annahme, ISO 9000 hieße Dokumentation all dessen, was in der Kanzlei gelebt wird - egal ob qualitätsrelevant und wichtig oder nicht. Das war die Quelle der Dokumentationsflut. Wir holen viele Unternehmen an diesem Punkt ab und versuchen gemeinsam mit ihnen den optimalen Punkt zwischen „Chaos und Ordnung" zu finden.

Wer ein Qualitätsmanagementsystem nach ISO 9000 richtig verstanden hat, wird kritische Kernprozesse und wichtige Eckpunkte dokumentieren und dabei seinem System eine gewisse Flexibilität lassen.

Denn auf der einen Seite sind nicht alle Situationen, nicht alle Mandanten gleich; auf der anderen Seite haben Sie gut ausgebildete Mitarbeiter, die mit ihrem System umgehen und auch selbst Entscheidungen treffen können.

10. Erfolgsfaktoren beim Aufbau eines Qualitätsmanagementsystems

Vorbildfunktion der Kanzleileitung

- Klarheit der Qualitätspolitik, -ziele und Zuständigkeiten
- Mitarbeiter- und Kundenzufriedenheit
- Strukturierung und systematische Verbesserung der Arbeitsabläufe
- Beteiligung der gesamten Belegschaft
- Flexible Anpassung des Systems an neue Erfordernisse
- Offene Kommunikation über den Qualitätsverbesserungsprozeß

11. Stolpersteine beim Aufbau eines Qualitätsmanagementsystems

- Die Kanzleileitung verhält sich falsch

Wo die Leitung ein Qualitätsmanagementsystem will, trägt und vorlebt, entstehen in der Regel gute Systeme. Wo das Zertifikat im Vordergrund steht, treten auch beim Zertifizierungsprozeß Probleme auf.

- Der Projektaufwand wird unterschätzt

Ein System zu entwickeln, das in eine Gesamtbetrachtung neu eingebettet ist und später wirklich Nutzen bringen soll, ist zeitaufwendig.

- Die Einbindung der Mitarbeiter ist zu schwach

Mitarbeiter haben aufgrund ihrer Erfahrung viele Detailkenntnisse und kennen die kritischen Ansatzpunkte zur Verbesserung. Ohne dieses Wissen kann kein gutes System entstehen.

- Übereifer bezüglich der Theorie

Ein System, das an der Praxis vorbeientwickelt wird, findet keine Akzeptanz.

- Unzureichende oder falsch terminierte Schulung und Information

Mitarbeiter sollten, um sich einbezogen zu fühlen, frühzeitig informiert und geschult werden. Dazu gehört an erster Stelle die Kommunikation der Ziele.

12. Erfahrungen aus Audits

Im Vergleich zu allen anderen Branchen der deutschen Wirtschaft zeigt sich, daß sich Steuerberatungskanzleien bezüglich der kritischen Situationen bei Audits nicht wesentlich von anderen Branchen unterscheiden.

Meist haben Kanzleien gut dokumentierte und gelebte Prozeßabläufe. Problematisch wird es häufiger beim Thema Kanzleiziele - also der Zieldefinition.

Wer diese strategischen Themen für sich als Managementinstrument erkannt hat und nutzt, wird auch bei der Umsetzung und Auditierung seines Qualitätsmanagementsystems keine Probleme bekommen.

Die Entwicklung neuer Dienstleistungen (Unterschied zwischen DIN EN ISO 9001 und 9002) ist bei Audits immer wieder ein problematischer Diskussionspunkt. Entwicklung neuer Dienstleistungen heißt, ein System zu entwickeln, um meinen Mandanten neue Dienstleistungen anzubieten.

Ein kritisches, bereits angesprochenes Themenfeld. Wie geht man mit Fehlern und Mandantenreklamationen um? Vielen Kanzleien fällt es schwer, eine Systematik zu entwickeln. Dies liegt im Kern an der Hemmschwelle, sich zu Fehlern zu bekennen und offen darüber zu kommunizieren.

Unsicherheiten in der Systematik der Selbstüberprüfung, entsprechend dem Normelement interne Audits. Bei diesem Thema kommt oft die Frage auf, wie man - statt endlose Fragelisten abzuarbeiten - zum Ziel der internen Audits kommt, der Verbesserung interner Prozesse.

Ermittlung des Schulungsbedarfs. Dieser Punkt beschränkt sich nicht darauf, ein Kursangebot auszulegen. Zur systematischen Ermittlung des Schulungsbedarfs muß zwischen Mitarbeitern und Vorgesetzten besprochen werden, wo individuelle Stärken und Potentiale liegen. In Verbindung mit den fachlichen Anforderungen kann daraus der systematische Schulungsbedarf für das nächste Jahr entwickelt werden.

13. Nutzen eines Qualitätsmanagementsystems in einer Kanzlei

Was bringt Ihnen ein Qualitätsmanagementsystem?

Sie können Ihre Klientel stärker an sich binden, indem Sie Ihre Mandantenorientierung verbessern. Es ist am Verhalten der Mitarbeiter zu spüren, wenn sich eine Kanzlei wirklich am Mandanten orientiert. Dieser wird eine gewisse Zufriedenheit entwickeln, die ihn wiederkommen und Ihre Kanzlei vielleicht sogar weiterempfehlen läßt.

Sie können durch optimierte Prozeßabläufe eine höhere Effektivität erzielen. Wenn Sie gemeinsam mit Ihren Mitarbeitern die Prozesse Ihrer Kanzlei kritisch anschauen, werden Sie auch Schwachstellen finden. Wenn Sie diese konsequent angehen, werden sich Abläufe verbessern und Durchlaufzeiten minimieren.

Wenn Sie Ihre Mitarbeiter einbinden, ernst nehmen und am Verbesserungsprozeß teilhaben lassen, wird sich die Mitarbeiterzufriedenheit erhöhen. Voraussetzung dafür ist, daß Sie die Werte Ihrer Kanzlei vorleben. Leistungsniveau und Klima in ihrer Kanzlei werden sich allein schon dadurch verbessern, daß Sie einen systematischen Lernprozeß aus Fehlern und Reklamationen aufbauen.

Wenn Sie das Qualitätsmanagementsystem für sich und Ihre Kanzlei richtig einsetzen - dann werden wahrscheinlich auch Sie zufriedener, vielleicht auch erfolgreicher arbeiten. In diesem Sinne möchte ich meine Abschlußbotschaft an Sie richten:

Die Qualität der Ziele
bestimmt die Qualität der Zukunft

Die Zertifizierung eines Qualitätsmanagement-Systems in der Steuerberatung

- Pro und Contra -

von RA/FAStR Dr. Axel Pestke,

Hauptgeschäftsführer des Deutschen Steuerberaterverbandes e.V., Bonn

Gliederung:

1. Die Zertifizierung als Reizthema
2. Der bisherige Verlauf der Qualitäts- und Zertifizierungsdebatte
3. Qualitätssicherung – Qualitätsmanagement – Zertifizierung Unterschiedliche Begriffe als Ausdruck unterschiedlicher Regelungskonzepte
4. Der formelle Ablauf einer Zertifizierung
5. Der rechtliche Rahmen einer Zertifizierung
6. Die Pro- und Contra - Diskussion
7. Empfehlungen für Kanzleien, die eine Zertifizierung anstreben
8. Ausblick

1. Die Zertifizierung als Reizthema

Das Thema Zertifizierung ist wahrscheinlich dasjenige in der laufenden Qualitätsdebatte, das die größten Emotionen auslöst. Manch einem wäre es lieb, die Frage verschwände wieder und würde nicht zum Gegenstand von Vorträgen und Abhandlungen gemacht. Wenn die Thematik hier dennoch behandelt wird, so in der Annahme, daß der gesamte Themenkomplex Qualitätsmanagement und Zertifizierung sowohl für den steuerberatenden als auch für den wirtschaftsprüfenden und den rechtsberatenden Beruf sehr wichtig ist und – mit welchem Ausgang auch immer – diskutiert werden sollte. Der Berufstand wäre falsch beraten, sich von einer Diskussion abzukoppeln, die in anderen – auch konkurrierenden – Freien Berufen im vollen Gange ist. Dies gilt um so mehr, als gegenwärtig jede Äußerung, die jemand zur Zertifizierung macht, eine Gegenäußerung auszulösen scheint, auf der Seite der Befürworter, auf der Seite der Kritiker, je nachdem.

In dem folgenden Beitrag soll zunächst der bisherige Verlauf der Qualitäts- und Zertifizierungsdebatte rekapituliert werden (Gliederungspunkt 2). Es folgt eine Zusammenstellung verschiedener gegensätzlicher Begriffe, welche die aktuelle Diskussion prägen, ohne allerdings, daß sie übereinstimmend interpretiert oder allgemein als Ausdruck gegensätzlicher Regelungskonzepte akzeptiert würden (Gliederungspunkt 3). Sodann sollen der formelle Ablauf einer Zertifizierung (Gliederungspunkt 4) und der rechtliche Rahmen derselben (Gliederungspunkt 5) dargestellt werden, als notwendiges Faktenwissen sozusagen, vor dem die eher bewertende Pro- und Contra-Diskussion sinnvollerweise nur stattfinden kann.

Im Mittelpunkt des vorliegenden Beitrags steht dann die angekündigte Pro- und Contra-Diskussion mit einer Vielzahl gegensätzlicher Argumente (Gliederungspunkt 6). Diese haben sich z.T. bereits im Schrifttum niedergeschlagen, ergeben sich z. T. aber auch aus Gesprächen und Diskussionsbeiträgen, denen der Verfasser beiwohnen konnte. Sie werden hier nicht vorgetragen, um zu einem klaren ja oder nein zur Zertifizierung aufzurufen – diese Bewertung bleibt letztlich jedem Einzelnen überlassen –, vielmehr geht es darum, Argumente vorzustellen und diese einer kritischen Überprüfung zu unterziehen. Die dabei gesetzten Frage- und Ausrufezeichen sind persönliche Anmerkungen des Autors, die, das sei hier ausdrücklich klargestellt, niemanden anderen binden und auch nicht auf der Erwartung beruhen, daß man heute schon am Ende aller Überlegungen zum Thema Zertifizierungen anlangen könnte. Am Schluß der Abhandlung sollen einige Hinweise für Kanzleien gegeben werden, die sich auf die Suche nach einem geeigneten Zertifizierer begeben wollen (Gliederungspunkt 7). Und es soll ein kurzer Ausblick gewagt werden, wie es mit der Frage der Zertifizierungen im steuerberatenden Beruf weitergehen könnte (Gliederungspunkt 8).

Die Arbeit gibt einen Vortrag wieder, den der Autor am 5. Dezember 1997 auf dem Symposium „Qualitätsmanagement in Steuerberatung und Wirtschaftsprüfung“ in Augsburg gehalten hat. In den Anmerkungen finden sich mitunter Hinweise auf die zwischenzeitliche Entwicklung.

2. Der bisherige Verlauf der Qualitäts- und Zertifizierungsdebatte

Für die Behandlung des Themas ist es nützlich, sich noch einmal kurz den bisherigen Verlauf der Qualitätsdebatte im steuerberatenden Beruf zu vergegenwärtigen. Denn obwohl die Stellungnahmen zu QM und Zertifizierung noch heute sehr unterschiedlich ausfallen, kann man, wenn man zurückblickt, gewisse Entwicklungsstufen ausmachen:

2.1. „Qualitätssicherung nein“

Während der Deutsche Steuerberaterverband (DStV) schon sehr frühzeitig erklärte, daß er das Thema Qualitätssicherung als das wichtigste Zukunftsthema des steuerberatenden Berufs betrachte[1], war in anderen Bereichen eine große Skepsis – man kann auch sagen Ablehnung – festzustellen.[2]

Während die Verbände überwiegend für zusätzliche strukturierte Qualitätsanstrengungen plädierten, wurden solche von vielen - jedenfalls in der Anfangsphase der Qualitätsdebatte - wegen der bestehenden berufsrechtlichen Gewährleistungen für nicht erforderlich gehalten.[3]

---

1 Zur Qualitätssicherungs-Philosophie des DStV, der freie Beruf 1/95; S. 20f. Nachdruck Pestke, A. (1995); siehe auch Stbg. 1995, S. 469; anders lautend allerdings noch frühere Einschätzungen anderer Befragter, vgl. Wasilewski, R. /Reith, M. (1988), S. 311 ff. und 354 ff.

2 Ablehnend gegenüber Zertifizierungen jüngst auch wieder Niehues, K. (1998), S. 1366; a.A. Stückemann, W. (1998).

3 Vgl. näher Pasch, H. (1997b), S. 319 ff.

2.2. „Qualitätssicherung ja – Zertifizierung nein“

Nachdem die Erkenntnis an Boden gewann, daß Qualitätssicherung seit jeher Merkmal des steuerberatenden Berufs wie auch anderer Freier Berufe war, wandelte sich die grundsätzliche Absage an zusätzliche qualitätssichernde Maßnahmen in die These „Qualitätssicherung ja – Zertifizierung nein“.[4] Mit dem Begriff der Zertifizierung war hier allerdings auch das **Qualitätsmanagement** als strukturierte, über den bisherigen **Qualitätssicherungsansatz** hinausgehende Konzeption abgelehnt. Denn es wurde ein Gegensatz hergestellt zwischen dem herkömmlichen Berufsbild des Steuerberaters, dem Steuerberatungsgesetz und den Marktmechanismen auf der einen Seite (diese seien nach wie vor notwendig und gewollt) und dem Bürokratismus in Form von ISO-Normen und der diesen übertriebenen Formalismus noch verfestigenden Zertifizierung auf der anderen Seite. In diesem Stadium wurde v.a. auch die Frage problematisiert, ob die Verschwiegenheitsverpflichtung der Freien Berufe Zertifizierungen im Bereich dieser Berufe nicht generell ausschließe.[5] Eine nicht unbeträchtliche Zahl von Berufsangehörigen hat allerdings in dieser Phase begonnen, Interesse für das Themenfeld zu entwickeln. Die DATEV hat angeboten, Kanzleien bis zur Zertifizierungsreife zu führen[6] und es sind weitere Schritte im Bereich der berufsständischen Organisationen, aber auch außerhalb davon, unternommen worden, das Thema

---

4 Longin, F. (1996), S. 4

5 Vgl. Schreiben der Bundessteuerberaterkammer vom 21.2.1996 an verschiedene Kammern und Verbände freier Berufe. Siehe zur Haltung der Bundessteuerberaterkammer auch die Mitteilung der Steuerberaterkammer Düsseldorf, Nr. 48 vom Mai 1996, S. 8f. und Pasch, H. (1997b), S. 319ff.

6 Buchner /Fesel (1997), S. 203, 210 sowie Zoll (1997), S. 318, 319 f.; Pasch, H. (1997b), S. 321.

nach vorne zu bringen. Der DStV hat in dieser Zeit eine Verlautbarung zum Thema Qualitätsmanagement in der Steuerberatung als Diskussionsentwurf vorgelegt.[7]

2.3. „Zertifizierung ja, aber ...“

Eine weitere Etappe der Diskussion stellt der Beschluß der Satzungsversammlung bei der Bundessteuerberaterkammer dar, der die Zertifizierung – in Übereinstimmung mit der vorhandenen Rechtslage – grundsätzlich zugelassen hat. Dabei wurden bestimmte Voraussetzungen an die Zulässigkeit der Zertifizierung geknüpft, insbesondere die Beachtung der Verschwiegenheitspflicht. Durch das Inkraftsetzen der entsprechenden Vorschriften der Berufsordnung[8] wurde allerdings eindeutig dokumentiert, daß der Weg zur Zertifizierung grundsätzlich frei ist.

Heute gibt es bereits eine Reihe zertifizierter Steuerberatungspraxen; es werden Zahlen von 50 – 60 Kanzleien genannt, vielleicht sind es etwas weniger.[9] Manche dieser Praxen verzichten allerdings darauf, das Zertifikat, welches sie besitzen, öffentlich bekannt zu machen, entweder weil sie manches als berufsrechtlich noch nicht ausreichend geklärt ansehen oder deshalb, weil sie sich nichts davon versprechen.

2.4. „QS, QM und Zertifizierung – Entwicklung nach oben offen“

Die Qualitätsmanagement-Aktivitäten gingen dann auf verschiedenen Ebenen weiter, u.a. wurden die Anforderungen an QM-Konzepte in

---

[7] DStV (1997). Die darin enthaltenen Gedanken sind zwischenzeitlich in eine gemeinsame Verlautbarung von Bundessteuerberaterkammer /Steuerberaterkammern /DStV (1998) eingemündet.

[8] § 4 Abs. 3, § 20 BOStB. Vgl. Pasch, H. (1997a), S. 317.

[9] Im Bereich der Rechtsanwaltschaft dürften die Zahlen ähnlich liegen.

der Steuerberatung weiter konkretisiert,[10] und es sind auch einige Zertifizierungsgesellschaften aufgetreten, die sich unter anderem dem steuerberatenden Beruf zuwandten (ca. 6 – 8). In den verwandten Berufen, bei den Wirtschaftsprüfern und Rechtsanwälten, gab es ebenfalls Zertifizierungen. Im Bereich der Anwaltschaft ist besonders die Gründung der AdvoCert-Zertifizierungsgesellschaft zu erwähnen. Das gleiche Phänomen ließ sich auch in anderen Freien Berufen feststellen: bei den Ingenieuren, den Architekten und den ärztlichen Berufen, z. T. mit eigenen berufsständischen Zertifizierungsgesellschaften.[11]

Als Zwischenergebnis läßt sich also festhalten, daß heute niemand mehr bestreitet, daß die Zertifizierung grundsätzlich zulässig ist. Es geht inzwischen mehr um das Wie als um das Ob der Zertifizierung. Zu diesem Wie sollen nachfolgend einige Argumente gewonnen werden.[12]

---

10 vgl. Pestke, A. (1997a).

11 Zertifizierungsstelle für Architektur- und Ingenieurbüros, Wiesbaden.

12 Im April 1998 hat das Deutsche Steuerberaterinstitut (DStI), Fachinstitut des DStV, dem Berufsstand, aufbauend auf dem Arbeiten eines Arbeitsstabes „Qualitätsmanagement in der Steuerberatung“ des DStV, Angebote zum Qualitätsmanagement in der Steuerberatung, bestehend aus Einführungsseminaren, Workshops und Einzelberatungen unterbreitet, eine Buchveröffentlichung steht bevor; inzwischen veröffentlicht ist eine Verlautbarung zum Thema Qualitätssicherung, an der die Bundessteuerberaterkammer, der DStV und die Steuerberaterkammern mitgewirkt haben (siehe oben FN.7), des weiteren wird ein Handbuch mit dazugehöriger CD-ROM vorbereitet, das der Umsetzung der zuletzt genannten Qualitätssicherungs-Verlautbarung dient und an dem auch die DATEV mitwirkt.

3. Qualitätssicherung — Qualitätsmanagement — Zertifizierung Unterschiedliche Begriffe als Ausdruck unterschiedlicher Regelungskonzepte

Die bisherige Debatte hat darunter gelitten, daß die Begriffe „Qualitätssicherung“, „Qualitätsmanagement“ und „Zertifizierung“ nicht hinreichend deutlich voneinander getrennt wurden. Zum Teil ist der Begriff der Zertifizierung wohl auch instrumentalisiert worden, um die Debatte über Qualitätssicherung und Qualitätsmanagement aufzuhalten.

Als **Qualitätssicherung**[13] lassen sich alle Maßnahmen betrachten, die der Erreichung, Sicherung oder Verbesserung der Qualität dienen, u.a.

- Berufsrecht (Zugangsvoraussetzung, Berufsgrundsätze, Berufsaufsicht)
- Sonstige Rechtsmechanismen (zivilrechtliche Haftung, strafrechtliche Verantwortung) Marktmechanismen (Beurteilung durch Mandanten und Dritte)
- Fortbildungsanstrengungen. Der Begriff der Qualitätssicherung ist ein Oberbegriff gegenüber dem Begriff des Qualitätsmanagements.

Als **Qualitätsmanagement** läßt sich die Entwicklung eines auf Schaffung und Erhaltung von Qualität abzielenden ganzheitlichen Systems (z.B. nach ISO) betrachten.[14]

---

13 Pestke, A. (1995); siehe auch Bundessteuerberaterkammer /Steuerberaterkammern /DStV (1998) und FN 11.

14 vgl. DStV (1997)

Unter **Zertifizierung** ist die Bestätigung der Konformität eines QM-Systems mit einer Norm (z.B. DIN EN ISO 9001)[15] zu verstehen, die durch einen unabhängigen Dritten erfolgt.

Die Zertifizierung ist kein hoheitlicher Akt. Es besteht auch keine Verpflichtung, sich zertifizieren zu lassen. Jede Praxis kann für sich entscheiden, ob sie sich zertifizieren lassen möchte oder nicht.[16]

Wenn man sich zertifizieren läßt, werden drei Dinge bestätigt:

Erstens, daß es in der Kanzlei ein Qualitätsmanagement-System gibt; zum Zweiten, daß dieses Qualitätsmanagement-System angewendet wird und zum Dritten, daß das System einer der Darlegungsnormen entspricht, wobei diese dann entsprechend angegeben wird.[17]

Diese Zusammenhänge sind aus der nachfolgenden grafischen Darstellung ablesbar:

Qualitätssicherung — Qualitätsmanagement — Zertifizierung

Unterschiedliche Begriffe als Ausdruck unterschiedlicher Regelungskonzepte

Qualitätssicherung: (QS)	Alle Maßnahmen, die der Erreichung, Sicherung oder Verbesserung der Qualität dienen, u. a.

---

15 Zu deren Inhalt und Interpretation vgl. Pasch, H. (1997b), S. 325 ff.; siehe zwischenzeitlich auch Arbeitsstab „Qualitätsmanagement in der Steuerberatung" des Deutschen Steuerberaterverbandes, Arbeitsunterlage für die DStI-Einführungsseminare „Qualitätsmanagement in der Steuerberatung", S. 26 ff. (Stand 3/98).

16 Vgl. ausführlich Pasch, H. (1997a), S. 313.

17 Vgl. Pasch, H. (1997a), S. 314.

- Berufsrecht (Zugangsvoraussetzungen, Berufsgrundsätze, Berufsaufsicht),
- sonstige Rechts-Mechanismen (zivilrechtliche Haftung, strafrechtliche Verantwortung),
- Marktmechanismen (Beurteilung durch Mandanten, Beurteilung durch Dritte),
- Fortbildungsanstrengungen.

Qualitätsmanagement: (QM)	Schaffung eines ganzheitlichen QM-Systems (z.B. nach ISO)
Zertifizierung:	Bestätigung der Konformität eines QM-Systems mit einer Norm (z.B. ISO) und durch einen unabhängigen Dritten

Abb. 1: Qualitätssicherung – Qualitätsmanagement – Zertifizierung

Allerdings ist zuzugeben, daß der Sprachgebrauch sowohl national wie auch international uneinheitlich ist und es sich insofern nur um die Beschreibung von Begriffen handelt, die sich in der gegenwärtigen deutschen Diskussion etabliert haben. Danach wäre Qualitätssicherung der umfassendere Begriff. Qualitätsmanagement wäre die Beschreibung eines in sich geschlossenen Systems (mit Anspruch auf Vollständigkeit und Abgestimmtheit), während die Zertifizierung eine Konformitätsprüfung darstellt. Es ist nicht ausgeschlossen, daß sich der Begriff der Qualitätssicherung, je nachdem, wie er mit Qualitätsmanagement-Aspekten angereichert wird, demjenigen des Qualitätsmanagements annähert. In seiner ursprünglich verwendeten und gegenwärtigen Bedeutung entspricht er dem jedoch nicht.

4. Der formelle Ablauf einer Zertifizierung

4.I. Normaler Ablauf einer einfachen Zertifizierung[18]

Anhaltspunkte für den Ablauf der Zertifizierung eines QM-Systems nach DIN EN ISO 9000 ff. gibt die DIN ISO 10011, Teil 1.[19]

4.I.1. Dokumentenprüfung

Zunächst beantragt die Kanzlei die Zertifizierung bei der von ihr ausgewählten und von ihr beauftragten Zertifizierungsgesellschaft. Sie übersendet ihr QM-Handbuch. Ein Auditor der Zertifizierungsgesellschaft (fest angestellt oder freier Mitarbeiter) prüft die schriftliche Dokumentation, um festzustellen, ob sie den Anforderungen der DIN EN ISO 9001 bzw. 9002. genügt.

---

18 Vgl. Pasch, H. (1997b), Kapitel 6, 5. Zertifizierungsverfahren, S. 292 ff.

19 Alle zitierten Normen sind nachlesbar im DIN-Taschenbuch 226, QM und Statistik, zu beziehen beim Beuth-Verlag, Berlin.

Das Ergebnis seiner Prüfung faßt der Auditor in einem Dokumentenprüfungsbericht zusammen, welchen die Zertifizierungsgesellschaft der Steuerberatungspraxis übermittelt. Ergeben sich hierbei Mängel der Dokumentation, so sind diese bis zur Auditierung abzustellen. Wird die Normkonformität im Rahmen der Dokumentenprüfung bestätigt, kann sie beim späteren Zertifizierungsaudit schwerlich in Frage gestellt werden.

4.I.2. Zertifizierungsaudit

Mit dem Zertifizierungsaudit wird das Ziel verfolgt, von einem unabhängigen Dritten (der Zertifizierungsgesellschaft) anhand einer systematischen Untersuchung auf der Basis eines zwischen dem Auftraggeber und der Zertifizierungsgesellschaft abgestimmten Auditplans feststellen zu lassen, daß ein QM-System entsprechend der gewählten Darlegungsnorm eingeführt und entsprechend der eigenen Zielsetzung angewendet wird.

a) Eingangsgespräch

Ein Zertifizierungsaudit beginnt im allgemeinen mit einem Einführungsgespräch, in dem es zunächst um die allgemeine Ausrichtung der Praxis geht.

Umfang und Inhalt des Einführungsgespräches lassen sich wie folgt beschreiben:

- Vorstellung des Auditors bzw. des Auditteams (bei Steuerberaterpraxen sind derzeit zwei Auditoren die Regel)
- Mitteilung, was Gegenstand, Zweck und Inhalt des durchzuführenden Audits ist
- Abstimmung des genauen Zeitplanes (Vorgehensweise)

- Benennung der einzelnen anzusprechenden Personen innerhalb der zu prüfenden Bereiche
- Information der auditierten Organisationseinheiten über die Checklisten
- Beschreibung der Eintragungsregeln und der Berichterstellung
- Vereinbarung von Termin, Ort und Teilnehmerkreis für das Abschlußgespräch.

b) Interviews

Im Anschluß daran werden sich die Auditoren in der Regel den Abläufen zuwenden (Leistungserstellungsprozesse). Sodann werden Unterstützungsprozesse untersucht werden. Die Auditoren orientieren sich dabei vielfach an den Fragen einer Audit-Checkliste, die gleichzeitig als Grundlage für das Auditprotokoll verwendet wird. Alle Antworten müssen von den Auditoren bewertet und protokolliert werden.

Hinsichtlich vorhandener Nichtkonformitäten wird unterschieden zwischen Hauptabweichungen und Nebenabweichungen. Hauptabweichungen liegen vor, wenn Forderungen der Norm oder Teile davon nicht erfüllt werden. Sie müssen vor der Zertifikatserteilung korrigiert sein.

Nebenabweichungen sind Abweichungen, die das Funktionieren des QM-Systems nicht in Frage stellen. Beispiele: Fehlen der Dokumentation eines an sich aber funktionierenden Ablaufs oder teilweise Nichtbeachtung von Vorgaben.

Korrekturmaßnahmen zu Nebenabweichungen müssen von der Kanzlei beschrieben, innerhalb der vereinbarten Termine erledigt und vom Auditleiter akzeptiert werden. Die Überprüfung erfolgt im Überwachungsaudit. Mehrere Nebenabweichungen oder nicht abgestellte Nebenabweichungen können als Hauptabweichung gewertet werden.[20]

c) Abschlußgespräche

Am Ende des Zertifizierungsaudits wird ein Abschlußgespräch geführt. Es werden eventuelle Abweichungsberichte erstattet und der Auditleiter informiert die Kanzlei über die Empfehlung (Erteilung des Zertifikats – ja oder nein), die er der Zertifizierungsgesellschaft zu geben beabsichtigt.

d) Häufigste Abweichungen

Erfahrungsgemäß gibt es Probleme (Haupt- oder Nebenabweichungen) in folgenden Bereichen:

---

[20] Vgl. zu allem Brakhahn, W. /Vogt, U. (1997), S. 219 f.

QM-Element	Abweichung
4.1 Verantwortung der Leitung	• Keine meßbaren Qualitätsziele definiert • Q-Politik nicht durchgängig bekannt bzw. verstanden • Zuständigkeiten, Verantwortungen und Befugnisse nicht festgelegt • Fehlende Identifikation mit dem QM-System durch die Führungskräfte
4.2 QM-System	• Struktur der Systemdokumentation nicht durchgängig • Überdokumentation und –regelung
4.5 Lenkung der Dokumente und Daten	• Dokumentenlenkung nicht vollständig • Versionskontrolle von Daten (Software) nicht geregelt • Arbeitsdokumente nicht gültig • Art der Änderung nicht identifiziert
4.14 Korrektur- und Vorbeugungs-maßnahmen	• Verfahren für Vorbeugungsmaßnahmen nicht vorhanden • Überprüfung der Wirksamkeit von Korrektur- und Vorbeugungsmaßnahmen nicht durchgeführt
4.16 Lenkung von QM-Aufzeich-nungen	• Lenkung der QM-Aufzeichnungen nicht vollständig geregelt • Erforderliche Aufzeichnungen nicht auffindbar • Vernichtung / Beseitigung von Aufzeichnungen nicht geregelt
4.17 Interne Qua-litäts-Audits	• Verfahren nicht wirksam • Unvollständige Anwendung der beschriebenen Verfahren • Nachbereitung von internen Audits – respektive der Korrekturmaßnahmen – nicht konsequent umgesetzt (Termin- und Maßnahmenüberwachung)
4.18 Schulung	• Bedarfsfeststellung nicht geregelt • Fehlende Einarbeitungsprogramme für neue Mitarbeiter
4.20 Statistische Methoden	• Bedarfsfeststellung nicht geregelt

Abb. 2: Häufig vorkommende, im Rahmen von Zertifizierungsaudits festzustellende Abweichungen von QM-Systemen gegenüber den Normenforderungen (Quelle: Interne Untersuchungen der DQS) zitiert bei Brakhahn/Vogt, vgl. Fußnote 20, S. 223

Abweichungsentscheidungen brauchen vom Auftraggeber keineswegs kritiklos hingenommen zu werden. Vielmehr sollten betroffene Kanzleien nachvollziehbare, beweisbare Normenbegründungen verlangen. Ein Einspruch bei der Zertifizierungsstelle ist möglich.[21]

4.I.3. Zertifizierungsentscheidung

Die Entscheidung, ob ein Zertifikat erteilt wird, treffen nicht die Auditoren, sondern dies tut die Zertifizierungsgesellschaft. Die Auditoren fertigen einen Bericht über das Zertifizierungsaudit, welcher auch dem Auftraggeber zugeleitet wird. Das QM-Handbuch im weiteren Sinne[22] legt der Auditor dem für die Entscheidung zuständigen Gremium der Zertifizierungsgesellschaft mit einer Empfehlung vor. Dieses trifft sodann die Entscheidung. Die Begutachtung bezieht sich auf die Vollständigkeit und Schlüssigkeit der von den Auditoren abgegebenen Beurteilung, die Korrektheit der Schlußfolgerungen des Auditteams bezüglich der Zertifikatsabteilung, die Angemessenheit des dem Auftraggeber eingeräumten Zeitraums für Korrekturen und die Korrektheit der Formulierungen des Anwendungsbereichs des Zertifikats. DIN 45012 schreibt dieses getrennte Verfahren vor. Die Zertifizierungsgesellschaft informiert die Praxis über die Entscheidung und übergibt bzw. übermittelt im Falle einer positiven Entscheidung das Zertifikat.

Theoretisch kann der Umfang eines Audits und damit der Umfang einer Zertifizierung beschränkt werden. So ist es möglich, statt einer Voll-Zertifizierung auch eine Teil-Zertifizierung für einzelne Abtei-

---

21 Zum Teil werden von den Zertifizierern auch Schiedsstellen eingerichtet.

22 Zum Begriff vgl. Pestke, A. (1998a), S. 883, 888.

lungen (z.B. Finanzbuchhaltung, Jahresabschluß-Abteilung, Wirtschaftsberatung) oder einzelne Beratungsstellen zu erlangen. In der Regel wird dies jedoch unter der Zielsetzung einer effizienten Organisationsverbesserung wenig zweckmäßig sein.[23]

4.II. Audit-Erweiterungsformen (sog. Erhaltungsaudits)

4.II.1. Überwachungsaudit

In der Regel einmal jährlich findet ein sog. Überwachungsaudit statt. Es hat einen eingeschränkten Prüfungsumfang. Bei jedem Überwachungsaudit werden insbesondere folgende Managementelemente überprüft:

- Verantwortung der Leitung
- Qualitätsmanagementsystem
- Korrektur- und Vorbeugungsmaßnahmen
- Interne Qualitätsaudits
- Schulung.

Darüber hinaus sind Änderungen in der Aufbau- und Ablauforganisation und die Verwirklichung von Langzeitregelungen im QM-System Gegenstand des Überwachungsaudits. Die Zahl der jährlich durchzuführenden Überwachungsaudits sollte ggf. genau mit der Zertifizierungsgesellschaft festgelegt werden.

---

[23] Vgl. zu bestimmten weiteren Auditformen (Matrix-Audits usw.) Brakhahn, W. /Vogt, U. (1997), S. 225 f.

Das Überwachungsaudit ist ebenfalls kostenpflichtig. Die Kosten sind allerdings i.d.R. deutlich geringer als bei einem Zertifizierungsaudit.

4.II.2. Wiederholungsaudit

Nach Ablauf von drei Jahren ist ein erneutes Zertifizierungsaudit, ein sog. Wiederholungsaudit, erforderlich. Dabei werden alle QM-Elemente überprüft. Der Aufwand für ein Wiederholungsaudit liegt erfahrungsgemäß durchschnittlich bei ca. 2/3 eines Zertifizierungsaudits.

4.III. Audit-Sonderformen

4.III.1. Internes Audit

Das interne Audit gehört nicht in den Bereich des Zertifizierungsverfahrens, vielmehr in den Bereich des QM-Systems selbst. Zweck eines internen Audits ist es, daß sich die Kanzlei selbst (entweder durch eigene Mitarbeiter oder durch besonders Beauftragte) intern überprüft. Dabei geht es nicht um eine Methode zur Bewertung von Mitarbeiterleistungen, sondern vielmehr darum festzustellen, ob die Prozesse, wie sie festgelegt wurden, auch tatsächlich durchgeführt werden. Zielsetzung ist dabei auch herauszufinden, inwieweit Prozesse in der Zukunft besser gehandhabt werden können. Die Ergebnisse interner Audits sollen in QM-Bewertungen durch die Kanzleileitung (Management-Reviews) einfließen. Dies ist Bestandteil eines funktionierenden QM-Systems. Da dem so ist, sollte bei der Durchführung eines Zertifizierungsaudits überprüft wurden (unter dem Gesichtspunkt, ob ein funktionierendes QM-System vorliegt), ob und wie interne Audits durchgeführt und ausgewertet werden. Ohne entsprechende Feststellungen dürfte eine positive Zertifizierungsentscheidung nicht möglich sein.

Manche Praxen berufen sich darauf, daß zum Zeitpunkt des Zertifizierungsaudits angesichts des gerade erst eingeführten QM-Systems noch zu wenig Gelegenheit für ein internes Audit bestand. Nach hier vertretener Ansicht kann in einem solchen Falle ein Zertifikat noch nicht erteilt werden. Sollten das interne Audit und die Bewertung des QM-Systems durch die Kanzleileitung noch nicht möglich gewesen sein, da der Anwendungszeitraum zu kurz war, ist dies als ein Zeichen dafür zu werten, daß das QM-System zum Zeitpunkt des geplanten Zertifizierungsaudits noch keine Zertifizierungsreife erlangt hat, also noch nicht ausreichend gelebt worden ist, um feststellen zu können, daß es insgesamt funktioniert.[24]

4.III.2. Voraudit

Viele Steuerberatungspraxen lassen sich bei der Einführung eines QM-Systems beraten. Mitunter beauftragen sie die ihnen zur Seite stehenden Berater dann auch mit der Durchführung des sog. Voraudits. Dabei handelt es sich um eine Art Generalprobe für das eigentliche Zertifizierungsaudit. Die Durchführung des Voraudits kann auch bereits Mitarbeitern der Zertifizierungsgesellschaft übertragen werden. Der Mitarbeiter oder externe Berater, der das Voraudit durchführt, weist auf mögliche Probleme hin, die einem Zertifikat entgegenstehen könnten. Auf ein Voraudit kann u. U. verzichtet werden, z.B. wenn entweder der externe Berater oder ein Mitarbeiter der Steuerberatungspraxis selbst, der zum internen Auditor ausgebildet worden ist, ein internes Audit durchführen.

---

[24] Vgl. auch Brakhahn, W. /Vogt, U. (1997), S. 206.

4.III.3. Nachaudit

Sind bei einem Zertifizierungsaudit Mängel an einem QM-System festgestellt worden und waren diese zu schwerwiegend, als daß ein Zertifikat hätte erteilt werden können, so wird einige Zeit nach dem Zertifizierungsaudit eine Art Nachprüfung durchgeführt, das sog. Nachaudit. Ca. 15 % der geprüften Unternehmen gehen in ein Nachaudit. Sind die Mängel beseitigt, kann das Zertifikat erteilt werden. Mitunter ist auch ein zweites Nachaudit erforderlich, bevor das Zertifikat gewährt werden kann.

4.III.4. Änderungsaudit

Im Rahmen der Erhaltung des Zertifikats sind Unternehmen verpflichtet, auftretende größere Veränderungen dem Zertifizierer mitzuteilen. Der Zertifizierer entscheidet, ob ein Änderungsaudit sofort vorgenommen werden muß oder ob es im Zusammenhang mit einem Überwachungsaudit durchgeführt werden kann. Es gibt verschiedene Formen von Änderungsaudits:

a) Aufstockungsaudit

Ein Aufstockungsaudit dient der Neueinstufung eines Zertifikats, z.B. von DIN EN ISO 9002 (ohne Einbeziehung der Entwicklung neuer Dienstleistungen) auf DIN EN ISO 9001. In diesem Fall wird auf die bereits bestehende Zertifizierung aufgebaut und es wird die Konformität sowie die Wirksamkeit bezüglich des zusätzlichen Elementes geprüft.

b) Ergänzungsaudit

Ein Ergänzungsaudit findet zur Erweiterung des Geltungsbereichs eines Zertifikats statt. Solche Änderungsaudits sind beispielsweise bei der Einbeziehung weiterer Beratungsstellen oder bei Zukauf von weiteren Unternehmens-/Kanzleibereichen erforderlich.

4.IV Grafische Darstellung des Zertifizierungsverfahrens (DIN 45012)

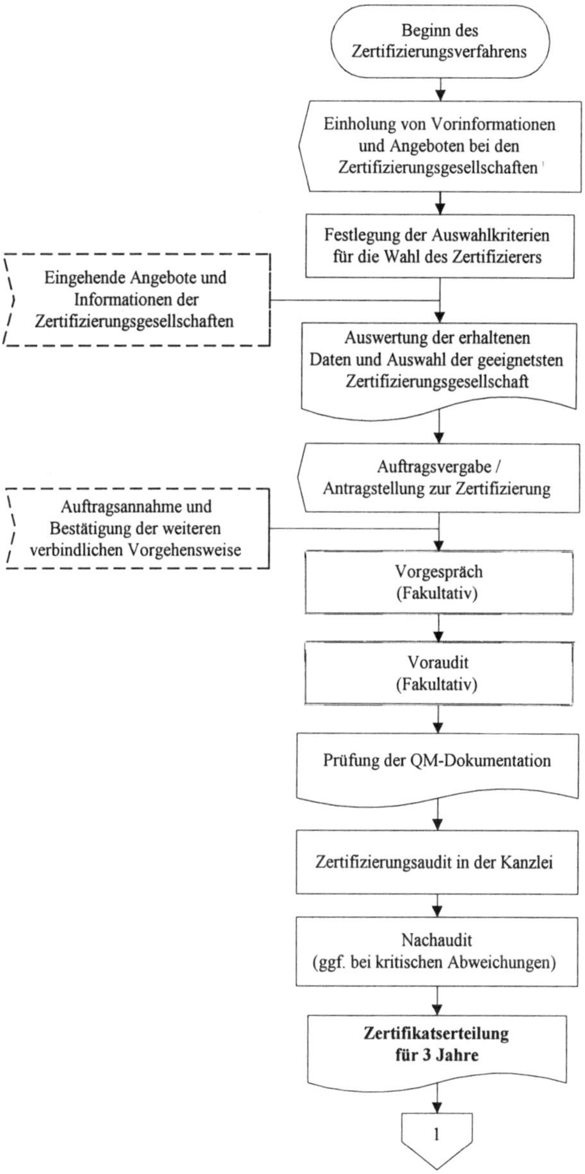

Abb. 3: Zertifizierungsverfahren Quelle: Pasch, vgl. FN 3, dort S. 297

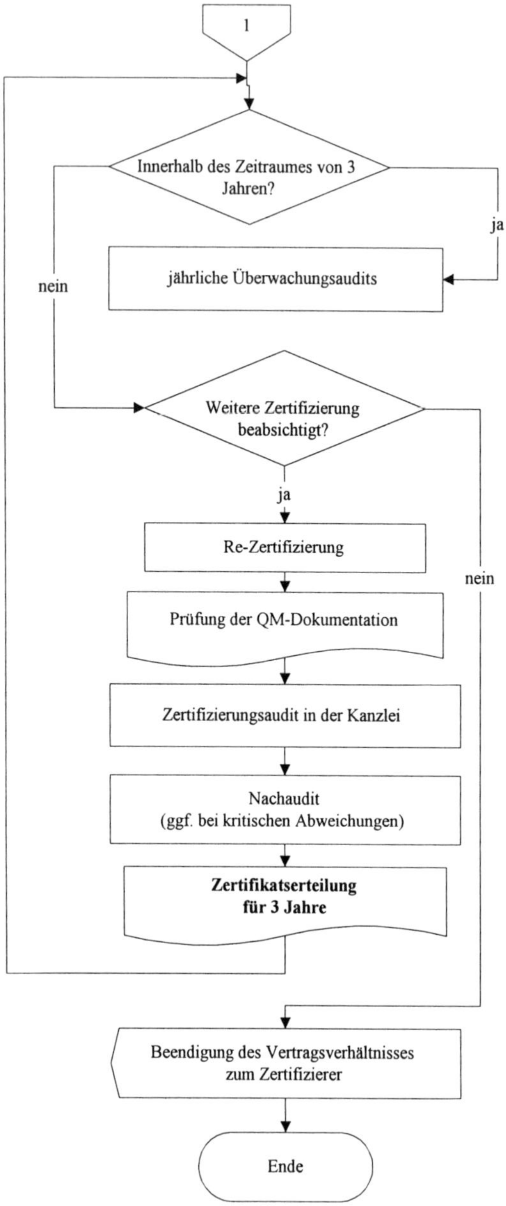

Abb. 3: Zertifizierungsverfahren Quelle: Pasch, vgl. FN 3, dort S. 297

5. Der rechtliche Rahmen einer Zertifizierung

5.I. Normungswesen

5.I.1. International Organization for Standardization (ISO), Genf

Die International Organization for Standardization (ISO) ist ein Zusammenschluß nationaler Normungsorganisationen. Sie hat im Jahre 1987 die Normenreihe ISO 9000 bis 9004 verabschiedet und veröffentlicht. Diese war zuvor durch das Technische Komitee TC 176 der ISO auf Grundlage der Erfahrungen verschiedener nationaler Normungsorganisationen (u. a. Kanadas, Großbritanniens und der USA) erarbeitet worden. Ziel war es, dem gewachsenen Bedürfnis des internationalen Handels nachzukommen und Nachweise über die Qualitätsfähigkeit von Lieferanten zu erlangen.[25]

5.I.2. Comitée Européen de Coordination des Normes (CEN), Brüssel

Das Komitee für Normung, welches 1961 gegründet wurde, hat sich auf Veranlassung Großbritanniens mit der Normenreihe ISO 9000 bis 9004 befaßt. Das CEN beschloß mehrheitlich (gegen die Stimmen u. a. der Bundesrepublik Deutschland) die Übernahme dieser Normenreihe als europäische Norm (EN), mit der Folge, daß sämtliche Norminstitute der Mitgliedsstaaten zur Übernahme in das nationale Normenwerk verpflichtet waren.[26]

---

25 Römermann, BORA, vor § 6 Rn. 79.

26 Wie FN 24.

5.I.3. Deutsches Institut für Normung e.V. (DIN), Berlin

Das DIN ist eine Selbstverwaltungskörperschaft der an der Normung interessierten Kreise und als Normungsorganisation durch einen Vertrag mit der Bundesrepublik Deutschland anerkannt. Unter Normung wird dabei die planmäßige, durch die interessierten Kreise gemeinschaftlich durchgeführte Vereinheitlichung von materiellen und immateriellen Gegenständen zum Nutzen der Allgemeinheit verstanden. Normung in diesem Sinne soll der Sicherheit von Menschen und Sachen, aber auch der Qualitätsverbesserung in allen Lebensbereichen dienen.

Innerhalb des DIN ist der Normenausschuß Qualitätsmanagement, Statistik und Zertifizierungsunterlagen (NQSZ) zuständig[27]

5.II. Akkreditierungswesen

Zertifizierungsstellen für QM-Systeme sollen gem. der Normenreihe DIN EN 45000 ff. akkreditiert sein und selbst ein Qualitätsmanagementsystem unterhalten. Die Erfüllung dieser Norm wird durch eine unabhängige Stelle geprüft und bestätigt (Akkreditierung). Für QM-Zertifizierer gilt die Norm DIN EN 45012.[28]

5.II.1. Europäische Union

Den Anstoß für die Entwicklung eines eigenen Akkreditierungssystems gab 1989 die Europäische Kommission im Zusammenhang mit der Europäischen Binnenmarktpolitik. Dies geschah, nachdem in den

---

[27] Römermann, BORA, vor § 6 Rn. 181.

[28] Brakhahn, W. /Vogt, U. (1997), S. 227.

Jahren zuvor Versuche, ein umfassendes nationales Akkreditierungssystem zu schaffen, erfolglos geblieben waren.

Ein „globales Konzept für Prüfung und Zertifizieren“ der EU-Kommission sowie Grundsatzentscheidungen des Ministerrates bildeten schließlich die Grundlage für den Aufbau eines nationalen Akkreditierungssystems. Treibende Kraft in diesem Prozeß war die Wirtschaft, da sich eine zunehmende Nachfrage nach Prüf- und Zertifizierungsleistungen akkreditierter Stellen herauskristallisierte.[29]

5.II.2. Deutscher Akkreditierungsrat (DAR), Berlin

Grundlage des heutigen deutschen Akkreditierungssystems bildet ein Modell, welches 1988 vom Bundesverband der Deutschen Industrie konzipiert und unter Einbindung des Bundes, der Länder und weiterer Wirtschaftsverbände weiterentwickelt wurde. Der Aufbau des heutigen Systems ist durch einen dualen Charakter gekennzeichnet und besteht aus zwei Säulen. Die eine Säule repräsentiert den rechtlich geregelten Bereich (Produkte, die öffentlich-rechtlichen Beschaffenheitsanforderungen unterliegen), die andere Säule den privatwirtschaftlichen Bereich (für die Produktbeschaffenheit gelten hier die Rechtsbeziehungen der Vertragspartner). In diesem Bereich sind eine Reihe von Akkreditierungsstellen tätig, die sektorbezogen arbeiten. Die beiden Säulen werden durch den Deutschen Akkreditierungsrat (DAR), der am 4. März 1991 unter verantwortlicher Führung des Bundesministeriums für Wirtschaft gegründet wurde, verbunden. Der DAR besitzt keine eigene Rechtspersönlichkeit und ist als Arbeitsgremium zu verstehen, das von Bund, Ländern und der deutschen

---

29 Brakhahn, W. /Vogt, U. (1997), S. 227.

Industrie getragen wird.[30] Zu den wichtigsten Aufgaben des Deutschen Akkreditierungsrates zählen:

- Koordinierung der auf dem Akkreditierungsgebiet in der Bundesrepublik Deutschland erfolgenden Tätigkeiten
- Vertretung der deutschen Interessen in nationalen, europäischen und internationalen Gremien,
- Führung eines deutschen Akkreditierungsregisters.

5.II.3. Trägergemeinschaft für Akkreditierung (TGA), Frankfurt am Main

Als Koordinierungsgremium der Akkreditierer im privatwirtschaftlichen Bereich fungiert die Trägergemeinschaft für Akkreditierung (TGA). Die in diesem Sektor tätigen Akkreditierer sind vertraglich mit ihr verbunden. Z.Z. gibt es ca. 60 akkreditierte Zertifizierungsgesellschaften, die im Rahmen des Branchenschlüssels 35, 39 eine Zertifizierung bei Steuerberater durchführen können.[31]

5.II.4. European Accreditation of Certification (EAC)

Der Akkreditierungsprozeß ähnelt dem der Zertifizierung und wird nach den weltweit abgestimmten EAC-guidelines (European Accreditation of Certification) durchgeführt. Zertifizierer, die eine Akkreditierung anstreben, müssen ihre Prozesse beschreiben und eine Überprüfung vor Ort – ein Geschäftsstellenaudit und ein sogen. Witt-

---

30 Brakhahn, W. /Vogt, U. (1997), S. 228.

31 In Österreich werden Akkreditierungen durch staatliche Stellen aufgrund eines Akkreditierungsgesetzes vorgenommen.

ness-Audit bei einem von der EAC ausgewählten Zertifizierungsaudit – erfolgreich abschließen, bevor sie die Akkreditierungsurkunde erhalten. Die Akkreditierung wird für bestimmte Wirtschaftsbranchen, in denen der jeweilige Kompetenznachweis erbracht wurde, ausgesprochen. Der finanzielle Aufwand hierfür ist beträchtlich. Akkreditierte Zertifizierungsgesellschaften werden hinsichtlich der Aufrechterhaltung der Akkreditierungsbedingungen jährlich mindestens ein Mal auditiert.

Die TGA hat das Recht, bei Verstößen gegen die Zertifizierungsregeln Zertifikate vom Markt zu nehmen. Dieses Recht wurde von der TGA in der Vergangenheit in einigen Fällen auch in Anspruch genommen.[32]

5.II.5. International Accreditation Forum (IAF)

Weltweit haben sich diverse Akkreditierungssysteme etabliert, die auf der Basis von EN- bzw. ISO-Normen Zertifizierungsstellen akkreditieren. Im International Accreditation Forum (IAF) sind alle nationalen Akkreditierungsstellen zusammengeschlossen. Das Ziel einer einheitlichen Vorgehensweise und gegenseitigen Anerkennung ist bisher nur im Rahmen der EAC umgesetzt. Weltweit soll dieses Ziel wohl erst in einigen Jahren mit einer begrenzten Anzahl von Teilnehmern erreichbar sein.[33]

---

32 Brakhahn, W. /Vogt, U. (1997), S. 229.

33 Brakhahn, W. /Vogt, U. (1997).

5.III. Berufsrecht der Steuerberater

Das Recht der Steuerberater wird geprägt durch Art. 12 GG, d. h. die grundsätzliche Freiheit der Berufsausübung. Einschränkungen dieser Freiheit sind nur durch oder aufgrund eines Gesetzes zulässig. Das Steuerberatungsgesetz regelt die allgemeinen Rechte und Pflichten von Steuerberatern. Spezielle Aussagen über Zertifizierungen gibt es im Steuerberatungsgesetz nicht. Solche Aussagen finden sich nur in der Berufsordnung:

§ 4 Abs. 3 BOStB lautet: „Sie (die Steuerberater) sind verpflichtet, die für eine gewissenhafte Berufsausübung erforderlichen sachlichen, personellen und sonstigen organisatorischen Voraussetzungen zu gewährleisten. Es ist zulässig, die Einhaltung dieser Voraussetzungen durch eine externe Prüfung (Zertifizierung) feststellen zu lassen. Die Zuständigkeit wird durch die berufliche Selbstverwaltung geregelt. Die Zertifizierung hat sich auf die Organisation der Praxis zu beschränken. Soweit bei einer Zertifizierung Einblick in Namen, Daten und Unterlagen der Auftraggeber genommen werden muß, bedarf es in jedem Einzelfall deren ausdrücklicher Zustimmung (§ 9). Eine Zertifizierung beruflicher Tätigkeiten (§§ 33, 57 Abs. 3 StBerG) ist ausgeschlossen.“

In § 20 BOStB ist folgendes geregelt: „Hinweise auf Zertifikate im Sinne des § 4 Abs. 3 BOStB sind nur zulässig, solange die Zertifikate gültig sind. Dabei ist die Beschränkung der Zertifizierung auf die Organisation der Praxis anzugeben. Ein Hinweis ist nur in Praxisbroschüren zulässig.“

Es bleibt abzuwarten, ob letztere Bestimmung haltbar sein wird. Auch die Zuständigkeitsregelung zugunsten der beruflichen Selbstverwaltung wirft mehr als eine Frage auf. Schließlich wird man die Berufsordnung so verstehen dürfen, daß sie nicht nur die Zertifizierung der für eine gewissenhafte Berufsausübung **erforderlichen**, sondern auch der **wünschenswerten** Voraussetzungen zuläßt.

6. Die Pro- und Contra-Diskussion

6.I. Die Contra-Argumente

Die Argumente gegen eine Zertifizierung sind vielfältig. Sie lassen sich in Fallgruppen zusammenfassen:

Ein Teil der Bedenken rührt aus dem Selbstverständnis der Freien Berufe her (6.I.1.), andere sind mehr managementtheoretischer Art (6.I.2.). Eine weitere Gruppe von Argumenten hat den angeblich fehlenden oder zumindest eingeschränkten Aussagewert eines Zertifikats zum Inhalt (6.I.3.), darüber hinaus bestehen berufspolititsche Zweifel (6.I.4.), Bedenken bezüglich des Zertifizierungsverfahrens und der Zertifizierer (6.I.5.) sowie Kostenbedenken (6.I.6.). Hinzu treten Befürchtungen wegen der Verschwiegenheitserfordernisse (6.I.7.) und Bedenken gegen das Zertifikat als Papier ohne Zusatznutzen (6.I.8.).

Contra-Argumente im Überblick

- Bedenken aus dem Selbstverständnis des Freien Berufs
- Managementtheoretische Bedenken
- Bedenken wegen des mangelnden bzw. eingeschränkten Aussagewertes des Zertifikats
- Berufspolitische Bedenken
- Bedenken bezüglich des Zertifizierungsverfahrens und der Zertifizierer

- Kosten-Bedenken
- Bedenken wegen der Verschwiegenheitserfordernisse
- Bedenken gegen das Zertifikat als Papier ohne Zusatznutzen

6.I.1. Bedenken aus dem Selbstverständnis des Freien Berufs

Die zu verifizierenden Bedenken aus dem Selbstverständnis des Freien Berufs lauten wie folgt:

Die Zertifizierung

- ist unnötig (Argument des ohnehin hohen Qualitätsniveaus)
- widerspricht der eigenverantwortlichen Berufsausübung.
- Qualitätsverbesserung wird durch sie nicht (oder jedenfalls nicht zwingend) erreicht.

a) Ohnehin hohes Qualitätsniveau

Soweit gesagt wird, die Zertifizierung sei unnötig, wird damit argumentiert, Steuerberater hätten schwierigste Zulassungsvoraussetzungen zur Prüfung und eine extrem schwierige Prüfung, Berufsgrundsätze, Kammeraufsicht. Außerdem gebe es Marktmechanismen, die jeden vom Markt sehr schnell vertreiben, wenn er nicht in der Lage ist, ordnungsgemäß zu arbeiten. Diese Argumentation überzeugt nicht. Denn sie richtet sich im Grunde nicht gegen die Zertifizierung, sondern gegen das Qualitätsmanagement überhaupt.

Beim Qualitätsmanagement geht es aber nicht primär um die fachlich-persönliche Qualifikation. Die fachliche Qualität der Arbeit steht hier nicht in Zweifel. Das Qualitätsmanagement betrifft nur einen Ausschnitt der Tätigkeit des Steuerberaters, nämlich die Organisation, welche die fachlichen Fähigkeiten besonders zur Geltung bringen soll. Steuerberater sollen sich mit dem Instrument des QM, das ein eingeschränktes Tätigkeitsfeld betrifft, sozusagen die sichere Grundlage schaffen, auf der aufbauend sie Ihre Arbeit tun.

QM ist wichtig, nicht weil die bisherige Qualität der Steuerberatung schlecht wäre, sondern weil es zu einer professionellen Organisation gehört, immer besser zu werden.

b) Widerspruch zur eigenverantwortlichen Berufsausübung

Das nächste Argument ist, daß die Zertifizierung – und damit auch die Anbindung an einen festgefügten Normenbereich – der eigenverantwortlichen Berufsausübung widerspreche. Auch dieses Argument überzeugt nicht. Denn: Es ist die Sache eines jeden einzelnen Beraters zu entscheiden, ob er das Instrument „Qualitätsmanagement" nutzen will, ob er bei sich ein QM-System einführen will. Und selbst wenn er diese Entscheidung getroffen hat, ist es immer noch seine freie Entscheidung, ob er ein Zertifikat dafür erlangen will. Wir müssen uns über den einschränkten Aussagewerts dieses Zertifikates noch einmal Rechenschaft ablegen (vgl. oben 3.): Es wird nur bestätigt, daß ein System da ist, daß das System angewandt wird und daß es einer Norm entspricht. Mehr sagt das Zertifikat nicht.[34]

c) Prädominanz der Marketing-Motivation

Ernst zu nehmen ist das Argument, daß die Zertifizierung bei vielen in erster Linie der Werbung dient und gar nicht so sehr die Qualität angestrebt wird. Tatsächlich gibt es einige, bei denen man dieses Gefühl haben kann. Wo dem QM-Beauftragten nur ein halbjährlicher Zeitvertrag gewährt wird, liegt es nahe, daß jemand das Zertifikat als Marketinginstrument einsetzen will, sonst nichts. Es ist nicht zu be-

---

[34] Vgl. Pasch, H. (1997b), S. 288

streiten, daß es das gibt und daß es ein Ärgernis ist. Auf der anderen Seite gilt: Die, die sich ernsthaft mit der Thematik beschäftigen, bei denen ist sehr schnell auch die Erkenntnis da, daß das Zertifikat niemals das Ziel der Bemühungen sein kann, daß man an der inneren Struktur arbeitet und daß in diesem Bereich die wesentlichen Vorzüge liegen. Das Zertifikat als Werbemittel nutzen zu wollen, ohne daß die kundgetane Qualität auch vorhanden ist und gelebt wird, wäre von vornherein zum Scheitern verurteilt. Dies führt zu einer etwas geteilten Einschätzung des genannten Prädominanz-Arguments.

6.I.2. Managementtheoretische Bedenken

Die zu verifizierenden managementtheoretischen Bedenken lauten wie folgt:

Die Zertifizierung
- verfestigt überholte Managementkonzepte
- führt zu einer Bürokratisierung und
- Konformisierung der Steuerberatungspraxen
- stellt lediglich eine Momentaufnahme dar, wohingegen Qualitätssicherung eine Daueraufgabe ist.

a) Verfestigung überholter Managementkonzepte

Der nächste Punkt setzt bei den Managementtheorien an. Das ISO-Normengefüge, so die Argumentation, stelle Begriffe wie Norm, System und Konformität in den Vordergrund. Das seien überholte Ansätze. Es gebe viele modernere Managementmethoden, die das QM überhaupt nicht zur Kenntnis nehme. Die Normen verbesserten die Qualität nicht, behinderten Innovationen, schrieben Prozesse fest, anstatt sie flexibel zu machen, schränkten die Verantwortung der Mitarbeiter ein, könnten zu teamorientierten Arbeitsformen in Widerspruch treten und enthielten Kundenorientierung nicht als immanenten Qualitätsmaßstab, so lauten weitere Vorwürfe.[35] Kundenorientiertes Verhalten, ein Lächeln des Mitarbeiters, motiviertes Handeln, Engagement und Identifikation, das alles lasse sich nicht durch ein Zertifikat erreichen. Das ISO-Regelwerk könne den Eindruck einer längst überwunden geglaubten tayloristischen Herangehensweise entstehen lassen, diesmal mit dem Schwerpunkt Qualitätssicherung. Die Liebe zum Produkt, mitarbeiterorientierte Führung und fortschrittliche Unternehmenskultur führten im allgemeinen eher zur Qualität als der hektische Auditierungsfanatismus.[36]

Andererseits: Wer in seiner Praxis die Routinearbeiten richtig organisiert und sich damit auch eine gewisse Gelassenheit und Ruhe in seine Praxis holt, ist einen großen Schritt weiter. Und wer mehr will, dem stehen viele andere Möglichkeiten auch noch offen.

b) Gefahr der Bürokratisierung

Das Argument der Bürokratisierung richtet sich im Grunde nicht gegen die Zertifizierung als solche sondern gegen das Qualitätsmanagement. Sie setzt insbesondere bei der Dokumentation an. Das Argument der Bürokratisierung bezieht sich vor allem auf die mit einem QM-Prozeß verbundenen Darlegungen. Werden diese zu umfangreich, so führt dies in der Tat zu negativen Effekten: Regelungen lassen sich nicht mehr vollständig überblicken, die Motivation der Mitarbeiter, sie zu beachten, nimmt ab. Letztlich wird das Gegenteil von dem erreicht, was erreicht werden soll.

---

35 Vgl. Bergmann (1997).

36 Simon (1997), S. 171.

Diese Effekte treten allerdings tatsächlich nur im Falle der Überreglementierung ein. Gelingt es, die Dokumentation auf das erforderliche bzw. ein darüber hinausgehendes, aber vertretbares Maß zu beschränken, und bewahrt sich die Kanzlei daneben auch einen menschlichen Umgang, so dürfte die Gefahr der Bürokratisierung nicht überzubewerten sein.

c) Gefahr der Konformisierung (Einheitspraxis)

Das Argument der Konformisierung bezieht sich darauf, daß im Rahmen der Zertifizierung die Erfüllung bestimmter Normanforderungen überprüft wird. Dies führe dazu, daß sich die Praxen immer ähnlicher würden, letztlich Einheitspraxen darstellten. Hierbei ist allerdings zu berücksichtigen, daß die ISO-Elemente im Grunde nur „normalen Menschenverstand" abbilden, also Grundanforderungen an eine gute Organisation. Vielfach sind sie gerade deshalb als „Banalitätenkatalog" diskreditiert worden. Darüber hinaus ist zu bedenken, daß ISO zwar Normforderungen aufstellt, die Umsetzung bzw. Erfüllung derselben aber vollständig der Gestaltungsfreiheit der betreffenden Praxis überläßt. Von daher kann und muß jede Praxis ein auf die individuellen Verhältnisse zugeschnittenes QM-System entwikkeln. Die Gefahr der Einheitspraxis aufgrund von Zertifizierungen erscheint deshalb eher theoretischer Natur.

Im übrigen: Die Individualität des Beraters ist Grundlage des Erfolgs. Sie muß sich aber nicht unbedingt und in erster Linie in der Kanzleiorganisation ausdrücken, sondern in der Beratungsleistung.[37]

---

[37] Zirngibl /Langwieser (1997), S. 314, 316

d) Überbetonung des Kontrollgedankens

Von den Gegnern einer Zertifizierung wird geltend gemacht, ein Blick in die Biographie erfolgreicher Firmen zeige die Bedeutung „weicher Faktoren“ wie Motivation, Kommunikation, Kooperation, Identifikation und Partizipation für den Erfolg eines Unternehmens. Während die Industrie einerseits Kontrollen abbaue und durch Selbstkontrollen nach dem Motto „Kontrolle ist gut, Vertrauen ist besser“ ersetze, entstehe im Zusammenhang mit der Zertifizierung ein gewaltiger Kontrollapparat, der im nachhinein das leninistische Kontrollprinzip „Kontrolle ist gut, Vertrauen ist besser“ bekräftige. Was früher der Markt selbständig reguliert habe, solle nunmehr durch Kontrollen in Verbindung mit Zertifikaten erreicht werden.[38]

Sinn einer Zertifizierung ist es indessen nicht, einzelnen Mitwirkenden Fehlverhalten oder Schlechtleistung nachzuweisen. Audits sollten weder den Charakter von Prüfungen noch von „Stubenkontrollen“ haben. Vielmehr geht es um die gemeinschaftliche und partnerschaftliche Weiterentwicklung von Arbeitsabläufen unter weitestgehender Einbeziehung der Mitwirkenden.

38 Simon (1997), S. 172.

e) Zertifikat als Momentaufnahme

Gegen die Zertifizierung wird eingewandt, es werde nur ein Mal untersucht, ob in der auditierten Praxis alles gut funktioniere. Und damit handele es sich lediglich um eine Momentaufnahme, während Qualität ein dauerhafter Prozeß sei, der immer gewährleistet sein müsse. Nach dem, was vorhin kurz angedeutet wurde (oben 4.II.), wird mit der Möglichkeit der Überprüfungs- und Wiederholungsaudits eine zeitliche Komponente in den QM-Prozeß eingeführt. Natürlich kann es nicht sein, daß man sich heute das Zertifikat geben läßt und nun meint, in Zukunft brauche man nichts mehr zu tun. Das wäre genauso, als würde jemand nach bestandener Steuerberaterprüfung anmelden, sich nicht fortbilden zu müssen. Da dies nicht Sinn des Qualitätsmanagements und der Zertifizierung sein kann, wird man auch das Argument der Momentaufnahme im Grunde nicht für durchschlagend ansehen müssen.

6.I.3 Bedenken wegen des mangelnden bzw. eingeschränkten Aussagewertes des Zertifikats[39]

Die zu verifizierenden Bedenken wegen des mangelnden bzw. eingeschränkten Aussagewertes des Zertifikates lauten wie folgt:

---

39 Vgl. Pasch, H. (1997a), S. 318 f.

Die Zertifizierung

- besagt nichts über die Qualität der Dienstleistung und besitzt daher keinen für den Mandanten relevanten Aussagewert. Sie ist vielmehr irreführend, denn sie spiegelt dem Mandanten eine Verbesserung vor, die in Wirklichkeit nicht (oder jedenfalls nicht zwingend) gegeben ist.
- besagt nichts, weil jede Praxis ihre Qualitätsziele auf unterschiedlichem Niveau selbst bestimmen kann.
- bewirkt nichts, weil die Kunden – empirischen Untersuchungen zufolge - auch bei zertifizierten Unternehmen keine größere Kundennähe verspüren.

a) Fehlende Aussagekraft des Zertifikats über die Qualität des Dienstleisters oder der Dienstleistung

Das Argument zielt darauf, ein Zertifikat besage weder etwas über die Qualität des Dienstleisters, der ein Unternehmen leitet, noch über die Qualität der Dienstleistung, die in der Firma erbracht werden. Dafür werden interessante Beispiele genannt, z.B. das Software-Unter-nehmen, das chaotisch organisiert ist und trotzdem Weltspitzenleistungen erzeugt und - im Gegensatz dazu – das Software-Unternehmen, das perfekt organisiert ist und trotzdem nur unbrauchbare Produkte zustandebringt.

Zum Teil wird geltend gemacht[40], durch Qualitätsmanagement und Zertifizierung verbessere sich **nur** die Qualitätsdokumentation, sonst gar nichts.

---

[40] Simon (1997), S. 170 f.

Richtig ist, daß das Zertifikat über die Qualität des Dienstleisters und der Dienstleistung unmittelbar nichts besagt. Die Zertifizierung bezieht sich im wesentlichen auf die Aufbau- und Ablauforganisation eines Unternehmens. Im Vordergrund des Verfahrens steht die **Qualitätsfähigkeit**, also die Voraussetzungen, im Unternehmen ein Qualitätsprodukt herzustellen. Das Produkt selbst ist nicht Gegenstand der Betrachtung.[41]

Es kann lediglich die Vermutung angestellt werden, daß eine gute Organisation im Regelfall auch zu guten Ergebnissen führt. Das kann im Einzelfall anders sein – z.B. aufgrund menschlichen Versagens – muß es aber nicht. Zu einem gut organisierten Unternehmen gehört es auch, die Markttauglichkeit des von ihm erstellten Produkts / der von ihm erstellten Dienstleistung abzuschätzen.

Dem Argument, nur die **Qualitätsdokumentation** verbessere sich, ist entgegenzuhalten, daß sie nur eines von vielen Elementen der Zertifizierung ist, welche in einem Zertifizierungsverfahren geprüft werden. Das Zertifikat kann nach den oben (Gliederungspunkt 3) beschriebenen Regeln nur erteilt werden, wenn das darin beschriebene QM-System auch tatsächlich angewendet wird. Insgesamt wird man kaum sagen können, daß das Zertifikat für den Mandanten völlig ohne Informationswert wäre. Der Informationswert besteht darin, daß es ein QM-System gibt, welches sich in Anwendung befindet und einer bestimmten Norm entspricht.

In diesem Zusammenhang ist auch die Frage der Irreführung zu betrachten. Insoweit wird geltend gemacht, der Mandant könne gar nicht unterscheiden zwischen Dienstleistungsqualität und Organisations-

---

[41] Brakhahn, W. /Vogt, U. (1997), S. 203

bzw. Managementqualität. Hierüber müsse er aufgeklärt werden. So enthält beispielsweise die Berufsordnung die Regelung, daß bei der Kundgabe von Zertifikaten darauf hingewiesen werden muß, daß sie sich nur auf die Organisation der Kanzlei beziehen (§ 20 S. 2 BOStB). Erwogen wird darüber hinaus, neben dem Hinweis darauf, daß sich die Zertifizierung nur auf die Organisation bezieht, noch einen weiteren Hinweis vorzuschreiben, daß die fachliche Qualifikation nicht Gegenstand der Zertifizierung sei. Auf diese Weise, so die Befürworter einer Ergänzung, lasse sich die mögliche Irrtumsanfälligkeit des Zertifikats weiter einschränken.

Außerdem wird geltend gemacht, der potentielle Mandant lasse sich von eigenen Qualitätsuntersuchungen abhalten, wenn eine Kanzlei auf ein Zertifikat hinweise. Fraglich ist allerdings, ob der Verbraucher damit nicht unterschätzt wird:

Gerade im unternehmerischen Bereich spielt die ISO-Normenreihe heute eine so wichtige Rolle, daß der Unterschied zwischen zertifiziertem QM-System (Organisation) und Produktqualität nicht ungeläufig ist. Ob sich durch ein Zertifikat jemand von eigenen Nachfragen abhalten läßt, ist ebenfalls zweifelhaft. Im Grundsatz ist es wünschenswert, den Verbraucher mit den notwendigen Informationen auszustatten, teilweise darf ihm aber auch mehr zugetraut werden, als es offenbar für möglich gehalten wird.

Bezogen auf die Kommunikation des Zertifikats sei noch darauf hingewiesen, daß aus der Werbung deutlich hervorzugehen hat, daß das QM-System zertifiziert wurde und nichts anderes. Eine Verwendung des Zertifikats im Zusammenhang mit Produkten oder Dienstleistungen, die zu dem Mißverständnis führen könnte, diese seien zertifiziert, ist nicht gestattet. Wenn erkennbar wird, daß die Voraussetzungen zur Aufrechterhaltung eines Zertifikats nicht mehr gegeben sind, muß die Zertifizierungsstelle das Zertifikat aussetzen oder entziehen. Auch dies trägt dazu bei, die Irreführungsgefahren zu reduzieren.

Die Frage, ob und in welcher Form eine erfolgte Zertifizierung zu Werbezwecken eingesetzt werden darf, z.B. auf Briefbögen, in Kanzleibroschüren oder in Zeitungsanzeigen, ist noch umstritten.[42] Die Lösung muß sowohl von der Verfassungslage (Art. 12 Abs.1 GG) als auch von der Gesetzeslage (§ 57a StBerG) ausgehen, wonach über Wahres sachlich informiert werden darf. Ein Problem stellt sich daher nur, wenn das Publikum tatsächlich irregeführt wird (§ 3 UWG), indem es in den Glauben versetzt wird, der zertifizierte Berater sei „objektiv gut“.[43] Werbung ist somit zulässig, wenn für Außenstehende klar ist, daß nicht die Qualität des Steuerberaters sondern aufgrund DIN EN ISO 9000 ff. das Qualitätsmanagement der Kanzlei zertifiziert wurde.[44]

b) Selbstdetermination der Qualitätsziele

Es ist darauf hingewiesen worden, daß eine Praxis die Qualitätsziele, die sie sich setzt, ganz individuell und nach eigenen Vorstellungen bestimmen kann. Würden diese Ziele dann erreicht, so bekomme die Praxis das Zertifikat. Da sie diese Ziele vergleichsweise niedrig ansetzen könne, niedriger als Durchschnittskanzleien, aber im Falle des Erreichens der Qualitätsziele dennoch ein Zertifikat erhalten könne, sei dem Verbraucher mit dem Zertifikat nicht gedient.

---

42 Römermann, BORA, vor § 6 Rn. 196 mit weiteren Nachweisen.

43 Vgl. die Wortwahl von Streck, M. (1996a).

44 Römermann, BORA, vor § 6 Rn. 167 mit weiteren Nachweisen.

Dem ist jedoch entgegenzuhalten, daß die Beachtung gesetzlicher Pflichten (also z.B. die Beachtung des Berufsrechts und der Steuergesetze) für die Erfüllung des ISO-Standards zwingend erforderlich ist. Insoweit handelt es sich um eine Art Mindeststandard, den jede Praxis zu erfüllen hat. Qualitätsziele unterhalb des gesetzlich Vorgeschriebenen sind nicht denkbar. Ein ISO-Zertifikat, dem keine Prüfung der Einhaltung der gesetzlichen Pflichten des Steuerberaters zugrundeläge, wäre irreführend.

In dem über den gesetzlichen Mindeststandard hinausgehenden Bereich sind allerdings Qualitätsunterschiede denkbar. Insofern wäre es auch richtig zu sagen, daß das nicht zertifizierte QM-System der Kanzlei X besser sein kann als das zertifizierte QM-System der Kanzlei Y. Auch hier sollte man sich aber vor Augen halten, welche Aussage ein Zertifikat überhaupt beinhaltet: daß es ein QM-System gibt, daß dieses angewendet wird und daß es einer bestimmten Norm entspricht.

Hierüber wird der Verbraucher durch den Hinweis auf ein Zertifikat nicht irregeführt. Ob und inwieweit es den Steuerberatern vorgeschrieben werden sollte, erläuternde Hinweise zu Zertifikatsangaben zu machen, ist deshalb zweifelhaft; diese Frage ist allerdings noch offen (s.u.).

Eine andere Frage ist es, daß beispielsweise die berufsständischen Organisationen die Öffentlichkeit und damit auch den Verbraucher über den tatsächlichen, beschränkten Aussagewert von Zertifikaten aufklären bzw. unterrichten sollten.

c) Empirisch begründete Bedenken: Kein Anstieg der Mandanten-zufriedenheit

Gestützt auf Untersuchungen wird geltend gemacht, daß eine Zertifizierung nichts bringe. Kunden, so heißt es, spürten nach der Zertifizierung keinen Unterschied gegenüber früher.

Andererseits gibt es auch Studien, die gerade das entgegengesetzte Ergebnis andeuten. Sie beruhen auf der Befragung zertifizierter Unternehmen. So wollen 80 % der Unternehmen nach der Zertifizierung den Eindruck gewonnen haben, daß sie mittels Zertifikat das Vertrauen ihrer Kunden in die Organisation steigern konnten.[45]

Es besteht der Eindruck, daß die bisherigen Studien noch keine verläßlichen, auf den Bereich der steuerberatenden Berufe übertragbaren Anhaltspunkte liefern konnten. Sie betrafen andere Branchen und richteten sich z.T. an die zertifizierten Unternehmen (Selbsteinschätzung), z.T. an die Kunden (Fremdeinschätzung). Im übrigen ist daran zu erinnern, daß die gut organisierte und damit auf sicheren Füßen stehende Praxis nur der erste Schritt zur Mandanten-Orientierung sein soll.

6.I.4. Berufspolitische Bedenken

Die zu verifizierenden berufspolitischen Bedenken lauten:

---

45 Empirische Untersuchung der Universität Gesamthochschule Kassel und der PDV-Unternehmensberatung Nord-Ost GmbH, Wolfsburg, „Qualitäts- und Umweltmanagement in deutschen Unternehmen – Erfahrungen und Perspektiven der ISO-9000-Zertifizierung“, 1996, zitiert bei Brakhahn, W. /Vogt, U. (1997), S. 203 f.. Die Untersuchung fand von November bis Dezember 1995 bei zehn zertifizierten Unternehmen aus zehn verschiedenen Wirtschaftsbranchen statt.

Die Zertifizierung

- ist berufspolitisch verfehlt, weil sie den Berufsstand sichtbar in gute und schlechte Praxen spaltet.
- Dementsprechend will der Berufsstand überwiegend keine Zertifizierung.

a) Sichtbare Spaltung des Berufsstandes in gute und schlechte Praxen

In dieser Hinsicht wird geltend gemacht, durch die Publizität der Zertifikate werde der Berufsstand sichtbar in gute und weniger gute Praxen aufgespalten, was nicht in seinem Sinne sein könne. Auf der anderen Seite ist unbestritten, daß – Stichwort Marktmechanismen – der Markt schon immer unterschieden hat zwischen guten und weniger guten Praxen.

b) Überwiegende Ablehnung der Zertifizierung seitens der Berufsangehörigen

Die Mehrheit der Berufsangehörigen dürfte dem Gedanken der Zertifizierung gegenwärtig skeptisch oder ablehnend gegenüberstehen. Allerdings ist die Frage zu stellen, ob der Berufsstand schon ausreichend informiert ist, über das, worum es bei Qualitätsmanagement und Zertifizierung geht, was bewirkt werden soll, nämlich dauerhafte Wettbewerbsfähigkeit.

6.I.5. Bedenken bezüglich des Zertifizierungsverfahrens und der Zertifizierer[46]

Die zu verifizierenden Bedenken bezüglich des Zertifizierungsverfahrens und der Zertifizierer lauten:

---

46 Vgl. Pasch, H. (1997a), S. 318

- Ein Zertifizierungsverfahren ist wegen des erforderlichen zeitlichen Aufwands mit dem Tagesgeschäft einer Steuerberatungskanzlei unvereinbar.

Zertifizierer insbesondere die Auditoren

- sind oft nicht ausreichend qualifiziert.
- wissen nicht, welche besonderen Qualitätsanforderungen in Steuerberatungspraxen bestehen (kennen das Tätigkeitsfeld des Steuerberaters nicht ausreichend).
- übertragen Elemente aus der Industrie und fremden Dienstleistungsbereichen unbesehen auf Steuerberatungspraxen.
- zertifizieren alles, was Honorare bringt; sind allzu schnell bereit, Kompromisse bezüglich der Qualitätsanforderungen einzugehen.
- übernehmen für ihre Testate keine haftungsmäßige Gewähr – im Gegensatz zu Steuerberatern und Wirtschaftsprüfern.
- tragen Know-how von einer Praxis zur nächsten.
- propagieren die Zertifizierung, weil sie ein Geschäft erwarten.

a) Unvereinbarkeit mit dem Tagesgeschäft

Dieses Argument bezieht sich im Grunde wieder nicht auf die Zertifizierung als solche, sondern auf den vorausgehenden QM-Prozeß. Der Zeitaufwand für das Zertifizierungsverfahren beträgt nur wenige Tage, die Entwicklung eines QM-Systems kann sich hingegen über viele Monate erstrecken[47] und je nach Praxisgröße auch mehrere hundert bis mehrere tausend Arbeitsstunden in Anspruch nehmen.[48]

---

47 Paust (1997), S. 234, 236; Steinbrück (1997a), S. 240, 248.

48 Spatz /Trilling (1997), S. 273, 277.

Bezogen auf die Zertifizierung ist das Argument also wenig relevant; bezogen auf den QM-Prozeß läßt sich nur darauf verweisen, daß eine bessere Organisation letztlich auch ein effizienteres, zeitsparenderes Arbeiten ermöglichen soll. Im übrigen ist hier auf das Beispiel des Mannes zu verweisen, der dabei war, Bäume zu fällen: Jemand kam vorbei, sah, daß der Mann schlecht vorankam, weil die Säge stumpf war, empfahl ihm, die Säge zu schärfen, woraufhin der Mann aber antwortete „Später vielleicht, ich muß erst sägen".[49]

b) Unzureichende Qualifikation der Zertifizierer und ihrer Auditoren

Damit wenden wir uns den Zertifizierern zu. Ihnen wird oft entgegengehalten, daß sie keine Qualifikation nachzuweisen bräuchten; es gebe keine Regeln darüber, jemanden vom Zertifizierungsgeschäft auszuschließen. Jeder der das wolle, dürfe in diesem Bereich tätig sein. Dies ist im Grundsatz leider richtig und man sollte sich nicht zum Fürsprecher unqualifizierter Anbieter machen. Fairerweise muß man allerdings auch sehen, daß es das oben angedeutete Akkreditierungsverfahren für Zertifizierer gibt und daß eine die Akkreditierung begehrende Stelle im Rahmen dieses Verfahren erhebliche Nachweise bringen muß. Akkreditierungen erfolgen, wie dargelegt, für bestimmte Branchen (sog. Scopes). Für Dienstleister - wie Steuerberater, Wirtschaftsprüfer und Rechtsanwälte - sind die Scopes 35 und 39 relevant. Es ist auch nicht so, daß akkreditierte Zertifizierungsgesellschaften Nachweise nur einmal erbringen müssen, sondern es werden auch dort jährliche Überprüfungen durchgeführt, in den Geschäftsstellen der Zertifizierer, aber auch vor Ort bei den Kunden, die sie

---

[49] Mackenzie (1991), S. 25.

betreuen. Von daher ist ein pauschaler Vorwurf nicht gerechtfertigt, wobei allerdings einzuräumen ist, daß es zumindest gegenwärtig auch minder qualifizierte Zertifizierungsgesellschaften gibt.

c) Unzureichende Kenntnisse der Zertifizierer über die besonderen Qualitätserfordernisse von Steuerberatungspraxen

Insofern wird geltend gemacht, viele Zertifizierer wüßten gar nicht, welche besonderen Qualitätsanforderungen in Steuerberatungspraxen bestehen. Das Tätigkeitsfeld des Steuerberaters sei ihnen viel zu wenig bekannt. Sie kämen aus dem industriellen Bereich, hätten sich dann mit der Zeit den einen oder anderen Dienstleistungsbereich erschlossen, stünden aber immer noch ziemlich unvorbereitet vor und in den Steuerberaterpraxen. Hier muß man in der Tat ansetzen. Nicht richtig ist das Argument, welches von manchen Zertifizierern geltend gemacht wird: Branchenkenntnisse bräuchten sie eigentlich gar nicht, sie prüften strikt die ISO-Normen durch und das funktioniere woanders, das werde hier auch funktionieren. Berufsspezifische Anforderungen gehören in ein solches Konzept hinein, und die Zertifizierer müssen sich diese Aufgabe unterziehen sich die verwandten Bereiche zu erschließen, teilweise auf dem Wege des „learning on the job“. Die berufsständischen Organisationen täten gut daran, die Zertifizierer hierbei zu unterstützen, ihnen also zu erläutern, worauf es ankommt.

Erste Ansätze gibt es hier bereits im Bereich von DStV und DQS.

d) Schematische Übertragung von Anforderungen aus der Industrie und anderen Dienstleistungsbereichen auf Steuerberatungspraxen

Der Punkt d) geht eng einher mit dem Punkt c). Während sich bei Punkt c) der Vorwurf im wesentlichen darauf richtet, daß bestimmte Mindestanforderungen, die an den steuerberatenden Beruf gestellt sind, **nicht** geprüft werden, richtet sich der Punkt d) in erster Linie darauf, daß Anforderungen, die im industriellen Bereich eine Bedeutung haben mögen (z.B. Meßmittel) „krampfhaft" auch auf Steuerberatungspraxen übertragen werden (Ist die Briefwaage ein Meßmittel im Sinne des Normenelements?).

Hier gilt in Grunde das gleiche wie bei c): Je mehr Kenntnisse die Zertifizierer über den Bereich der Steuerberatung erlangen können, desto besser wird es gelingen, das Gewicht einzelner ISO-Elemente und damit auch die Intensität bezüglich dieser Elemente zu dosieren. Auch hier sind die berufsständischen Organisationen aufgerufen, diesen Prozeß zu unterstützen.

e) Profitbedingte Kompromißbereitschaft der Zertifizierer

Der Vorwurf lautet, Zertifizierer zertifizierten alles, was Honorare bringt und seien im übrigen allzu schnell bereit, Kompromisse bei dem einzugehen, was sie nachprüfen. Vier Beispiele seien genannt.

Beginnen wir mit dem **schriftlichen Steuerberatungsvertrag**. In der Anfangsphase, als begonnen wurde, über Qualitätsmanagementsysteme in der Steuerberatung zu diskutieren,[50] wurde intensiv darüber gestritten, ob ein schriftlicher Steuerberatervertrag Sinn mache oder nicht. Von manchen Praktikern wird er für entbehrlich gehalten. Der Aufwand, der damit betrieben werden müsse, insbesondere bei Vertragsänderungen, sei zu groß. Schließlich gebe es eine Berufshaftpflichtversicherung. Altmandanten akzeptierten ohnehin keine schriftlichen Verträge. Ausreichend seien interne Vermerke über das, was mit den Mandanten verabredet wurde.

[50] Gesprächskreis am Lehrstuhl für Betriebswirtschaftliche Steuerlehre von Prof. Dr. M. Heinhold im Herbst 1995, vgl. hierzu Pasch, H. (1997b), S. 319.

Die Gegenmeinung besagt, daß der schriftliche Steuerberatungsvertrag einen Beleg dafür liefert, was **nicht** zum Beratungsvertrag gehört, daß er Spielregeln verdeutlicht, auf die sich der Berater dem Mandant gegenüber berufen kann etc.

Unabhängig davon, welcher Auffassung man hier den Vertrag einräumen will, wäre es nach hier vertretender Auffassung ein Verstoß gegen die Sorgfaltspflichten des Zertifizierers, wenn er – unterstellt ISO 9000 ff. forderte einen schriftlichen Vertrag – hierauf unter Hinweis auf die fehlende Branchenüblichkeit eines solchen verzichten würde.

Nun verlangt DIN EN ISO 9000 ff. allerdings wohl nur eine interne Vertragsprüfung, d.h. eine Prüfung, ob der Auftraggeber in der Lage ist, das, was Vertragsgegenstand werden soll, auch zu erfüllen. Lediglich das Verfahren dieser internen Prüfung und deren Ergebnis im Einzelfall sind zu dokumentieren. DIN EN ISO 9000 ff. wird damit auch ohne einen schriftlichen Steuerberatungsvertrag erfüllt. Ob dies allerdings ein für Steuerberater in diesem Punkt akzeptabler Standard ist, bleibt zweifelhaft. Vielleicht müssen hier berufsspezifische Standards entwickelt werden, die teilweise über DIN EN ISO 9000 ff. hinausreichen.[51]

Bis dahin könnten die Zertifizierer gemäß DIN EN ISO 9000 ff. fragen, ob der Steuerberater festgelegt hat, in welchen Fällen er schriftliche Verträge schließt und in welchen nicht. Die Bewertung, in welchen Fällen er das Eine oder das Andere tut, sollte – soweit nachvollziehbar – ihm selbst überlassen sein. Dies kann natürlich nicht für die Bereiche gelten, wo die Schriftform Wirksamkeitserfordernis einer

---

51 Vgl. Pasch, H. (1997b), S. 240 ff.

Vereinbarung ist, z.B. bei Haftungsbegrenzungen, Haftungskonzentrationen, Gebührenvereinbarungen usw. In diesen Bereichen ist die fehlende Schriftform eine Qualitätsabweichung.

Genauso bedenklich wäre es, wenn ISO eine Dokumentation von **Vertragsänderungen** erfordern würde, im Rahmen der Zertifizierung aber auf die Überprüfung einer solchen Normforderung verzichtet würde, weil sie angeblich nicht berufsstandsüblich sei.

Das Nichtvorhandensein eines **Datenschutzbeauftragten**, wo ein solcher erforderlich ist, ist ebenfalls ein Gesetzesverstoß und damit eine Qualitätsabweichung, die zu Konsequenzen im Zertifizierungsverfahren führen muß.

Letzteres Beispiel: **Verschwiegenheitspflicht.**

Dem DStV liegen Informationen vor, wonach Zertifizierer, um einen Auftrag zu erhalten, auf das Erfordernis der Befreiung von der Verschwiegenheitspflicht verzichtet haben. Ein solches Verhalten ist grundsätzlich inakzeptabel. Im Einzelfall kann hierin eine Anstiftung oder eine psychische Beihilfe zur Verletzung der Verschwiegenheitspflicht durch den Berater gesehen werden, so daß strafrechtliche Konsequenzen auch für die Mitarbeiter der Zertifizierungsgesellschaft in Betracht gezogen werden müssen.

f) Fehlende Gewähr für Zertifikate

Steuerberater und Wirtschaftsprüfer haben für von ihnen abgegebene Testate einzutreten, wenn diese sich als fehlerhaft herausstellen.[52]

---

[52] Gräfe (1998), S. 239 ff.

Demgegenüber sind bisher keine Fälle bekannt geworden, in denen Zertifizierungsgesellschaften dafür haften mußten, daß eine von ihnen durchgeführte Untersuchung zu einer zu positiven und für einen Schaden ursächlichen Beurteilung geführt hat.

In diesem Zusammenhang werden eine Reihe von Fragen noch weiter zu untersuchen sein:

Gelten möglicherweise die Grundsätze der Prospekthaftung? Wann liegt eine Schlechterfüllung vor? Was muß der Zertifizierer zwingend überprüfen? Wie läßt sich der Nachweis führen, daß im Zeitpunkt der Dokumentenprüfung bzw. des Audits der Zertifizierer schuldhaft zu einem zu positiven Ergebnis gekommen ist? Handelt es sich bei dem Zertifizierungsvertrag um einen Dienstvertrag oder einen Werkvertrag? Gibt es möglicherweise Haftungsausschlüsse in den Zertifizierungsverträgen? Sind diese mit dem AGB-Gesetz ggf. vereinbar?

g) Unzulässiger Know-how-Transfer

Im Rahmen von Zertifizierungsverfahren erhalten die Auditoren im weiten Umfang Einblick in die Geschehnisse und die Abläufe der begutachteten Praxen. Die Befürchtung ist nicht von der Hand zu weisen, daß es zu einem unzulässigen Know-how-Transfer an andere Praxen durch den Zertifizierer kommen könnte. Faktisch läßt sich dem nur dadurch entgegenwirken, daß den Auditoren im Rahmen des Zertifizierungsverfahren nur das nachgewiesen wird, dessen sie zu ihrer Prüfung wirklich bedürfen; und rechtlich ist anzuraten, sich eine strenge schriftliche Verschwiegenheitszusage seitens der Zertifizierungsgesellschaft und sämtlicher Auditoren geben zu lassen und diese für den Fall ihrer Verletzung an massive Vertragsstrafen zu knüpfen. Im Falle einer Verletzung der Verschwiegenheitszusage dürften Unterlassungs-, Auskunfts- und Schadenersatzansprüche des Betroffenen bestehen. Vieles wird hier regelmäßig aber Beweisfrage sein.

h) Absatzinteressen der Zertifizierer

Am weitesten geht der Vorwurf, die Zertifizierung könne nicht anders als „kollektiver Selbstbetrug" bezeichnet werden, es gehe bei der Zertifizierung sozusagen um des Kaisers neue Kleider, deren einziger Zweck darin bestehe, einzelnen Leistungserbringern finanziellen Erfolg zu verschaffen. Der Vorwurf läuft darauf hinaus, der gesamten Zertifizierungsbranche eine mehr oder minder arglistige Täuschung aus Profitinteresse vorzuwerfen. Ob dies angesichts der weltweiten Verbreitung des Phänomens und angesichts der unter II. noch zu behandelnden Pro-Argumente seine Berechtigung hat, mag jeder selbst beurteilen.

Im übrigen ist zwar einzuräumen, daß es sich bei den Zertifizierungsaktivitäten um einen beträchtlichen Markt handelt, nur ein kleiner Teil davon entfällt aber bisher auf die Freien Berufe. Diese sind im allgemeinen sehr gut in der Lage, den Wert, den eine Dienstleistung für sie hat, zu beurteilen. Inwieweit Preis und Leistung in einem angemessenen Verhältnis zueinander stehen, darüber gehen die Meinungen bisher ebenfalls auseinander.

6.I.6. Kosten-Bedenken

Die zu verifizierenden Kosten-Bedenken lauten:

Zertifizierungen

- sind zu teuer
- bevorteilen die großen Praxen, die allein sich Zertifikate leisten können.

a) Unausgewogenes Preis-/Leistungs-Verhältnis

Zertifizierungen sind kostspielig. Fairerweise muß man allerdings feststellen, daß nicht alles, was den Zertifizierern kostenmäßig angelastet wird, auch echte Zertifizierungskosten sind. Vielmehr sind verschiedene Bereiche zu unterscheiden, nämlich Kosten für

- Beratung
- Schulung
- Arbeitsaufwand der Mitarbeiter
- Arbeitsaufwand der Kanzleileitung.

Die Gesamtkosten eines solchen QM-Prozesses erreichen wahrscheinlich schnell Beträge in einer Größenordnung von 100.000,-- DM. Wenn aber von Kosten der Zertifizierung gesprochen wird, dürfen nicht alle diese Kosten dem Zertifizierer angelastet werden.

Die Kosten von Zertifizierungsstellen werden im Schrifttum mit 5.000 DM bis 40.000 DM beziffert.[53] Zum Teil wird auch über Kosten der Zertifizierungsgesellschaften zwischen 5.000 DM und 20.000

---

[53] Steinbrück, R. (1997); Maurer, R. (1997).

DM berichtet, ohne Einrechnung späterer Überwachungsaudits, die mit je ca. 3.000 DM bis 5.000 DM beziffert werden.[54]

Zunächst gilt, daß die Kosten einer Zertifizierung von der Struktur eines Unternehmens abhängen. Im Wesentlichen beeinflussen Faktoren wie Unternehmensgröße, Anzahl der Standorte oder Komplexität der Ablaufprozesse sowie das gewählte Darlegungsmodell (DIN EN ISO 9001 oder 9002) die zu erwartenden Kosten. Dabei sind verschiedene Kostenarten des Zertifizierers zu unterscheiden. Meist erstrecken sie sich auf die folgenden Bereiche:

- Projektgespräche
- Dokumentenprüfung
- Audit-Tage (Zertifizierungsaudits, ggf. aber auch fakultatives Voraudit etc.)
- Kosten für die Urkunde
- Registrierungsgebühren
- Kosten zur Erhaltung des Zertifikats (v.a. Überwachungs- und Wiederholungsaudits)
- Nebenkosten (Reisekosten, Reisezeiten usw.)

Im Schrifttum wird z. T. die Auffassung vertreten, daß sich für die Abgrenzung der unterschiedlichen Kostenbereiche (Aufwand für eigene Mitarbeiter / externe Beratung / Zertifizierung) eine 100 : 10 : 1

---

[54] Steinbrück (1997a), S. 240, 248. Dort wird auch ausgeführt: Jedenfalls haben die bisherigen Erfahrungen gezeigt, daß die z. T. in der Literatur geschätzten Kosten von insgesamt mindestens 65.000 DM bis 260.000 DM, –vgl. Maurer, R. /Krämer, A. (1996), S. 73, 77– jedenfalls bei Auswahl einer seriösen Zertifizierungsstelle zu hoch gegriffen seien, jedenfalls wenn man die internen Kosten unberücksichtigt läßt.

– Regel anbiete.[55] Der interne Aufwand für die Einrichtung und Erhaltung eines QM-Systems könne mit der Kennziffer 100 belegt werden. Demgegenüber lasse sich der externe Beratungsaufwand für den Aufbau eines QM-Systems mit der Kennziffer 10 angeben. Für die Zertifizierung ergebe sich lediglich ein Aufwand, der mit der Kennziffer 1 einen relativ geringen Anteil an den Kosten ausmache.

Die bisher bekanntgewordenen Kosten im steuerberatenden Beruf spiegeln diese Relation nicht wider. Statt eines 1prozentigen Aufwands, wie in dem genannten Schrifttum aufgeführt, dürfte hier mindestens von einem 3-5prozentigen Aufwand für die Projektkosten des Zertifizierungsverfahrens auszugehen sein. Je nach der Ausgestaltung einer externen Beratung (Einzelberatung, Gruppenberatung) dürfte sich die 10:1-Annahme auch bis zu einer 1:1-Relation entwickeln können.

Die Kosten sollten im übrigen niemals größer sein als das, was von den Praxen durch verbesserte Organisation an Ertragssteigerungen wieder erreicht werden kann.

Im Schrifttum[56] wird hierzu darauf verwiesen, daß die Kosten für mangelnde Qualität, mangelnde Effizienz und Vergeudung in den Wertschöpfungsprozessen eines Unternehmens in Ergänzung der angeblichen 100:10:1 – Regel mit 1000 bewertet werden müssen, so daß sich folgendes Bild ergibt:

- Mangelnde Qualität 1000 %
- Aufbau eines QM-Systems 100 %

---

55 Brakhahn, W. /Vogt, U. (1997), S. 207.

56 Brakhahn, W. /Vogt, U. (1997), S. 208.

- Externe Beratung 10 %
- Zertifizierung 1 %

der Kosten.[57]

In steuerlicher Hinsicht sind Zertifizierungsaufwendungen nach DIN EN ISO 9001 und DIN EN ISO 9002 als Betriebsausgaben unmittelbar steuerlich absetzbar. Anschaffungs- oder Herstellungskosten eines firmenwertähnlichen immateriellen Wirtschaftsgutes „Qualitätssicherung“ o. ä liegen nicht vor.[58]

b) Unerschwinglichkeit für kleine und junge Praxen

Verhängnisvoll wäre es, wenn es die Zertifizierungskosten kleinen Praxen unmöglich machen würden, ein Zertifikat zu erlangen. Ob dies allerdings wirklich befürchtet werden muß, ist zweifelhaft.

Der Leitfaden zur Anwendung von DIN EN 45012 (EAC / G 3) beschreibt in seiner Ausgabe 01 vom September 1995, welcher Aufwand in Abhängigkeit von der Unternehmensgröße normalerweise anzusetzen ist. Weitere Faktoren, um den Aufwand zu kalkulieren, sind die Komplexität des Systems und die Anzahl der Standorte / Niederlassungen, die in das QM-System einbezogen werden.

Die folgende Tabelle zeigt den jeweils angenommenen Aufwand.

Berücksichtigt sind hierbei alle nötigen Aktivitäten wie Dokumentenprüfung, Zertifizierung, Überwachungs- und Wiederholungsaudit. Die

---

57 Daß wir statt 1 % eher 3 – 5 % für realistisch halten, hatten wir bereits dargelegt.

58 Vgl. auch Streck, M. /Alvermann, J. (1997) sowie inzwischen den BMF-Erlaß vom 22.01.1998, IV B 2 S 2170-6/98, DStR 1998, S. 207 sowie Triltsch /Fritzsch /Büscher (1998).

Angaben beziehen sich auf DIN EN ISO 9001. Bei der Zertifizierung nach DIN EN ISO 9002 reduziert sich der Aufwand um 20 %.

Zertifizierungs-einheit Anzahl Mitarbeiter	Zertifizierungs-audit (Personentage)	Jährliche Überwachungs-audits (Personentage)	Wiederholungs-audit nach drei Jahren (Personentage)
1 - 4	2	1	1,5
5 – 9	2,5	1	1,5
10 – 19	3	1	2
20 – 29	4	1,5	3
30 – 59	6	2	4
60 – 100	7	2	4
100 - 250	8	2,5	5
250 - 500	10	3	6

Abb. 4: Zertifizierungsaufwand in Personentagen zur Kanzleigröße

EAC-Richtlinie für Zertifizierungs- und Überwachungsaudits (Stand 9/1995) – Auszug

Dabei handelt es sich natürlich nur um Richtwerte.

6.I.7. Bedenken wegen der Verschwiegenheitserfordernisse

Zertifizierungen scheitern regelmäßig schon daran, daß sie ohne Verletzung der Verschwiegenheitspflicht nicht durchführbar sind.

Im Rahmen der Zertifizierung werden qualitätssichernde Aktivitäten der Steuerberatungskanzleien auf ihre Wirksamkeit hin überprüft. Dabei können die Auditoren und u. U. weitere Mitarbeiter der Zertifizierungsgesellschaft Kenntnis von den Namen und Verhältnissen einzelner Mandanten erhalten.

a) Reichweite der Verschwiegenheitspflicht

Die Verschwiegenheitsverpflichtung des Steuerberaters umfaßt aber sowohl die Namen als auch die Verhältnisse der Mandanten und gilt grundsätzlich gegenüber jedermann, also auch gegenüber Kollegen, selbst wenn diese ebenfalls gesetzlich zur Verschwiegenheit verpflichtet sind. Das Problem läßt sich also nicht dadurch lösen, daß etwa Berufsangehörige die Funktion des Auditors ausüben.

Ebensowenig wäre deshalb auch eine Weitergabe an Mitarbeiter oder Beauftragte der berufsständischen Organisationen zulässig.[59]

Verschwiegenheitserklärungen der Auditoren reichen nicht.[60]

Auch die Tatsache, daß zwischen den Zertifizierungsgesellschaften und der Akkreditierungsstelle Verschwiegenheit vertraglich vereinbart ist[61], spielt keine Rolle.

Die Verschwiegenheitspflicht des Steuerberaters ergibt sich berufsrechtlich aus § 57 StBerG, strafrechtlich aus § 203 Abs. 1 Nr. 3 StGB und zivilrechtlich als Nebenpflicht des mit dem Mandanten geschlossenen Geschäftsbesorgungsvertrages sowie aus den §§ 823 Abs. 2 BGB i. V. m. § 203 Abs. 1 Nr. 3 StGB. Eine Verletzung der Pflicht kann demnach berufsrechtliche und ggf. auch straf- und zivilrechtli-

---

59 Römermann, BORA, vor § 6, Rn. 194.

60 Römermann, BORA, vor § 6, Rn. 194, empfiehlt dennoch, daß die Kanzlei von den Auditoren eine schriftliche Vetraulichkeitsverpflichtung verlangt, mit weiteren Nachweisen.

61 Brakhahn, W. /Vogt, U. (1997), S. 223.

che Folgen nach sich ziehen. Dies zeigt die äußerste Wichtigkeit dieser Verpflichtung.[62]

Gem. § 203 StGB ist zu bestrafen, wer unbefugt ein fremdes Geheimnis offenbart, das ihm als Angehöriger bestimmter Berufsgruppen anvertraut worden oder bekanntgeworden ist. Zu diesen Berufsgruppen gehören gem. § 203 Abs. Nr. 3 StGB auch die Angehörigen der steuerberatenden Berufe.

Danach macht sich der Steuerberater strafbar, wenn er der Zertifizierungsgesellschaft ohne Rechtfertigung Einblick in die Mandantenakten gewährt.

b) Berechtigung zur Weitergabe von Informationen?

Eine Strafbarkeit scheidet allerdings dann aus, wenn der Steuerberater durch die Einwilligung des Mandanten autorisiert ist, den Auditoren die Verhältnisse der Mandanten darzulegen. In diesem Fall geschieht die Weitergabe der Information nicht mehr unbefugt im Sinne des § 203 Abs. 1 Nr. 3 StGB.[63]

c) Konkludente Einwilligung?

Für die Entbindung von der Schweigepflicht genügt grundsätzlich eine konkludente Einwilligung, die anzunehmen ist, wenn der Mandant weiß, daß der Steuerberater nur mit Hilfe Dritter für ihn tätig

---

62 Mayer, H. /Pommerening, S. /Kitzing, S. (1997), S. 56.

63 Mayer, H. /Pommerening, S. /Kitzing, S. (1997), S. 57; Lenckner, Th. (1991), § 203 Rz. 18.

werden kann oder dessen Tätigkeit üblicherweise mit der Einschaltung von Gehilfen verbunden ist.[64]

Mayer/Pommerening/Kitzing haben darauf hingewiesen, daß sich hieraus zwar die Zulässigkeit der Offenbarung bestimmter Mandantendaten im Rahmen der Leistungserstellung gegenüber Mitarbeitern und auch Mitarbeitern der DATEV ergibt, nicht aber gegenüber Beratungs- und Zertifizierungsunternehmen, denn die Zertifizierung sei zwar nützlich, für die eigentliche Leistungserbringung jedoch nicht erforderlich. Auch wenn die Zertifizierung von der DATEV vorgenommen werde, kann nach Ansicht der genannten Autoren nicht davon ausgegangen werden, daß sich die Entbindung von der Verschwiegenheit, die durch das übliche Tätigwerden des DATEV-Rechenzentrums konkludent gegeben ist, auch auf eine Zertifizierung erstreckt. Denn die Einblicke, die ein Zertifizierer erhalte, gingen weit über die Daten hinaus, die im DATEV-Rechenzentrum vorlägen.[65]

d) Wahrnehmung berechtigter Interessen?

Eine befugte Offenbarung liegt auch vor, wenn ein berechtigtes Interesse des Steuerberaters an ihr besteht. Beispiele sind die gerichtliche Geltendmachung von Honoraransprüchen des Steuerberaters[66] und die Verteidigung gegenüber Vorwürfen, die gegenüber dem Steuerberater erhoben wurden.[67] Weitere Beispiele sind die Unterrichtung des Haft-

---

64 Mayer, H. /Pommerening, S. /Kitzing, S. (1997), S. 57; Lenckner, Th. (1991), § 203 Rz. 24.

65 Mayer, H. /Pommerening, S. /Kitzing, S. (1997), S. 57.

66 Gehre, H. (1995), § 57 Rz. 78 ff.

67 Späth (1994), S. 78 ff.

pflichtversicherers, wenn ein Steuerberater in Anspruch genommen wird oder – gesetzlich normiert - die Einsetzung eines allgemeinen Vertreters (§ 69 StBerG).

Die für den strafrechtlichen Bereich genannten Grundsätze gelten gleichermaßen für das Berufs- und das Zivilrecht[68]

Auffassungen, die dies lockerer sehen wollen[69], sind nachdrücklich bestritten worden.[70]

e) Erfordernis eine ausdrücklichen Einwilligung

Zusammenfassend ist festgestellt worden[71], daß – jedenfalls nach bisher herrschender Meinung - eine Durchbrechung der Schweigepflicht des Steuerberaters nur aufgrund der Entbindung durch den Mandanten, zur Wahrung eigener berechtigter Interessen oder aufgrund besonderer gesetzlicher Vorschriften in Frage kommt. Die Zertifizierung nach DIN EN ISO 9001 falle nicht darunter, denn es bestehe weder ein gesetzlicher Zertifizierungszwang, der eine Durchbrechung der Schweigepflicht rechtfertigen könnte, noch stelle die Zertifizierung ein eigenes berechtigtes Interesse des Steuerberaters dar. Da von einer konkludenten Einwilligung des Mandanten nicht ausgegangen werden könne, sollten Steuerberater, die ein Zertifikat erlangen wollten, vorsorglich die Einwilligung aller Mandanten einholen, etwa durch Einfügung einer Klausel im Beratungsvertrag. Damit könne sichergestellt

---

68 Mayer, H. /Pommerening, S. /Kitzing, S. (1997), S. 58.

69 Hagenkötter, A. (1997), der Gehilfeneigenschaft der Auditoren, konkludente und mutmaßliche Einwilligung bejaht, soweit nur der Name des Mandanten peisgegeben wird, nicht aber sonstige Akteninhalte.

70 Blümel /Diem /Hocke (1998), S. 53 ff.

71 Mayer, H. /Pommerening, S. /Kitzing, S. (1997), S. 58.

werden, daß die Zertifizierung im Nachhinein keine Probleme aufwirft. Der Steuerberatungsvertrag des DStI enthält demgemäß auch eine dementsprechende Klausel. Sie lautet:

„Für den Fall, daß sich der Berater zur Sicherung und Fortentwicklung der Qualität seiner Praxis einem Zertifizierungsverfahren (z.B. nach ISO 9000) unterziehen will, erteilt der Mandant schon heute seine Zustimmung, daß Dritte über die von ihm vorhandenen Daten Kenntnis erhalten".

Andererseits zeigt die Erfahrung, daß viele Steuerberater bisher davor zurückschrecken, Steuerberatungsverträge mit Altmandanten zu schließen. Hier bleibt dann nur die Möglichkeit, gesonderte Einwilligungen zur Kundgabe der Mandantenverhältnisse im Rahmen des Zertifizierungsverfahrens einzuholen.

Fraglich ist, ob die Mandanten bei der Einholung der Zustimmungserklärungen zwingend darauf hingewiesen werden müssen, daß sich das dem Berater vom Gesetzgeber zugebilligte Zeugnisverweigerungsrecht nicht auf die Auditoren erstreckt, und zwar selbst dann nicht, wenn sie selbst aufgrund des Berufsrechts gesetzlich zur Verschwiegenheit verpflichtet sind. Ein solcher Hinweis könnte notwendig sein, um den Mandanten in den Stand zu setzen, das Für und Wider einer Einwilligung bewußt abzuwägen, so wie ein Patient aufgeklärt sein muß, um in bestimmte Behandlungsmethoden einzuwilligen. Sollte sich diese Meinung durchsetzen, dann müßten ähnliche Einwilligungen wohl auch für Systempartner in Sachen EDV, Kanzleiorganisationsberater usw. eingeholt werden.[72]

---

[72] A.A. wohl Buchner /Fesel (1997), S. 203, 207.

Die Empfehlung für zertifizierungswillige Praxen kann jedenfalls nur lauten, alle Mandanten anzuschreiben und um schriftliche Zustimmung zu bitten. Dabei sollte möglichst das Projekt beschrieben und – wenn man ganz sichergehen will – auch ein Hinweis auf das Nichtvorhandensein eines Zeugnisverweigerungsrechts bei den Auditoren gegeben werden. Für Neumandanten sind entsprechende Einwilligungsklauseln in den Steuerberatungsvertrag aufnehmen.

Namen und Akten derjenigen, die ihre Zustimmung nicht erteilen, sind dem Einblick des Auditors zu entziehen.[73] Auf Mandantenakten sollten deshalb außen generell nur Nummern geschrieben werden. Dann können einem Besucher der Praxis, auch einem Auditor, nicht zufällig Mandantennamen in den Blick geraten. Dem Auditor kann in einem solchen Fall eine Liste der Mandantennummern übergeben werden, bei denen die dahinterstehenden Personen ihre Einwilligung zur Kundgabe ihrer Daten erklärt haben.

f) Einwilligung aller Mandanten erforderlich?

Fraglich ist, ob es gelingen wird, die Einwilligung **aller** Mandanten (100 %) zu erlangen, woraus sich die Frage ergibt, ob auch ein geringerer Prozentsatz ausreicht und wie mit denjenigen Akten zu verfahren ist, bei denen die Mandanten ihre Einwilligung nicht schriftlich erteilen.

---

[73] Empfehlung des Arbeitsstabes „Qualitätsmanagement in der Steuerberatung" des Deutschen Steuerberaterverbandes, FN. 11, Arbeitsunterlage für Einführungsseminare, S. 67.

Zum Teil[74] wird angenommen, daß die Einsicht in einige wenige Akten i.d.R. für die Zertifizierungsstelle ausreicht. Der Zertifizierung stehe dann nichts entgegen.

Richtig ist wohl, daß es nicht erforderlich ist, daß alle Mandanten zustimmen: Es geht darum, daß es ein QM-System gibt, daß es angewendet wird und daß es einer bestimmten Norm entspricht. Dazu ist es nicht erforderlich, daß sich der Zertifizierer durch die Prüfung allcr Mandantenakten oder dadurch, daß ihm für Stichproben alle Mandantenakten zur Verfügung stehen, die Gewißheit verschafft, daß es keinen Mandanten gibt, bezüglich dessen bestimmte qualitätssichernde Aktivitäten nicht durchgeführt werden. Dies liefe auf eine lückenlose Vollprüfung hinaus. Wo aber die prozentuale Grenze liegt, muß weiter geklärt werden. Nachgedacht werden könnte z.B. darüber, daß 30, 40, 50 oder auch mehr Prozent der Mandanten ihre Einwilligung erteilt haben müssen. Dies bedarf noch der weiteren wissenschaftlichen Klärung. Zertifizierer berichten davon, daß die Rücklaufquoten (Einwilligungsquoten) bei den steuerberatenden Kanzleien bei rd. 70 – 80 % liegen.

So wünschenswert es wäre, in dieser Frage einheitliche Verhältnisse für die rechts-, wirtschafts- und steuerberatenden Berufe herbeizuführen, so wird man doch auch sehen müssen, daß das Stichprobenreservoir möglicherweise je nach Ausrichtung der Kanzlei auch unterschiedlich bemessen werden muß: Man denke beispielsweise daran, daß die Bereitschaft zur Einwilligung dem Mandanten eines Strafverteidigers schwerer fallen wird als den meisten anderen Mandanten.

---

74 Römermann, BORA, vor § 6, Rn. 194.

g) Gesetzliche Maßnahmen?

Für die Zukunft sind verschiedene gesetzliche Regelungsmöglichkeiten vorstellbar. Gelegentlich wird erwogen, die Tätigkeit der Auditoren zu einer originären Tätigkeit der Berufsangehörigen zu qualifizieren.[75] In diesem Zusammenhang wird darauf hingewiesen, daß sich die Pflicht zur Verschwiegenheit und die damit zusammenhängenden Zeugnisverweigerungsrechte dann auch auf die eingeschalteten Auditoren erstrecken würden.

Eine solche Lösung wäre aber wahrscheinlich nur eine Teillösung, denn es wird sich vermutlich nicht regeln lassen, daß nur Berufsangehörige, die gesetzlich aufgrund des Berufsrechts zur Verschwiegenheit verpflichtet sind, und denen die Zertifizierungstätigkeit als originäre Berufsaufgabe zugeordnet würde, als Auditoren in Betracht kommen (Art. 12 GG).

6.I.8. Bedenken gegen das Zertifikat als Papier ohne Zusatznutzen

Die zu verifizierenden Bedenken gegen das Zertifikat als Papier ohne Zusatznutzen lauten:

Zertifizierungen

- sind überflüssig, weil nur die internen Qualitätsmaßnahmen wichtig sind, nicht aber das Zertifikat an der Wand,
- sind überflüssig, weil es die Möglichkeit der Selbsterklärung (sog. Konformitätserklärung) gibt.

---

75 siehe jetzt auch für Rechtsanwälte Blümel /Diem /Hocke (1998), S. 57

a) Reiner Bestätigungscharakter

Wäre das Zertifikat tatsächlich nur die Bestätigung einer ohnehin allseits bekannten Tatsache („Qualität"), wäre es zweifelsohne überflüssig. Eine solche Argumentation (Übersicht) jedoch, daß viele Kanzleien Vorteile gerade in der Begleitung durch den Zertifizierer und durch das Zertifizierungsverfahren als solches erkennen (Motivation, Festlegung eines Zeithonorars etc.).

b) Möglichkeit der Selbsterklärung

Die Zertifizierung ist nicht die einzige Möglichkeit, ein QM-System nach außen zu verlautbaren. Sofern eine nach außen gerichtete Information darüber gegeben werden soll, daß ein QM-System in der Kanzlei besteht, bietet die DIN 66066 Teil 3 als Alternative zur Zertifizierung eine sog. Konformitätserklärung als schriftliche Eigenerklärung an. Darin deklariert die Kanzlei unter ihrer alleinigen Verantwortung die Übereinstimmung des in ihr praktizierten QM-Systems mit einer von ihr ausgewählten Norm.

Die Erklärung muß mindestens folgende Angaben enthalten:

- Name und Anschrift desjenigen, der die Erklärung ausstellt
- Benennung der Organisationseinheiten, für die die Konformitätserklärung abgegeben wird,
- die in Bezug genommenen Normen,
- Feststellung, daß die Erklärung unter alleiniger Verantwortung des Anbieters ausgestellt ist,
- alle ergänzenden Informationen, die vom Adressaten der Konformitätserklärung gefordert werden können,
- Hinweis darauf, daß die Erklärung aufgrund eines Management-Reviews abgegeben wird,

- Ausstellungsdatum der Erklärung
- Unterschrift und Funktion der für das Management-Reviews Verantwortlichen.

Falls sich eine Kanzlei für diesen Weg entscheidet, sollte sie Informationen sowohl über das QM-System (QM-Handbuch im engeren Sinne) als auch über seine Wirksamkeit (z.B. Management-Reviews) zur Einsicht auf Verlangen zur Verfügung stellen können. Im einzelnen sei auf die Ausführungen von Pasch hierzu verwiesen.[76] Glaap hat darauf hingewiesen, daß in Japan, wo der Qualitätsgedanke nach wie vor am weitesten entwickelt ist, Zertifizierungen weitgehend unbekannt sind.[77]

Die Gültigkeitsdauer einer Konformitätserklärung soll nach DIN EN 66066 Teil 3 drei Jahre nicht überschreiten. Es ist allerdings nicht sehr sinnvoll, diesen Zeitraum voll auszunutzen. Wenn man sich für eine Selbsterklärung entscheidet, sollte die Erklärung aufgrund entsprechender Management-Reviews jährlich neu ausgestellt werden.[78]

6.II. Die Pro-Argumente

Die Befürworter einer Zertifizierung knüpfen an die organisatorischen Vorteile des Qualitätsmanagements für Steuerberatungskanzleien an (6.II.1.), verweisen auf den gegenüber dem QM-Prozeß geringen Zusatzaufwand, der durch eine Zertifizierung entsteht (6.II.2.), betonen die Bedeutung der Zertifizierung als sinnvolles Element des QM-Prozesses nach innen (Unterstützung und Motivation) – siehe (6.II.3.)

---

76 Pasch, H. (1997), S. 313, 322f.

77 Glaap, W. (1993), S. 142.

78 Glaap, W. (1993).

- sowie nach außen (Aussagekraft des Zertifikats) – siehe (6.II.4.) -, heben die Vorteilhaftigkeit des Zertifikats als Marketinginstrument (6.II.5.) und Anziehungspunkt für qualifizierte neue Mitarbeiter hervor (6.II.6.) und erkennen Vorteile der Zertifizierung im Zusammenhang mit der Haftpflicht und der Haftpflichtversicherung (6.II.7.).

PRO-ARGUMENTE IM ÜBERBLICK

- Organisatorische Vorteile für die Kanzleien
- Geringer Zusatzaufwand durch Zertifizierung
- Zertifizierung als sinnvolles Element des QM-Prozesses nach innen (Unterstützung, Motivation)
- Zertifizierung als sinnvolles Element des QM-Prozesses nach außen (Aussagekraft)
- Zertifizierung als Marketinginstrument
- Zertifizierung als Anziehungspunkt für qualifizierte neue Mitarbeiter
- Vorteile der Zertifizierung im Zusammenhang mit der Haftpflicht und der Haftpflichtversicherung

6.II.1. Organisatorische Vorteile für die Kanzleien

Als angebliche Vorteile einer Zertifizierung werden Verbesserungen u.a. in folgender Hinsicht genannt:

- Optimierung von Arbeitsabläufen bzw. Verbesserung von Schnittstellen
- Kostenersparnisse
- Fehlervermeidung
- Größere Transparenz
- Erleichterte Einarbeitung neuer Mitarbeiter

- Leistungssteigerung durch verstärktes und strukturierteres Nachdenken über Qualität.

Diese angeblichen Vorteile werden in etwa wie folgt konkretisiert:

a) Optimierung von Arbeitsabläufen bzw. Verbesserung von Schnittstellen

Hierzu sollen zählen:

➢ Verbesserung der Aufbau- und Ablauforganisation durch konsequente Aufnahme des Ist-Zustandes und anschließende Analyse und Optimierung der Abläufe dort, wo Verbesserung möglich sind,

➢ überschneidungsfreier und effizienterer Einsatz der Mitarbeiter.

b) Kostenersparnisse

➢ Zeitersparnis bei Routineprozessen, dadurch Verkürzung der Auftragsbearbeitungszeiten.

c) Fehlervermeidung

➢ Verbesserte Termintreue durch kürzere Durchlaufzeiten,

➢ Minimierung des Haftungsrisikos (durch Senkung der Fehlerquote bei vorhersehbaren Fehlerrisiken).

d) Größere Transparenz

- Verbesserung der Transparenz der Kanzleiorganisation aufgrund einer systematischen Dokumentation der Organisationsabläufe,
- verbesserte Führungsmöglichkeiten durch erhöhte Kanzleitransparenz,
- einfachere Vertretungsmöglichkeiten (z.B. keine Schwierigkeiten bei der Übernahme eines Auftrages durch einen anderen Mitarbeiter, da durch die Erfassung von Bearbeitungsständen sich jeder in jeder Akte schnell zurechtfinden kann).

e) Erleichterte Einarbeitung neuer Mitarbeiter

- Möglichkeit, ihnen das QM-Handbuch auszuhändigen.

f) Leistungssteigerung durch verstärktes und strukturierteres Nachdenken über Qualität

- Schaffung von Freiräumen für die Fortentwicklung der Kanzlei,
- Schaffung von Freiräumen für kreatives Arbeiten,
- Ingangsetzung eines Verbesserungsprozesses bei allen in der Kanzlei Tätigen
- Zunahme innovativer Ideen,
- Verbreiterung des Beratungsspektrums,
- höhere Verläßlichkeit der Dienstleistungen,
- verbesserte Kompetenz der Kanzleimitarbeiter,
- schnellere Bearbeitung von Vorgängen,

- zügigere Beantwortung von Anfragen.
- größere Verständlichkeit der Mitteilungen.
- innovativeres Bearbeitungsniveau: Bieten von Zusatzinformationen, erhöhte Eigeninitiative innerhalb der Praxis, bessere Berücksichtigung individueller Anforderungen,
- besserer Schutz der Vertraulichkeit
- klarere Zuständigkeiten und Kompetenzen.

g) Verbessertes Arbeitsklima / höhere Motivation

- Verbesserung des Arbeitsklimas durch weniger Streß, weniger Hektik, weniger Improvisationsnotwendigkeit, weniger Angst vor Fehlern
- Verbesserte Motivation der Kanzleimitarbeiter (mehr Engagement, mehr Zusammengehörigkeitsgefühl; Mitarbeiter können sich mit ihrer Tätigkeit besser in das Gesamtsystem einordnen, dies erzeugt wiederum ein verstärktes Selbstbewußtsein).

h) Ertragssteigerungspotentiale

- Produktivitätssteigerungen durch verbesserte Abläufe.

i) Sicherung des Kanzlei-Know-hows

- Risikominimierung durch die Dokumentation des Praxis-Know-hows, z.B. für den Fall, daß wichtige Mitarbeiter aus der Kanzlei ausscheiden oder durch Krankheit nicht zur Verfügung stehen.

So positiv all diese Argumente sein mögen, so betreffen sie doch im eigentlichen Sinne nicht die Frage der Zertifizierung, vielmehr nur das Qualitätsmanagement als solches. Für die hier anzustellende Pro- und Contra-Diskussion sind die Argumente deshalb im Wesentlichen unbrauchbar.

6.II.2. Zertifizierung als Annex des QM-Prozesses ohne großen Zusatzaufwand

Von denjenigen, die über ein QM-System verfügen, wird z. T. geltend gemacht, ihr QM-System sei so gut, daß ohnehin nur noch ein kleiner Schritt vom fertigen QM-System bis zum Zertifikat zu vollziehen sei. Diesen kleinen Schritt könne man dann ohne weiteres auch noch tun.

6.II.3. Zertifizierung als sinnvolles Element des QM-Prozesses nach innen (Unterstützung und Motivation)

Als angebliche Vorteile einer Zertifizierung werden hier genannt:

- Zertifizierungsvorhaben sorgt für externe Autorität während des QM-Prozesses.
- Zertifizierer liefern Impulse während der Zertifizierungsvorbereitung bzw. bei der Zertifizierung.

Zertifizierung

- dient als Ansporn (Motivationsschub),
- führt zu einer zeitlichen Begrenzung (Absehbarkeit eines Endtermins des QM-Prozesses),
- fördert das Selbstvertrauen in das eigene System,

- hat Belohnungscharakter,
- markiert eine Etappe auf dem Weg zu weiteren Qualitätsschritten (Ausgangsbasis für mehr Qualität),
- bewirkt Druck, das geschaffene System beizubehalten (Überprüfungs- und Wiederholungsaudits) und weiterzuentwickeln (Aufrechterhaltung der Qualitätsbemühungen).

a) Externe Autorität in der Person des Zertifizierers

Ein QM-Prozeß ist ein schwieriges und komplexes Unterfangen. Gerade angesichts des Tagesgeschäfts besteht die Gefahr, daß ein solcher Prozeß, wenn die Kanzleien auf sich alleine gestellt sind, erlahmt. Vielfach wird daher gesagt, daß es hilfreich war, bereits am Anfang ein Projektgespräch mit einem Zertifizierer zu führen, mit dem Termine verabredet wurden, an die die Berufsangehörigen und Mitarbeiter sich dann auch gebunden fühlten. Die gleiche Funktion können allerdings auch externe Berater übernehmen, die Kanzleien darin „coachen“, ein QM-System aufzubauen.

b) Fachliche Impulse seitens des Zertifizierers

Vielfach wird darauf hingewiesen, Zertifizierer lieferten schon während des Zertifizierungsprozesses Impulse für den Aufbau des QM-Systems. Dies gelte insbesondere dann, wenn sie frühzeitig eingeschaltet werden. Dieses Argument mag für Praxen zutreffen, die sich beim Aufbau des QM-Systems anderweitig nicht beraten lassen. Hier wird der Zertifizierer z.B. vor Überreglementierungen warnen oder auf sonstige Schwachstellen aufmerksam machen können. Eine allzu weite Beratungstätigkeit kann der Zertifizierer während des Aufbaues eines QM-Systems allerdings nicht ausüben, weil dies mit seiner anschließenden Prüfungsfunktion unvereinbar wäre. Im Grundsatz ist der Aufbau des QM-Systems Sache der zu auditierenden Organisation und ihrer (von der Zertifizierungsgesellschaft zu unterscheidenden) Berater. Die Zertifizierungsgesellschaft soll im Grunde nur das Vorhandensein und die Konformität des QM-Systems mit einer Norm prüfen und die evtl. Nichterfüllung bestimmter Normforderungen feststellen. Insofern ist der Hinweis auf die fachlichen Impulse seitens des Zertifizierers während des laufenden QM-Prozesses nur mit Einschränkungen zutreffend. Möglich ist es aber, und zwar durchaus schon in einem frühen Stadium, den Zertifizierer in der Weise einzubinden, daß seine Sicht bestimmter Normforderungen ermittelt wird oder er sonstige Hinweise gibt. Der Detaillierungsgrad kann hier natürlich noch nicht so hoch sein wie bei einer Kanzlei, die schon fast die Zertifizierungsreife erreicht hat. Für beide Argumente (a und b) gilt deshalb, daß die dem Zertifizierer zugeschriebenen Vorteile eher von unabhängigen Beratern dargestellt werden können. Das schließt nicht aus, bestimmte Eckwerte mit dem Zertifizierer festzulegen, während des Aufbaues des QM-Prozesses Kontakt zu ihm zu halten und sich durch ihn während und auch nach der Zertifizierung Verbesserungspotentiale aufzeigen zu lassen. In jedem Falle sollte sich die Kanzlei frühzeitig entscheiden, ob sie eine Zertifizierung anstrebt oder nicht. Bejahendenfalls besteht keine Möglichkeit, bestimmte Normanforderungen unbearbeitet zu lassen, auch wenn nicht zwingend zu allen Normanforderungen detaillierte Angaben gemacht werden müssen.

c) Motivationssteigerung durch das Zertifizierungsvorhaben

Vielfach hat es sich als hilfreich erwiesen, wenn den Mitarbeitern nicht nur die Mühen eines QM-Prozesses zugemutet werden, sondern ihnen auch angekündigt wird, daß der erfolgreiche Abschluß eines solchen Prozesses durch ein Zertifikat nach außen kundgetan werden wird.

d) Vorgabe eines Zeithorizonts für den QM-Prozeß

Indem mit dem Zertifizierer Termine für die Dokumentenprüfung, die Audits usw. festgelegt werden, kann ein Endzeitpunkt festgelegt werden, bis zu dem der Aufbau eines QM-Sytems gelungen sein muß.

e) Anerkennung des erarbeiteten Systems durch eine mit Vergleichsmöglichkeiten ausgestattete Stelle

Vielfach wird darauf verwiesen, der Zertifizierer sei viel strenger mit der zu zertifizierenden Kanzlei gewesen, als diese es von ihrem Aufbau oder ihrem Kenntnisstand her selbst hätte sein können. Die in jedem Unternehmen übliche Betriebsblindheit bestehe beim Zertifizierer nicht. Auditoren begutachteten das QM-System aus einer sicheren Distanz, während dies bei eigenen Kräften nicht möglich ist. Außerdem verfüge der Zertifizierer über Erfahrungen mit „selbstbetrügerischen Erklärungsversuchen“ und könne in entsprechenden Situationen auf bessere, konsequentere Lösungen hinwirken. Mitunter verweisen Kanzleien auch darauf, daß sie und ihre Mitarbeiter trotz durchgeführten QM-Prozesses nicht sicher gewesen seien, daß sie hierdurch das Niveau erreicht hätten, welches dem gewünschten Standard entspricht. Ob dies der Fall sei, könne letztlich nur ein mit entsprechenden Kenntnissen und Vergleichsmöglichkeiten ausgestatteter Dritter bestätigen.

f) Belohnungscharakter des Zertifikates

Alle an einem QM-Prozeß Beteiligten werden wohl Freude daran empfinden, wenn ein schwieriger QM-Prozeß auch durch eine den Erfolg des Prozesses widerspiegelnde Erklärung bestätigt wird.

g) Zertifizierung als Plattform für weitere Qualitätsanstrengungen

Die Zertifizierung bildet auch einen gewissen Abschluß, besser eine gewisse Zwischenstufe, des kontinuierlichen und unaufhörlichen QM-Prozesses. Die Zertifizierung bildet sozusagen den Punkt Null, von dem aus man weitere Qualitätsschritte unternehmen kann.[79]

h) Zertifizierung als Instrument zur Verstätigung des QM-Prozesses

Wer einmal ein Zertifikat erlangt hat, wird wahrscheinlich bemüht sein, das zugrundeliegende, schwer erarbeitete QM-System beizubehalten. Ob dies allerdings dazu führen wird, daß Kanzleien ad infinitum Überwachungs- und Wiederholungsaudits durchführen lassen, muß wohl bezweifelt werden. Hierbei werden die Kosten eine in der Praxis wichtige Rolle spielen.

---

[79] Steinbrück (1997a), S. 240, 250 und Schaffer (1997), S. 262, 268.

6.II.4. Zertifizierung als sinnvolles Element des QM-Prozesses nach außen (Aussagekraft)

Die zu verifizierenden Argumente lauten:

Zertifizierung
- dokumentiert, daß man sich dem Urteil eines Dritten unterworfen hat (besser als Eigenerklärung).
- dokumentiert, daß man sich an einem international anerkannten Standard ausgerichtet hat,
- dokumentiert, daß man sich an einem branchenübergreifenden Standard ausgerichtet hat.
- Zertifizierte Kanzleien können sich registrieren lassen,
- besitzen eine hohe Akzeptanz, insbesondere bei den Mandanten, die selbst schon zertifiziert sind.

a) Unabhängigkeit des Bewertenden

Die Zertifizierung dokumentiert, daß man sich dem Urteil eines unabhängigen Dritten gestellt hat. Dies wird meist als wesentlich aussagekräftiger angesehen als der Hinweis auf ein existierendes QM-System oder eine Selbsterklärung. Daß in einem Unternehmen ein QM-Handbuch existiert, sei für viele Kunden noch kein Nachweis, daß es auch in der Praxis umgesetzt werde.

Auch bei einem zertifizierten Unternehmen kann der Kunde dessen nicht ganz sicher sein, immerhin aber wird durch das Zertifikat zum Ausdruck gebracht, daß es ein QM-System gibt, welches bestimmten Normanforderungen entspricht und nach den Feststellungen im Zertifizierungszeitpunkt auch gelebt wurde.

b) International anerkannter Standard

Vom Ausland aus ist das Qualitätsniveau bestimmter deutscher Unternehmen, und für Kanzleien gilt nicht anderes, mitunter schwer überprüfbar. Für Zertifikate, die die Übereinstimmung mit dem international anerkannten ISO-Standards bestätigen, gilt dies nicht in gleicher Weise.

c) Branchenübergreifend anerkannter Standard

Zertifikate, die das Erreichen des ISO-Standards bestätigen, haben nicht nur international sondern auch branchenübergreifend eine gewisse Aussagekraft. Dies ist vor dem Hintergrund zu sehen, daß die ISO-Normen an vielen Stellen in das Rechtssystem eindringen und zur Konkretisierung der Anforderungen an eine ordnungsgemäße Organisation herangezogen werden, sozusagen den Stand der Organisationstechnik bilden.[80]

d) Registrierung

Vielfach wird es als Vorteil betrachtet, als zertifiziertes Unternehmen in offizielle Register der Zertifizierungsgesellschaften aufgenommen zu werden. Der Nutzen einer solchen Registrierung erscheint gegenwärtig allerdings gering. Existenz und Fundstelle dieser Register sind noch zu wenig bekannt.

---

80 Wüterich /Breucker (1997), S. 311, 312.

e) Hohe Akzeptanz bei den Mandanten

Teilweise wird die Auffassung vertreten, daß das Zertifikat der Kanzlei zu einem Ansehensgewinn bei den Mandanten verhelfe.[81]

Andere Praxen berichten demgegenüber, daß sich die Mandanten bisher kaum für das ISO-Zertifikat der Kanzlei interessieren, wobei sie allerdings davon ausgehen, daß sich dies im Zeitverlauf ändern werde.[82]

6.II.5. Zertifizierung als Marketinginstrument

Die zu verifizierenden Argumente lauten:

Zertifizierung

- signalisiert Qualitätsbewußtsein und kann positiv kommuniziert werden (Werbeinstrument)
- entspricht einem zunehmenden Mandantenwunsch
- erschließt dem Steuerberater das Tätigkeitsfeld der QM-Beratungen (Marktchance).

a) Zertifizierung als Signal für Qualitätsbewußtsein und Wettbewerbsfähigkeit

Als weiteres Positiv-Argument kommt das Moment der Marketingverwertbarkeit ins Spiel. Mit einem Zertifikat, so heißt es, könne man Qualitätsbewußtsein dokumentieren. Man könne das Zertifikat wunderbar benutzen, um sich dem Mandanten darzustellen. Dahinter mag

---

81 Steinbrück (1997), S. 240, 249.

82 Frankemölle (1997), S. 228, 232.

der Gedanke stehen, „Daß wird gut sind, wissen wir. Mit dem Zertifikat wissen es auch die anderen!" Dies wird von manchen, gerade im Hinblick auf den sonst weitgehend durch Uniformität geprägten Markt so gesehen.[83]

Dem könnte entgegenstehen, daß das ISO-Zertifikat lt. Berufsordnung nur eingeschränkt verwendbar ist, nämlich in Praxisbroschüren (und evtl. als Aushang in der Praxis). Maxl hat schon darauf hingewiesen, daß der Inhalt des Zertifikats wohl auch in anderer Form mitgeteilt werden darf.[84] Auch bei den Rechtsanwälten werden die entsprechenden Grenzen z.T. bereits weiter gezogen.[85]

Nicht zu verkennen ist, daß Zertifikate vielfach auch im Rahmen von Mandanteninformationsveranstaltungen übergeben werden.

b) Zertifizierung als Reaktion auf einen zunehmenden Wunsch der Mandanten (z.B. öffentlicher Auftraggeber) und Dritter (z.B. Banken)

Ob die Zertifizierung einem zunehmenden Kundenwunsch entspricht, wie oft gesagt wird, ist gegenwärtig noch nicht zuverlässig zu beurteilen. Einerseits könnten Unternehmen, deren QM-Systeme zertifiziert sind, es als positiv empfinden, wenn dies auch auf ihren Berater zuträfe, sicher ist dies indes nicht.

---

83 Schaffer (1997), S. 262, 270.

84 Maxl (1997), S. 2842 ff.

85 Steinbrück (1997), S. 240, 249, siehe aber auch die dortige Fußnote 32, mit dem Hinweis auf die Auffassung der Rechtsanwaltskammer für den OLG-Bezirk München.

Nicht zu verkennen ist, daß beispielsweise im Bereich öffentlicher Auftraggeber dem Zertifikat eine gewisse Bedeutung zukommen kann. So werden bei öffentlichen Ausschreibungen zertifizierte Unternehmen mitunter bevorzugt. In diesen Fällen liegt i.d.R. die Richtlinie 92/50/EWG des Rates vom 18. Juni 1992 über die Koordinierung der Verfahren zur Vergabe öffentlicher Dienstleistungen zugrunde. Sie besagt in Art. 33, daß öffentliche Auftraggeber die Möglichkeit haben, ihre Dienstleistungsaufträge nur an solche Unternehmen zu vergeben, die durch einen akkreditierten Zertifizierer auf Basis der Normenreihe DIN EN ISO 9000 ff. zertifiziert wurden.

Auch Banken, so wird geltend gemacht, orientierten sich in bestimmten Fällen bereits an dem ISO-Zertifikat.[86]

c) Zertifizierung als Entrée für QM-Beratungen bei den Mandanten

Ein anderes Argument mag richtig sein, betrifft aber nur einen Teil der Berufsangehörigen. Es besagt, daß die Zertifizierung dem Berater, dessen QM-System geprüft wurde, das Entrée gibt, wenn er nun selbst beratend in diesem Bereich gegenüber Mandanten tätig werden möchte.

---

86 Wenn man bedenkt, daß das Bundesaufsichtsamt für das Kreditwesen es zwischenzeitlich den Banken auferlegt, die Eignung eines Steuerberaters in bestimmten Fällen zu beurteilen (§ 18 KWG), so kann man ermessen, welche Bedeutung das Zertifikat eines unabhängigen Dritten hier noch erlangen kann.

6.II.6. Zertifizierung als Anziehungspunkt für qualifizierte neue Mitarbeiter

Ebenso wie Mandanten können auch potentielle neue Mitarbeiter das ISO-Zertifikat als ein Signal für Qualitätsbewußtsein und Wettbewerbsfähigkeit einer Kanzlei betrachten. Vielleicht übt dies gerade auf hoch qualifizierte und motivierte potentielle Mitarbeiter eine besondere Anziehungskraft aus.

6.II.7. Vorteile der Zertifizierung im Zusammenhang mit der Haftpflicht und der Haftpflichtversicherung

Die zu verifizierenden Argumente lauten:

Eine Zertifizierung

- erleichtert die Abwehr von Haftungsansprüchen,
- bietet sonstige Exculpationsmöglichkeiten,
- führt zu Prämiennachlässen bei der Berufshaftpflichtversicherung.

a) Wiedereinsetzungspraxis

Im Bereich der Steuerberater, Wirtschaftsprüfer und Rechtsanwälte sind es die Fristversäumnisse, ein typisches Organisationsverschulden, die die häufigsten und größten Schadensfälle auslösen.

Im Falle der Wiedereinsetzung kann ein Schaden vielfach noch verhindert werden. Eine Wiedereinsetzung dürfte sich regelmäßig leichter erreichen lassen, wenn anhand eines Zertifikats das Vorhandensein eines geeigneten Fristenkontrollsystems nachgewiesen werden kann.

b) Sonstige Exculpationsmöglichkeiten

Denkbar erscheint es, daß sich in bestimmten anderen Fällen zumindest die **schuldhafte** Verletzung von Sorgfaltspflichten bestreiten läßt, wenn durch ein Zertifikat das Vorhandensein und das grundsätzliche Funktionieren eines QM-Systems nachgewiesen werden kann. Zu denken wäre hier z.B. an die Nichtkenntnis eines jüngeren Urteils, weil es in Mißachtung des an sich vorgeschriebenen Verfahrens (Verfahrensanweisung) dem Berufsangehörigen nicht zur Verfügung stand (kein Organisationsverschulden) oder an den Nachweis der sorgfältigen Auswahl eines Mitarbeiters oder Kooperationspartners (kein Auswahlverschulden).

c) Prämiennachlässe

Bestimmt werden über kurz oder lang Versicherungen Prämiennachlässe gewähren, wenn jemand über ein zertifiziertes QM-System verfügt. Vielleicht muß es nicht einmal unbedingt ein zertifiziertes QM-System sein, wenn sich der Versicherer überzeugt, daß es funktionsfähig ist. Schon heute werden Preisnachlässe gewährt, wenn beispielsweise ein DATEV-Fristenprogramm oder andere Fristenprogramme eingesetzt werden. Die Versicherer haben daran ganz sicher Interesse. Der DStV führt entsprechende Gespräche. Mittelfristig wäre es interessant, empirisches Material zu ermitteln.

7. Empfehlungen für Kanzleien, die eine Zertifizierung anstreben

7.I. Allgemeine Empfehlungen

Steuerberaterpraxen, die eine Zertifizierung anstreben, sollten folgendes tun:

- frühzeitig entscheiden, ob eine Zertifizierung angestrebt wird (stärkere Ausrichtung auf die entsprechenden Normanforderungen)
- Schulung/Beratung und Zertifizierung gedanklich und tatsächlich voneinander trennen, externen Fachverstand hinzuziehen[87]
- die Zertifizierung nicht als das Ziel, sondern als ein unterstützendes Element des QM-Prozesses betrachten.
- Bei der Auswahl eines Zertifizierers sollten sie u. a. berücksichtigen:
  - Verschiedene Angebote einholen und miteinander vergleichen (erforderlichenfalls Vergleichbarkeit herstellen).
  - den Zertifizierer anhand eines selbst definierten Anforderungsprofils (Checkliste) auswählen.

7.II. Beurteilungskriterien für die Auswahl eines Zertifizierers

Ein in Frage kommender Zertifizierer

---

[87] Seit Sommer 1998 bietet das DStI Einführungsveranstaltungen, Workshops und Einzelberatungen zum Aufbau eines Qualitätsmanagement-Systems an. Auch die DATEV-Kanzleiberater führen Organisationsberatungen durch.

- ist unabhängig,
- hat auch nicht in einer Weise am Aufbau des QM-Systems mitgewirkt, durch die seine Unabhängigkeit gefährdet wird,
- ist akkreditiert,
- ist für die Wirtschaftsbranchen 35 und/oder 39 zugelassen,
- verfügt über spezielle Erfahrungen im Bereich von StB-, WP- bzw. RA-Praxen und kann dies durch Referenzen nachweisen,
- zertifiziert auf Wunsch auch höhere als ISO-Standards und verfügt über entsprechende Erfahrungen,
- setzt Berufsangehörige als leitende oder zumindest Fachauditoren ein,
- setzt im übrigen nur Auditoren ein, deren Werdegang unternehmerisches Denken dokumentiert und die bereits erfolgreich bei der Einrichtung von QM-Systemen mitgewirkt haben (Nachweise verlangen!). Auditoren ohne entsprechendes Fachwissen können mehr Schaden anrichten als Nutzen bringen, wenn sie z.B. Forderungen aus der Norm ableiten, die keine Relevanz für die Steuerberatungspraxen haben,
- setzt keine Auditoren ein, die die Praxis zuvor beraten haben,
- wird von bereits betreuten oder noch zu gewinnenden Auftraggeber als zuverlässiger Zertifizierer akzeptiert (Auskünfte, Referenzen?),

- legt den Terminplan und den Zeitaufwand seiner einzelnen Dienstleistungen im voraus eindeutig dar,
- legt die Kosten für die Zertifizierung im voraus fest (z.B. Reisekosten, Kosten eines evtl. Projektgesprächs, Kosten einer Dokumentenprüfung, Kosten der verschiedenen Audits – Voraudits, Wiederholungsaudits, Überwachungsaudits –, Anzahl der Überwachungsaudits pro Jahr, Kosten des Zertifikats, Kosten einer evtl. Registrierung),
- stellt Informationen über seine Qualitätskriterien sowie sein Vorgehen vor, während und nach der Zertifizierung dar,
- geht auf Wunsch des Auftraggebers die vertragliche Verpflichtung ein, die Praxis durch das Aufzeigen bestehender Verbesserungsmöglichkeiten bei der Vervollkommnung ihres QM-Systems zu unterstützen,
- gewährt über das gesetzliche Maß hinausgehende vertragliche Rücktritts- und Kündigungsmöglichkeiten zu angemessenen Bedingungen (Vertrauensverhältnis),
- benennt konkrete Ansprechpartner für das gesamte Zertifizierungsverfahren,
- räumt Ablehnungsrechte bezüglich bestimmter Auditoren ein,
- gibt dem Kunden die Möglichkeit, seine Arbeit zu bewerten.[88]

---

[88] Zu einer ähnlichen Kriterienliste sowie zu einer Gewichtungsmatrix, Brakhahn, W. /Vogt, U. (1997), S. 215 f.

8. Ausblick

Wie gezeigt gibt es eine Vielzahl von Pro- und Contra-Argumenten zur Zertifizierung im steuerberatenden Beruf. Die Frage der rechtlichen Zulässigkeit ist im Grundsatz geklärt, wobei die gesetzlichen Verschwiegenheitsanforderungen genauestens zu beachten sind. Vor diesem Hintergrund ist es nun Sache der Berufsangehörigen, inwieweit sie sich mit Zertifizierungen beschäftigen wollen.

Welche weiteren Fragen stellen sich für die Zukunft?

- Es wird zu entscheiden sein, wer (d. h. welche Gesellschaften) Zertifizierungen im steuerberatenden Beruf durchführt. Werden sich bestehende Zertifizierungsgesellschaften auf steuerberatende, rechtsberatende oder wirtschaftsprüfende Praxen spezialisieren? Wird es berufsständische Zertifizierungsgesellschaften für den steuerberatenden Beruf geben? Welche Rolle werden Kooperationsmodelle unter Beteiligung der berufsständischen Organisationen spielen?
- Wird es so sein, daß jeder Auditor, der nach den entsprechenden ISO-Normen prüfungsberechtigt ist, Steuerberatungspraxen auditieren darf oder wird es über kurz oder lang besondere Anforderungen an Personen geben, die in Steuerberatungspraxen als Auditoren fungieren?
- Welche Standards werden den Audits letztlich zugrunde gelegt werden? DIN EN ISO 9000 allein, berufsspezifische Standards unter Einschluß von DIN EN ISO 9000 ff., (die darüber hinaus auch Zusatzaspekte wie Mandantenzufriedenheit, Mitarbeiterzufriedenheit, Wirtschaftlichkeit und Datensicherheit besonders betonen) oder noch andere (z.B. TQM-)Modelle?

Wie auch immer die Entwicklung weiter verlaufen wird: Die Materie ist vielschichtig und bedarf der schrittweisen Klärung immer neuer Aspekte. Unter nüchterner Betrachtung der jeweiligen Vor- und Nachteile.

Die Implementierung und Zertifizierung sowie die Weiterentwicklung eines Qualitäts managementsystems nach DIN EN ISO 9001

von Günter Grüter

StB, vBP, Geschäftsführender Gesellschafter
der Kanzlei Grüter • Hamich & Partner

unter Mitwirkung von
Dipl.-Kfm. Hanns-Heinrich Paust,
Qualitätsmanagementbeauftragter
der Kanzlei Grüter • Hamich & Partner

Gemeinsam
für Ihre
Zukunft

In der Steuerberatungskanzlei Günter Grüter und Bernd Hamich in Duisburg wurde im Laufe des Jahres 1996 ein Qualitätsmanagementsystem (nachfolgend QM-System genannt) eingerichtet. Dieser Praxisbericht beschreibt die Erfahrungen, welche bei der Planung und Umsetzung bzw. Einrichtung des QM-Systems in der Kanzlei gemacht wurden. Um gleich den wichtigsten Punkt vorweg zunehmen. Ohne die tatkräftige Mitwirkung und das Engagement aller Mitarbeiter in der Kanzlei wäre dieser einschneidende Schritt nicht möglich gewesen.

Die Entstehung des heutigen QM-Systems kann nur im Kontext mit der Entwicklung der Kanzlei seit Ihrer Gründung nachvollzogen werden. Der Praxisbericht ist daher in verschiedene chronologische Phasen unterteilt, die markante Punkte der Kanzleigeschichte widerspiegeln. Der Bericht basiert auf dem Vortrag, den der Mitinhaber der Kanzlei Günter Grüter auf dem Symposium „Qualitätsmanagement in Steuerberatung und Wirtschaftsprüfung“ des Augsburger Betriebswirtschaftlichen Steuerforum gehalten hat.

Thema des Referates war **„Die Implementierung und Zertifizierung sowie die Weiterentwicklung eines Qualitätsmanagementsystems nach DIN EN ISO 9001“**.

Die dort gezeigten Arbeitsfolien zu den einzelnen Entwicklungsphasen, bilden den roten Faden in diesem Bericht, wobei die Abbildungsnummern als Orientierung im Text genannt werden.

Gegründet wurde die Kanzlei am 2. Januar 1982 durch die beiden Inhaber Günter Grüter und Bernd Hamich. Zusammen mit einer halbtags beschäftigten Mitarbeiterin wurden erste Kontakte geknüpft und Mandantenaufträge bearbeitet (Vgl. Abb. 1).

Abb. 1: Der Anfang 1982

Die damaligen Arbeitsbedingungen werden durch die Abb. 2 und 3 bildlich auf den Punkt gebracht.

Schon in den Anfängen wurde unbewußt mit dem kontinuierlichen Verbesserungsprozeß (KVP) begonnen, obwohl erst im Jahr 1995 die Bedeutung dieses Begriffes und sein Inhalt bekannt wurde. Schon damals wurde die Notwendigkeit erkannt, die tägliche Mandantenbearbeitung und die Organisation der Kanzlei so zu gestalten, daß man nicht im Chaos der Papierflut zu versinken droht (vgl. Abb. 2).

Abb. 2: Wachsende Kanzlei mit wachsender Arbeitsbelastung

So entwickelte sich zunächst ein „organisiertes Chaos“, welches das Schaubild 3 (Abb. 3) deutlich macht.

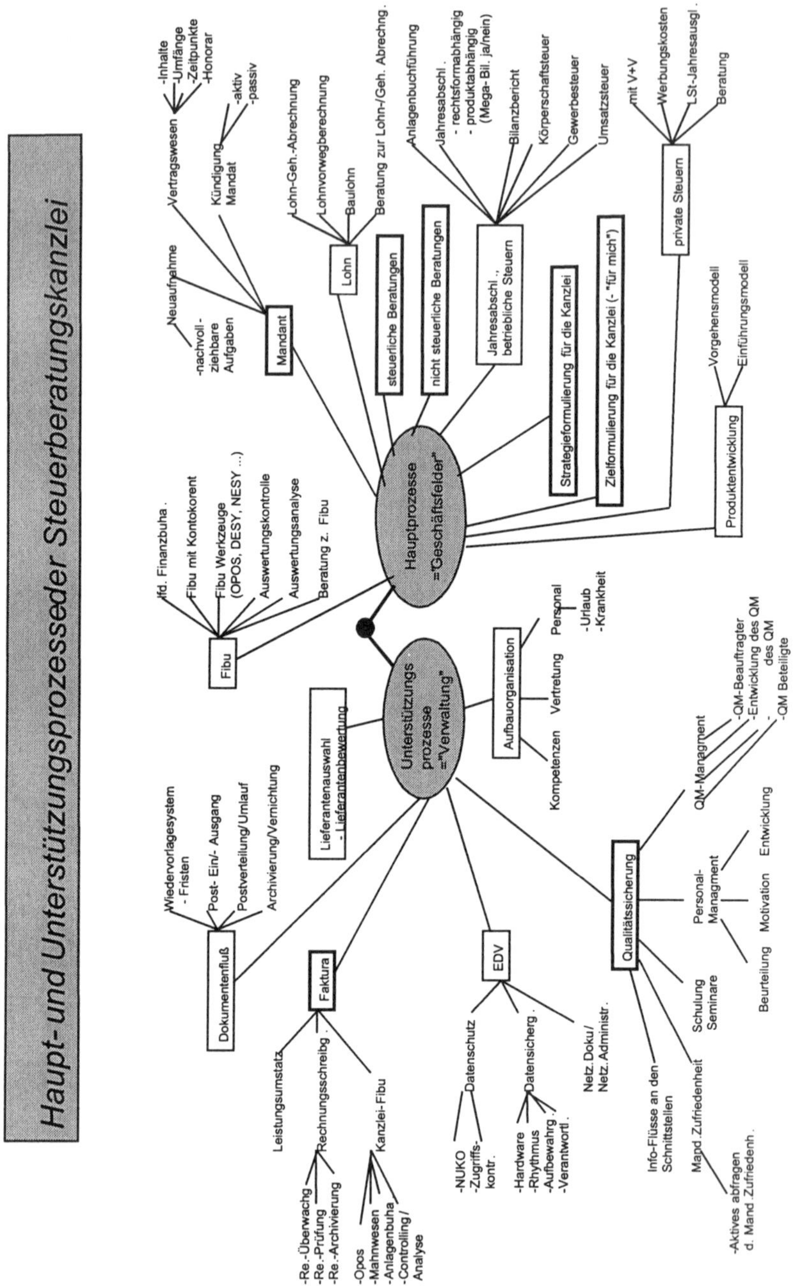

Abb. 3: „Chaos-Bild" DATEV

Es zeigt den damaligen Zustand der Kanzlei in den Anfangsjahren. In dem organisierten Chaos wußte jeder Mitarbeiter, ob Inhaber oder Teilzeitkraft, wo alles zu finden war. In dieser Pionierzeit wurden die ersten Ansätze entwickelt, die heute die Grundlagen der Kanzleiorganisation und des Qualitätsmanagementsystems darstellen.

Die erste Entwicklungsphase umfaßte die Jahre 1982 bis 1988. Um die quantitativ und qualitativ steigenden Mandantenaufträge zeitgerecht abwickeln zu können, wurde die Zahl der Mitarbeiter kontinuierlich bis auf ca. 30 Personen vergrößert. Im Zuge des größeren Mitarbeiterstabes mußte zwangsläufig die Organisation weiterentwickelt werden, um den veränderten Rahmenbedingungen gerecht zu werden.

Ein wichtiger Baustein für die weitere Entwicklung der Kanzlei war die Einführung der Teamorganisation im Jahr 1988 und die Installation des ersten Netzwerkes (vgl. Abb. 4).

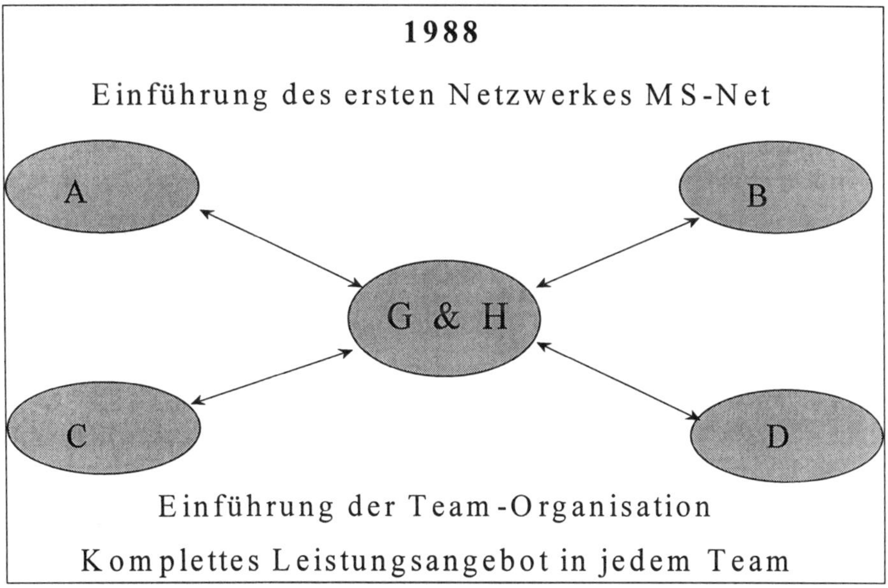

Abb. 4: Schaubild Einführung eines Netzwerkes und einer Team-Organisation

Der erwartete Vorteil war die Nutzung von Synergieeffekten innerhalb des Teams, wobei in jedem Team das komplette Leistungsangebot der Kanzlei dem Mandant zur Verfügung steht. Teamleiter war entweder ein Berufsträger oder aber ein langjähriger qualifizierter Mitarbeiter. Durch die Vernetzung entstand ein zentraler Datenbestand, auf den alle Mitarbeiter zu greifen konnten.

Ein unbeabsichtigter Nebeneffekt war die Entstehung von sog. Insellösungen, die erst bei der Einführung des Qualitätsmanagementsystems aufgedeckt wurden. Durch die neuen technischen Werkzeuge entwickelte jeder Mitarbeiter für sich seine Insellösungen. So kam es, daß es für bestimmte Arbeitsvorgänge auf einmal vier verschiedene Formulare mit der gleichen Aussagekraft gab. Das Rad wurde teilweise in jedem Team neu erfunden. Auf der Abb. 4 wird dieser Zustand der Insellösung deutlich.

Die technische Entwicklung brachte für die Kanzleiinhaber die Erkenntnis, daß der technische Fortschritt im Bereich der Datenverarbeitung zum effektiven Ausbau der Mandantenbetreuung und der Eigenorganisation genutzt werden mußte. Oberstes Ziel war die Steigerung der Produktivität zum Nutzen der Mandantenbetreuung. Durch die steigende Anzahl der Mandanten wurde der Bereich der Datensicherung immer wichtiger. Darüber hinaus mußte die Geschwindigkeit des Datenflusses verbessert werden, um genügend Kapazitätsreserven seitens des Systems zu haben (vgl. Abb. 5).

Somit stand das Jahr 1991 ganz im Zeichen des Aufbau eines neuen Netzwerkes. Dadurch wurden die technischen Hilfsmittel für die Mitarbeiter zunehmend komfortabler und bedienungsfreundlicher. Diese wendeten die Werkzeuge auch konsequent an, wobei die o.g. Insellösungen weiter zunahmen. Es fehlte die Koordination untereinander.

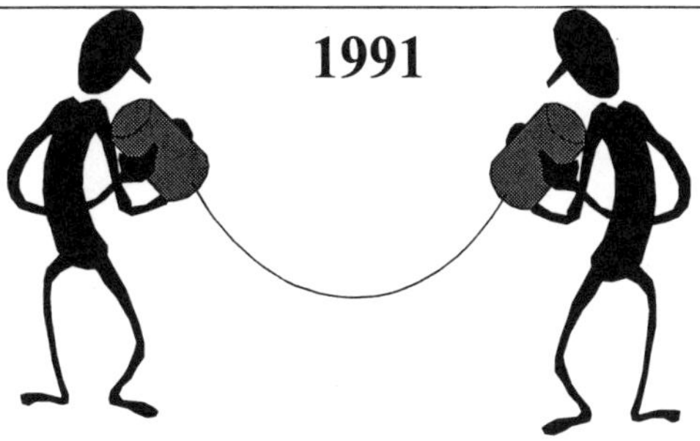

- Umstellung des Netzwerkes auf den LAN-Manager
  - zur effizienteren Bearbeitung der Mandantendaten
  - Steigerung der Produktivität
  - größere Datensicherheit
- Einführung eines einheitlichen Kanzlei-Logos
- Einführung einer Kanzleibroschüre mit dem kompletten Dienstleistungsangebot
- Kundenorientierung durch Leistungstransparenz
- Marketingeffekt

Abb. 5: Organisationsentwicklungen im Jahre 1991

Die Kanzleiinhaber machten jedoch im nachhinein die Erfahrung, daß sie zunehmend den Überblick über die „vielen Räder" in der Kanzlei verloren. Bei der mittlerweile erreichten Größenordnung der Kanzlei war diese Erkenntnis ein Warnsignal.

Ein weiterer Schritt war im Jahr 1991 die Entwicklung des Kanzleilogos und die Konzeption der ersten Kanzleibroschüre, in dem das gesamte Dienstleistungsangebot der Kanzlei aufgelistet war. Unterstützung fanden die Kanzleiinhaber durch die DATEV e.G., die der Kanzlei beim neuen Geschäftsfeld beratend zur Seite stand. Durch verschiedene Maßnahmen sollte die Kundenorientierung gesteigert werden und die Leistungen der Kanzlei auf dem Markt transparent gemacht werden. Hier wurden zum ersten Mal verstärkt Instrumente des Marketings eingesetzt, um den engen gesetzlichen Rahmen des Berufsrechtes optimal ausschöpfen zu können (vgl. Abb. 5).

Bei diesem Projekt wurden der Zeitaufwand zur Durchführung unterschätzt. Ausgangspunkt war eine Vorgabe von vier Monaten. Bis zum Zeitpunkt der Marktreife vergingen jedoch acht Monate. Zeitliche Fehleinschätzungen und Hindernisse - organisatorischer und technischer Art - gab es danach bei der Einführung von neuen Systemen immer wieder. Die Ursache für solche Probleme lag teils in der Kanzlei, teils auch bei den Fremd-Beratern begründet.

Ein Meilenstein für die Kanzlei und darüber hinaus ein wichtiger Punkt für die Organisation war der Einsatz eines effektiven Kontrollinstrumentes. Für die Kanzlei war dies die Einführung von PC-Korg, dem Kanzleiorganisationssystem der DATEV. Wichtigster Grund für den Einsatz von PC-Korg ist die genaue Überwachung und Steuerung aller Maßnahmen und Aufträge innerhalb der Kanzlei. Ohne eine möglichst genaue und zeitnahe Kontrolle aller Arbeitsabläufe und der sich anschließenden Planung auf Basis der Erlös- und Kostensituation, ist eine erfolgreiche und effiziente Kanzleiarbeit nicht möglich. In späteren Jahren wurde PC-Korg die Grundlage des kanzleiinternen Controlling-Informations-System C.I.S., daß in Eigenregie konzipiert wurde.

1995

Entwicklung des Controlling Informations-System C.I.S.

Ziele:
- Effizientes Instrument zur Analyse von Steuerberatungskanzleien und deren spezifischen Gegebenheiten

Umfang:
- Produktivitätsanalyse
- Mandantenanalyse
- Auftragsplanung

Abb. 6: Entwicklung des C.I.S.

Alle in die Zukunft gerichteten Maßnahmen und Planungen können nur dann effektiv eingesetzt werden, wenn das geeignete Werkzeug für die Mitarbeiter bereit steht. Ohne das richtige Werkzeug ist der beste Handwerker nur die Hälfte wert. Aus diesem Grund wurden im Jahr 1995 erhebliche Investitionen im Bereich der EDV gemacht, um die notwendigen Rahmenbedingungen für die ab 1996 geplanten Maßnahmen, die im folgenden sukzessive vorgestellt werden, zu schaffen.

1995

Umstellung der EDV auf Novell Netware 4.10:

- Größere Performance
- Höhere Stabilität des Netzes
- Hohe Datensicherheit durch gespiegelte Platten
- höhere Ausfallsicherheit

Abb. 7: Umstellung der EDV

Die in Abb. 7 aufgeführte Maßnahme der Umstellung des Netzwerks auf das neue Betriebssystem Novell Netware 4.1 brachte wesentliche Verbesserungen mit sich: Größere Performance, höhere Stabilität und Ausfallsicherheit sowie die optimierte Datensicherheit durch gespiegelte Serverplatten waren die Basis für die zukünftig geplanten Systeme und Projekte.

Entscheidender Impuls für die Planungen war die von der DATEV motivierte Teilnahme im Jahr 1995 an der IRES-Studie. Diese Studie wurde von einem Düsseldorfer Marktforschungsinstitut auf Basis einer Mandantenumfrage über die Zufriedenheit und Beratungsqualität der Steuerberater erstellt.

1995

IRES - Mandantenstudie

Konsequenz:

- Überlegungen zur Einführung von Maßnahmen zur Verbesserung der Produkt- und Prozeßqualität
- Einführung eines QM-Systems für das Jahr 1996 angedacht Kontaktaufnahme zur DATEV e.G.
- Überarbeitung der Kanzleiziele und Erstellung von Strategie Konzepten

Abb. 8: IRES-Mandantenstudie

Das Umfrageergebnis für die Kanzlei war vom Grundsatz her sehr gut. Als Konsequenz dieser Studie wurden Überlegungen angestellt, wie der Standpunkt der Kanzlei im Meinungsbild Ihrer Mandanten weiter verbessert werden könnte. Die bisher gemachten Fehler, die bei der Analyse der Studie zu Tage traten, sollte minimiert bzw. abgestellt werden. Bei Gesprächen der Kanzleiinhaber mit anderen Berufskollegen, die ebenfalls an der Studie teilgenommen hatten, stellte sich heraus, daß der Grad der Zustimmung der Mandanten gegenüber den Leistungen Ihres Beraters in der Regel hoch war.

Wie bei allen Umfrageaktionen bestand allerdings im nachhinein auch hier der Eindruck, daß die Antwort durch die vorgegebene Fragestellung beeinflußbar war. Um objektive Ergebnisse zu bekommen, sollten in der Zukunft andere Maßstäbe angelegt werden. Hier sind auch die Universitäten und die Institutionen aufgefordert neue Systeme zu entwickeln.

Die Analyse der Studie war der Anfang einer intensiven Diskussion über die Verbesserung der Produkt- und Prozeßqualität in der Kanzlei. Parallel dazu wurde die strategische Ausrichtung der Kanzlei für die Zukunft festgelegt.

In einem ersten Schritt wurden die Prinzipien der Kanzlei neu definiert. Abb. 9 zeigt die Prinzipien im Überblick: „Mandantenorientierung“, „Respekt vor der Persönlichkeit“, „Teamwork“ und „Das Ganze“. Gleichzeitig wurde der Leitspruch entwickelt, der die Philosophie der Kanzlei verdeutlicht: „Gemeinsam für Ihre Zukunft“.

Wesentlich für die Diskussion war, daß die Mitarbeiter bei der Entwicklung der Prinzipien und der Ziele von Anfang an beteiligt waren. Dieses hat den großen Vorteil, daß alle Mitarbeiter voll hinter der gemeinsam erarbeiteten Philosophie stehen und diese auch im Tagesgeschäft „leben“. Dieses Prinzip der Mitarbeiterbeteiligung wurde auch bei der Einführung des QM-Systems mit Erfolg praktiziert. Die

Erfahrung zeigt, daß die Mitarbeiter einfach motivierter hinter einer Sache stehen, an der Sie maßgeblich beteiligt waren.

Prinzipien

Mandantenorientierung
Der Mandant steht im Mittelpunkt unseres Handelns

Respekt vor der Persönlichkeit
Wir respektieren die Würde des Einzelnen

Teamwork
Wirksame Zusammenarbeit zum Nutzen des Mandanten

Das Ganze
Das Ansehen und der gute Ruf der Kanzlei steht über persönlichen Interessen

Gemeinsam für Ihre Zukunft

Abb. 9: Kanzlei-Grundsätze

Ein Beispiel soll dies kurz verdeutlichen. Bei der Analyse der Studie kam ein Negativpunkt zu Tage: Die „Kompetenz der Mitarbeiter" wird von dem Kunden offensichtlich nicht in einem befriedigenden Maße gewürdigt. Dieser wichtige Punkt wurde bei mehreren Kollegen kritisiert.

Nach Festlegung der Ziele und Prinzipien haben wir als Konsequenz eine spezielle Mitarbeiterschulung mit einem Personaltrainer durchgeführt. Die Mitarbeiter haben auf freiwilliger Basis - ohne Mitwirkung der Kanzleileitung - ein Vier-Tages-Seminar zu diesem Thema besucht. Dies ist nur ein kurzes Beispiel für die Überlegung, ein umfassendes Konzept zur Verbesserung der Qualität in der Kanzlei umzusetzen.

Jede Kanzlei muß seine Qualitätsmerkmale (vgl. Abb. 10) selbst definieren und diese anschließend auch ins Tagesgeschäft umsetzen. Die Erfahrung zeigt jedoch, daß das wichtigste Merkmal für alle Verbesserungskonzepte die Einbeziehung und Akzeptanz der Mitarbeiter ist. Beispielhaft soll hier auf zwei Punkte eingegangen werden:

Qualitäts-Merkmale

- kompetente und schnelle Erledigung der zugesagten und vom Mandanten erwarteten Dienstleistungen
- konsequente Einhaltung von Fristen und Terminzusagen
- zeitnahe Erfüllung der zugesagten Dienstleistung und Serviceleistungen
- umfassende Beratung in steuerlichen und wirtschaftlichen Bereichen
- leistungsstarke und zukunftsorientierte Gestaltungskonzepte
- konsequente Teamarbeit
- Einsatz modernster Technologien
- kompetente, freundliche Mitarbeiter

Abb. 10: Qualitätsmerkmale

Der Punkt "Konsequente Teamarbeit" ist in zweifacher Hinsicht für die Kanzlei wichtig. Einerseits ist das Team die interne Organisationsstruktur, andererseits hat die Teamarbeit auch in der externen Projektarbeit einen besonderen Stellenwert. Hier tritt die Kanzlei als Koordinator im Projektteam auf, daß z.B. aus Rechtsanwälten, Versicherungsexperten, Wirtschaftsprüfern und Unternehmensberatern bestehen kann. Dieses System der kanzleiübergreifenden Team- und Projektarbeit wird von allen Mitarbeiter akzeptiert und auch im Tagesgeschäft „gelebt".

Der Punkt "Kompetente und freundliche Mitarbeiter" wurde schon kurz angesprochen. Die Mitarbeiter (insgesamt 12 von 30), die freiwillig bei der Trainingsmaßnahme teilgenommen haben, haben nach dem Seminar eine positive Resonanz gegenüber den übrigen Mitarbeitern vermittelt, so daß einige, die bisher Bedenken gegen solche Seminare hatten, von sich aus den Wunsch geäußert haben, ein weiteres Seminar zu veranstalten. Dieser Vorschlag wurde positiv aufgenommen. Zur Zeit laufen die Vorbereitungen für den zweiten Termin, der im Frühjahr 1998 stattfinden soll.

Im Jahr 1995 wurde mit Unterstützung der DATEV das Controlling-Informations-System C.I.S. entwickelt, welches mittlerweile vom Markt angenommen wurde und auch von anderen Beraterkollegen und Kanzleien genutzt wird. Dieses Controlling-Informations-System wird in den Abb. 6 und 11 näher beschrieben.

Am Anfang stand die Idee, ein effizientes Instrument zur Analyse von Steuerberatungskanzleien zu entwickeln, welches sich individuell an die spezifischen Rahmenbedingungen von Kanzleien anpassen läßt. Hier soll nicht auf Einzelheiten eingegangen werden, da an anderer Stelle noch genauer auf den Einsatz von C.I.S. eingegangen wird.

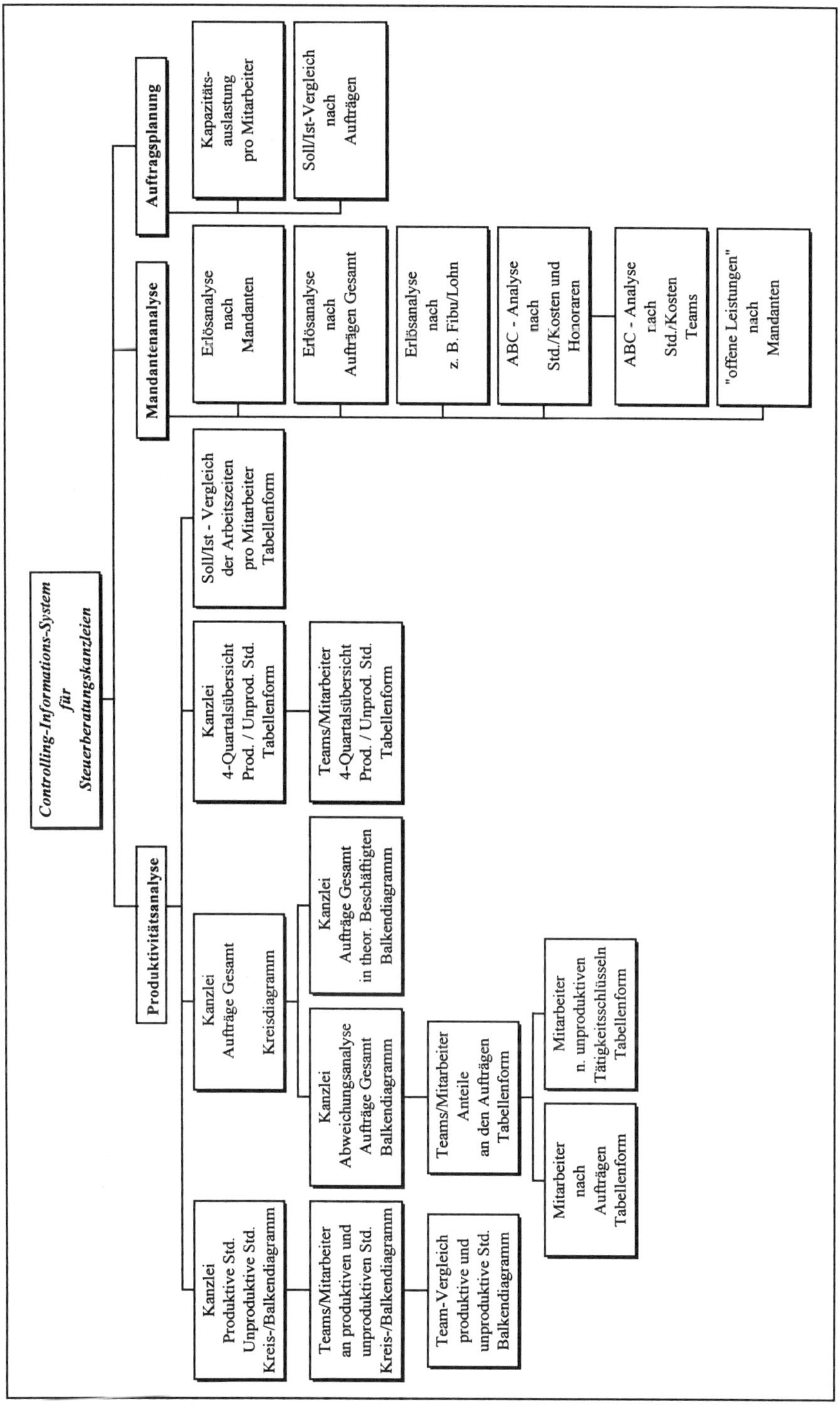

Abb. 11: C.I.S für Steuerberatungskanzleien

Der Anwendungsbereich von C.I.S. umfaßt die Produktivitätsanalyse, die Mandantenanalyse und die Auftragsplanung. Es ist modular aufgebaut und jederzeit auf die spezifischen Bedürfnisse der Anwender erweiterbar. (vgl. Abb. 11)

Die Einführung von C.I.S. hat eine entscheidende Bedeutung für die Planung neuer Maßnahmen und Systeme. Das beste System nützt nichts, wenn es nicht kontrolliert wird. Gerade für die Akzeptanz der Mitarbeiter und auch für die Kanzleiinhaber ist der Nachweis immens wichtig, daß ein System funktioniert, an dem die ganze Kanzlei mitwirkt. Dies gilt besonders für ein Qualitätsmanagementsystem.

Parallel zu diesen vorbereitenden Maßnahmen, die sich bis Ende 1995 hinzogen, haben die Arbeiten für den Aufbau eines Qualitätsmanagementsystems nach DIN EN ISO 9001 für die Kanzlei begonnen. Die o.g. bewährten Prinzipien wurden auch bei diesem Projekt angewendet.

Die Projektverantwortung lag in den Händen der Kanzleiinhaber. Koordiniert und durchgeführt wurde das Projekt vom Qualitätsbeauftragten Herrn Dipl.-Kfm. Hanns-Heinrich Paust. Mit Unterstützung von Herrn Werner Buchner von der DATEV e.G. und unter Einbeziehung aller Mitarbeiter wurde in einem ersten Schritt eine Bestandsanalyse bzw. eine Ist-Aufnahme der Kanzlei erarbeitet. Siehe dazu Abb. 12.

Alle Arbeitsabläufe und –prozesse wurden in einem Qualitätsmanagement-Handbuch in Abstimmung mit den Projektbeteiligten dokumentiert. Die Schaffung von einheitlichen Standards beendete die Ära der o.g. Insellösungen. Aus den Reihen der Mitarbeiter kamen dabei eine Menge konstruktiver Anregungen, aber auch Kritikpunkte an vorhandenen Abläufen. Dieses Kreativitätspotential der Mitarbeiter ist von unschätzbarem Wert, da diese genau wissen, wo und welche organisatorischen Schwachpunkte im Tagesgeschäft bestehen. Gleichzeitig wird der einzelne Mitarbeiter dazu motiviert, seinen Teil zur Entwicklung der Kanzlei und damit zur Verbesserung seiner Arbeitsumgebung beizutragen.

1996

Erstellung einer Ist-Aufnahme mit Unterstützung der DATEV für alle Arbeits- und Funktionsabläufe in der Kanzlei

Dokumentation aller Prozesse in einem QM-Handbuch

Einführung von kanzleieinheitlichen Standards

Durchführung von ersten Optimierungsmaßnahmen im Rahmen der Implementierung des QM-Systems

Vorbereitung der Kanzlei auf die Zertifizierung nach der DIN EN ISO 9001

Zertifizierung der Kanzlei im November 96

Abb. 12: Organisationsentwicklung 1996

Zeitgleich zur Schaffung von Kanzleistandards wurden auch erste Maßnahmen zur Optimierung von bestimmten Arbeitsabläufen umgesetzt.

Ein praktikables Beispiel ist die Einführung der sog. Erstgesprächsmappe. Hintergrund war die häufige Suche der Kanzleiinhaber nach Unterlagen und Hilfsmittel, die für das Erstgespräch mit dem Mandanten gebraucht wurden. Eigentlich eine ganz einfache Sache. Bisher liefen die Erstgespräche meist nach folgendem Muster ab: Während des Gesprächs wurde ein neues Mandatsverhältnis begründet. Meist war es dann nach dem offiziellen Büroschluß und das Sekretariat nicht mehr besetzt, so daß der Kanzleiinhaber die notwendigen Unterlagen oft nicht komplett zur Hand hatte oder diese erst suchen mußte.

Die neu entwickelte Erstgesprächsmappe ist im Sekretariat hinterlegt, und enthält alle notwendigen Formulare und Unterlagen für die Einrichtung eines neuen Mandates, z.B. zum Personalwesen, Finanzbuchhaltung, Auftragsbestätigung, etc. Diese Mappe benutzen alle leitenden Leute der Kanzlei beim Erstgespräch, egal ob es sich um einen Kioskinhaber handelt oder um den Geschäftsführer einer Industrieunternehmens.

Seit Beginn der Planung für die Einführung eines Qualitätsmanagementsystem in der Kanzlei stand für alle Beteiligten fest, diese mit der Zertifizierung des Systems durch einen unabhängigen Dritten abzuschließen.

Noch vor dem eigentlichen Zertifizierungstermin wurde gegen Ende der Implementierungspahse ein Test-Audit durchgeführt, um den Stand der Maßnahmen in der Kanzlei zu testen, und die Mitarbeiter auf das eigentliche Audit vorzubereiten.

Ein großer Problempunkt im Vorfeld der Zertifizierung war die Frage nach der berufsständischen Verschwiegenheitsverpflichtung. Diese Problematik ist ausgiebig vom einem ausgewählten Teilnehmerrunde im Rahmen eines Arbeitskreises bei der DATEV diskutiert worden. Da die Bundessteuerberaterkammer im allgemeinen für Qualitätssicherung innerhalb der Steuerberatungskanzleien ist, hinsichtlich der Zertifizierung sich aber sehr skeptisch, sogar ablehnend verhält, wurde der Kammer ein Brief mit der Bitte um eine Stellungnahme bezüglich dieser Problematik geschrieben. Der ungefähre Wortlaut wird hier verkürzt wiedergegeben: "Meine Herren, jetzt müssen Sie uns bitte sagen, wie wir uns bei diesem Punkt verhalten sollen. Wenn ich dem Zertifizierer in meine Akten keine Einsicht gewähren darf, dann habe ich ein sehr viel größeres Problem. Wenn der Fensterputzer durch die Räume geht, kann dieser die Namen auf den Akten sehen, die auf den Tischen liegen, auch wenn ein Mitarbeiter anwesend ist. Das gleiche gilt für den Hardware- und Software-Service, wenn Probleme auftreten, ebenso wie für die Mitarbeiter der DATEV. Wie wird in solchen Fällen die Verschwiegenheitsverpflichtung und der Datenschutz rechtlich gewürdigt?“

Erfahrungsgemäß ist diese Problematik bei vielen Beraterkollegen aktuell und bisher ungelöst. Auf das Antwortschreiben der Bundessteuerberaterkammer folgten mehrere Telefonate mit der Landeskammer in Düsseldorf, die sich schließlich auch schriftlich im August 1996 äußerten. Tenor des Schreibens war, daß sie bis Ende Oktober 1996 mitteilen wollten, wie die Kanzlei sich verhalten soll.

Da bis Anfang November keine Stellungnahme erfolgte, wurde der Auftrag zur Zertifizierung an die LGA-InterCert GmbH in Nürnberg erteilt. Sobald der Termin fest stand, wurde die Kammer eingeladen, einen Vertreter zum Zertifizierungsaudit zu schicken. Davon wurde seitens der Kammer kein Gebrauch gemacht.

Die Kanzlei wurde im November 1996 nach DIN EN ISO 9001 zertifiziert.

Mit dem Zertifizierer Herrn Dr. Herfried Kohl und seinen Mitarbeitern wurde vereinbart, daß die Verschwiegenheitsverpflichtung insoweit gewahrt bleibt, daß die Akten und Sachverhalte, die im Rahmen des Zertifizierungs-Audits angeschaut werden, abgedeckt werden durch einen fremden Berufsträger. Diese Vorgehensweise hat keine Beanstandungen ergeben.

Auf Abb. 13 wird das Qualitätsmanagementsystem der Kanzlei in Form eines Tempels dargestellt, der von drei Säulen getragen wird. Diese Darstellungsform wurde von der DATEV übernommen.

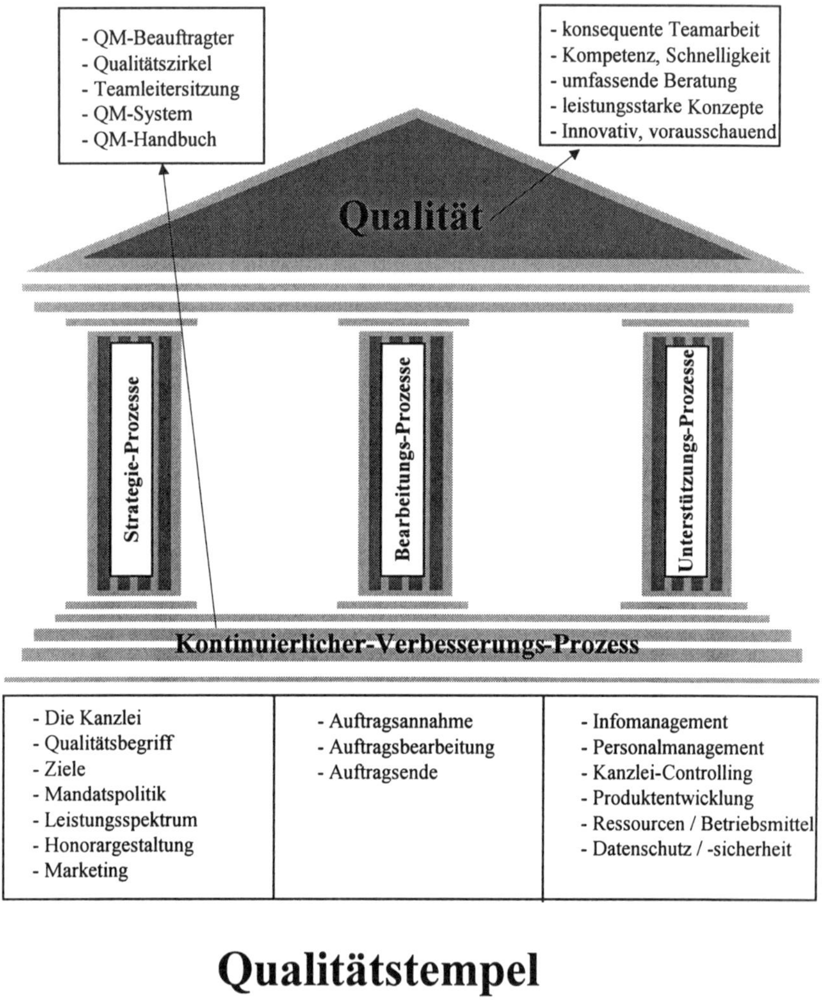

Abb. 13: Der Qualitätstempel

Das Fundament des Tempels besteht aus dem Kontinuierlichen Verbesserungsprozeß (KVP genannt). An dieser Stelle wird nochmals auf die Abb. 1 verwiesen. Schon im Gründungsjahr 1982 wurden die ersten Grundlagen für das heutige QM-System in Form eines damals noch unbewußten kontinuierlichen Verbesserungsprozeß gelegt.

Heute bildet der KVP die Basis für das gesamte Qualitätsmanagementsystem und dient auch als Grundlage für die zukünftige Kanzleientwicklung. Die tragenden Säulen sind die Strategieprozesse, die Bearbeitungsprozesse und die Unterstützungsprozesse.

Die Strategieprozesse enthalten die Rahmenbedingungen und die strategische Standortbestimmung der Kanzlei. Sie setzen sich zusammen aus den Zielen und der Qualitätsdefinition, der Mandatspolitik, Leistungsspektrum, der Honorargestaltung und dem Marketing. In den Unterstützungsprozessen sind alle Hilfsdienste, wie Personal-, Controlling und Datenschutz zusammengefaßt worden, da ohne sie die tägliche Leistungserstellung in der Kanzlei nicht möglich wäre. Die Bearbeitungs-Prozesse bilden den wichtigen Kernbereich jeder Steuerberatungskanzlei, die Erbringung der fachlichen Dienstleistung, wie Finanz-, Lohnbuchhaltung, Jahresabschluß und betriebswirtschaftliche Beratung, gegenüber Mandanten und Behörden als Kunden. Das QM-Handbuch als Kern des QM-Systems ist gemäß dieser Drei-Teilung konzipiert worden.

Ein kurzes Beispiel soll die Organisation des Handbuches verdeutlichen. Das komplette Handbuch mit allen Ausführungen steht bei der Kanzleileitung und den Teamleitern. Darüber hinaus steht ein Exemplar in der Bibliothek.

Die Mitarbeiter haben an Ihrem Arbeitsplatz ein abgespecktes Handbuch, in dem die Kanzleizicle und die "Bearbeitungsprozesse" enthalten sind, welche für die tägliche Arbeit gebraucht werden. Dieser Verteilungsschlüssel ist von allen Mitarbeitern gut angenommen worden.

Im Rahmen des kontinuierlichen Verbesserungsprozesses soll künftig das Handbuch nicht mehr in Papierform vorliegen, sondern direkt über die EDV verwaltet und gepflegt werden. Die Formular-Vorlagen sollen dann über ein Inhaltsverzeichnis direkt abrufbar sein

Mit erfolgreichem Abschluß des Auditverfahrens wurde der Kanzlei das Zertifikat im Rahmen einer öffentlichen Feierstunde überreicht. (Abb. 14). Durch die internationale Ausrichtung der Kanzlei wurde die Urkunde auch in Englisch, Französisch und Spanisch überreicht.

Welche Erwartungen waren mit dem Zertifikat für die Kanzlei verbunden? Der Werbeeffekt hinsichtlich neuer Aufträge bei potentiellen Mandanten ist gewollt, steht jedoch nicht an erster Stelle. Wichtig ist die Resonanz in der Praxis: Kreditinstitute und Versicherungsgesellschaften, die als Geschäftspartner mit der Kanzlei zusammenarbeiten, haben die Zertifizierung durchweg positiv aufgenommen. Ein weiterer wichtiger Effekt ist die Resonanz aus dem benachbarten Ausland. Vor allem aus dem Bereich der Benelux-Staaten wurde großes Interesse bescheinigt, da die ausländischen Geschäftspartner großen Wert auf zertifizierte Qualitätsarbeit legen.

Den positiven Effekten und Nutzen stehen die Kosten entgegen. Die Zertifizierung kostete ca. 11.000,- DM, die sich allerdings für die Kanzlei gelohnt haben. Diese Kosten beziehen sich nur auf Duisburg, mit ca. 40 Mitarbeitern, welche im Verbund der Kanzleien Grüter • Hamich & Partner eine Vorreiterrolle für Projektarbeiten einnimmt. Die daraus entwickelten Maßnahmen bzw. Produkte werden anschließend von allen Kanzleien genutzt.

LGA

Landesgewerbeanstalt Bayern

QM-ZERTIFIKAT

Die LGA – Landesgewerbeanstalt Bayern -,
Körperschaft des öffentlichen Rechts, unter der Rechtsaufsicht des Bayerischen Staatsministeriums für Wirtschaft, Verkehr und Technologie, nach der europäischen Norm EN 45012 unter der DAR-Registriernummer TGA-ZQ-004/91-00 akkreditierte und europäisch anerkannte Zertifizierungsstelle für Qualitätsmanagementsysteme, bescheinigt hiermit, daß die Sozietät

GÜNTER GRÜTER • BERND HAMICH & Partner
Steuerberater / vereidigte Buchprüfer
Beethovenstraße 21
D – 47226 Duisburg

ein

Qualitätsmanagementsystem

nach

DIN EN ISO 9001

eingeführt hat und anwendet.

Durch ein Zertifizierungsaudit der LGA wurde der Nachweis erbracht, daß das QM-System die Anforderung der oben genannten/europäischen Norm (Ausgabe: August 1994) erfüllt.

Gültigkeit des Zertifikates: 24. November 1999 Registriernummer: 1760424

Nürnberg, den 25.11.1996
Zentralstelle Zertifizierung

Zertifizierungsgesellschaft QM-Systeme

LGA

Dr. Herfried Kohl
Leiter der Zertifizierungsstelle

Siegfried Loos

Abb. 14: Zertifikat der Kanzlei Grüter • Hamich & Partner

[**Kein Original** – Es wurde lediglich vom Original der Text übernommen und die optische Darstellung nachempfunden!]

Im Januar 1998 wird das QM-System kanzleiübergreifend auf die anderen Kanzleien von Grüter • Hamich & Partner, an den Standorten Essen, Wesel, Krefeld, Meissen und Herzberg, ausgedehnt und auch zertifiziert. Damit werden weitere wirtschaftliche Nutzeneffekte im Außenverhältnis zu Mandanten und Geschäftspartner erwartet.

Zur Erstellung des Qualitätsmanagement-Handbuches (QMH) wurden ungefähr 900 bis 1000 Stunden benötigt, bis das Handbuch dem selbst vorgegebenen Standard entsprach. Dabei sind die Zeiten für den Besuch von Informations- und Trainingsveranstaltungen mit einbezogen.

Abb. 15 zeigt die Erweiterung des QM-Systems im Laufe des Jahres 1997. Ein wesentlicher Bestandteil des QM-Systems ist der aktiv betriebene kontinuierliche Verbesserungsprozeß (KVP), in dem der 1997 neu eingerichtete Qualitätszirkel ein wichtiges Glied zwischen Kanzleiführung und Mitarbeitern darstellt, in dem Fragen und Probleme aus dem Bereich der Ablauforganisation sowie der Funktions- und Arbeitsprozesse der Kanzlei erörtert und nach Lösungen gesucht werden. Diese werden dann im Rahmen der monatlichen Teamleiterbesprechungen diskutiert und es wird entschieden, ob die Vorschläge umgesetzt werden. Geplant ist, daß der Qualitätszirkel zwei- bis dreimal im Jahr zusammenkommt und sich ausschließlich aus Mitarbeitern zusammensetzt, wobei die Teilnahme freiwillig ist.

1997

Erweiterung des QM-Systems

- durch den Kontinuierlichen Verbesserungsprozeß:
- Einführung des Qualitätszirkels
- Maßnahmen im Rahmen der Ablauforganisation
- Beginn der Projektplanung zur Einführung eines
- elektronischen Dokumentenmanagementsystems

Ziel:

- Reduzierung der Such- und Bearbeitungszeiten
- Steigerung der Produktivität
- Vision der papierarmen Büros

Abb. 15: Erweiterung des QM-Systems 1997

Der Qualitätszirkel trifft sich außerhalb der regulären Arbeitszeit, wobei diese Überstunden nicht vergütet werden. Dennoch war das Interesse der Mitarbeiter groß, im Rahmen des Qualitätszirkels eigene Vorschläge für die Verbesserung der täglichen Arbeitsabläufe und letztendlich auch für die eigenen Arbeitsbedingungen einzubringen, so daß eine Auswahl im Rahmen einer ausgiebigen Diskussion mit den einzelnen Teamleitern getroffen werden mußte. Erstaunlicher weise brauchte kein Mitarbeiter überzeugt werden, das Interesse kam aus eigenem Antrieb. Im Rahmen der Abb. 16 werden die Ziele des Qualitätszirkels eingehender behandelt.

Ziele von Qualitätszirkeln

- Nutzung von Erfahrung und Kreativität der Mitarbeiter
- Verbesserung der betrieblichen Leistungsfähigkeit (Produkt- und Arbeitsqualität)
- Verbesserung der Arbeitszufriedenheit und Arbeitsmotivation
- Verbesserte innerbetriebliche Kommunikation und Zusammenarbeit
- Positivere Einstellung gegenüber Veränderungen durch die ständige Mitarbeit an Veränderungen

Abb. 16: Qualitätszirkel

Ein tiefgreifender Einschnitt in den zukünftigen Kanzleiablauf bedeutet der Beginn eines weiteren Projektes, die Einführung eines elektronischen Dokumentenmanagementsystem (nachfolgend DMS genannt) einschließlich Archivierung, um der Vision des papierlosen Büros ein Stück näher zu kommen. Für die Durchführung des Projektes wurde auf die Erfahrungen und die Beratungsleistungen der DATEV zurückgegriffen, um eine möglichst realistische Übersicht über das in der Kanzlei anfallende Papiervolumen zu bekommen.

Zielvorgabe ist, den Papierausstoß der Kanzlei um ca. 80 Prozent zu reduzieren, wobei u.a. auch das Qualitätshandbuch mit allen Arbeitsanweisungen und Formularen ins System übernommen wird.

Darüber hinaus sollen die Such- und Bearbeitungszeiten der Mitarbeiter minimiert werden, was zu einer Steigerung der Produktivität führt und die Mitarbeiter von zeitaufwendigen Routinearbeiten entlasten soll. Die dort eingesparte Zeit soll für höher qualifizierte Beratungsaufgaben genutzt werden.

Nach Maßgabe der Analyse und dem darauf aufbauenden Soll-Konzept wurden die einzelnen Maßnahmen zur Durchführung des Projektes geplant. Neben den erheblichen technischen Investitionen stellt vor allem der Zeitaufwand für die EDV-Administratoren und Projektverantwortlichen einen hohen Kostenfaktor dar, der nur über die o.g. Produktivitätssteigerungen amortisiert werden kann. Dazu kommen noch die Kosten für die Schulungen der Mitarbeiter, sowie der zeitliche Aufwand, dieses System kennen zu lernen.

Bis November 1997 wurde das System installiert und die Mitarbeiter in der Anwendung des DMS unterrichtet. Ab Dezember lief dann die Testphase und ab Januar 1998 wird im Vollzeitbetrieb gearbeitet.

Das Dokumentenmanagementsystem wird als wichtiger Baustein für die zukünftige Entwicklung der Kanzlei angesehen. Warum?

Bei den bisherigen Pilotprojekten, welche die DATEV federführend begleitet hat und die die Hard- und Software-Lieferanten schon durchgeführt haben, geht man von Einsparungen von 200 bis 400 Stunden pro Jahr pro Mitarbeiter aus. Dies hört sich phantastisch an.

Die interne Kalkulation der Kanzleiführung geht allerdings von 150 Stunden pro Mitarbeiter pro Jahr aus. Allerdings hat sich im Laufe der Projektarbeit die Erkenntnis durchgesetzt, daß 150 Stunden die unterste Grenze sind, die mindestens erreicht wird.

Auf der Abb. 17 (von DATEV übernommen) werden die grundlegenden Aspekte des kontinuierlichen Verbesserungsprozesses verdeutlicht. Grundsätzlich sind die Bereiche „Planen“, „Organisieren“, „Kontrollieren“ alle von gleicher Wichtigkeit für die Kanzlei.

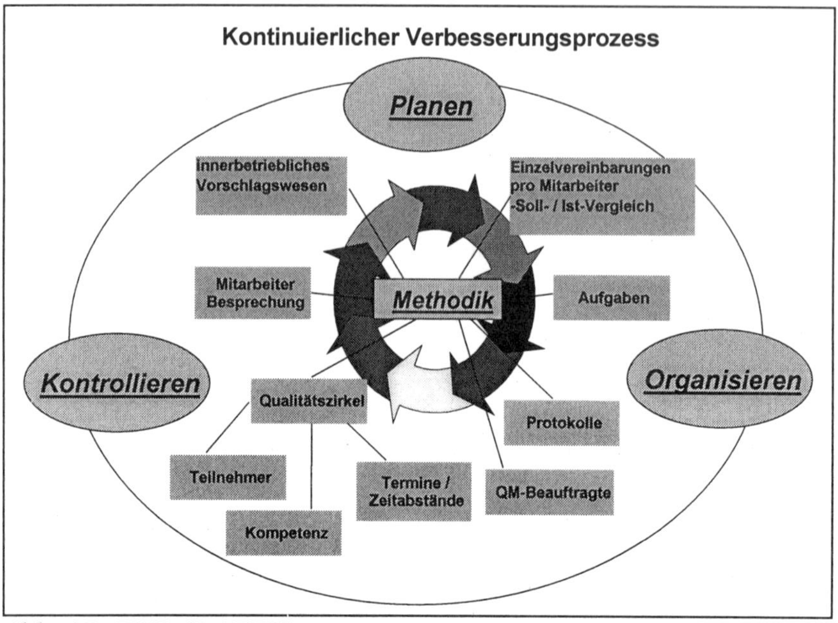

Abb. 17: KVP (DATEV)

Anhand eines Beispiels soll ein Teilbereich gezeigt werden.

In Abb. 16 werden die Ziele des Qualitätszirkels dargelegt. Diesem Arbeitsforum, das viele vorbereitende Maßnahmen für die Ablauforganisation entwickelt, wurde von der Kanzleileitung ein großer Freiraum eingeräumt. Er darf Verbesserungsvorschläge für alle Bereiche der Arbeitsprozesse und der Ablauforganisation der Kanzlei machen. Im Vorfeld der Projekt- oder Ideenvorstellung kann er sich die passenden Ansprechpartner dazu holen, um die Auswirkungen des Projektes bzw. der Vorschläge aus der Sicht Dritter zu diskutieren. Dies geschieht allerdings dann während der Arbeitszeit.

Diese Methode hat sich bewährt. Das Potential der Mitarbeiter hinsichtlich Kreativität und Erfahrung muß genutzt werden, weil das ganze System nur so gut funktioniert, wie die Mitarbeiter motiviert sind und den Sinn und die Vorteile des Ganzen sehen.

Weitere wichtige Aspekte sind die Verbesserung der betrieblichen Leistungsfähigkeit hinsichtlich der Produkt- und Arbeitsqualität, sowie der Arbeitszufriedenheit und der Motivation. Dazu kommt die Förderung der Teamarbeit bei der Mitwirkung an der Entwicklung der Kanzlei und der Arbeitsbedingungen.

Eine persönliche Sorge der Kanzleiführung war die Frage, ob die Kreativität der Mitarbeiter leidet oder vielleicht sogar ganz verloren geht. Diese Sorge war jedoch unbegründet, da es gelungen ist, die Mitarbeiter von den Vorzügen und Gestaltungsmöglichkeiten des Systems zu überzeugen.

Im Rahmen der o.g. Vortrags- und Schulungsveranstaltung sind bewußt diese Themenbereiche von dem Trainer gefördert und forciert worden. Im abschließenden Erfahrungsaustausch und Analysegespräch wurde die Schulung vom Trainer derart charakterisiert, daß die Mitarbeiter einen hohen Grad an Loyalität gegenüber der Kanzlei haben. Gerade die Loyalität und das Engagement der Mitarbeiter zieht sich wie ein roter Faden durch die ganze Entwicklung der Kanzlei.

Alle Planungen, Maßnahmen und Projekte müssen eine Zielvorgabe haben. Ohne diese Vorgabe gibt es keine Kontrolle und keine sinnvollen Regulierungsmaßnahmen. Daher müssen die Zielvorgaben in regelmäßigen Abständen überprüft werden in Form eines Soll-/Ist-Vergleichs.

Mit der Einführung des Qualitätsmanagementsystems ist das Globalziel vorgegeben worden, in einem Zeitraum von zwei bis drei Jahren die Produktivität um 15 bis 20 Prozent zu verbessern. Abb. 17 zeigt die Kontrolle an Hand eines Soll-/Ist-Vergleichs bei einem Teamleiter und einem Mitarbeiter, die in den Bereichen Finanzbuchhaltung und Jahresabschluß tätig sind.

Leistungserfassung in Std. nach Aufträgen KanzleiGrüter und Hamich, Rheinhausen, bis zum 30. September 1997

Teamleiter

	Steuerl. Beratung	Steuern/ Abschluß	Fibu	Wirtschaf ts-beratung	Sonder-tätig-keiten	Gesamt/ Prod. I	Eigenbuc h-haltung	MA - Kontrolle	Gesamt/ Prod. II	Zukunfts-planung	Kanzlei	Kanzlei/ Fehlzeiten	Gesamt/ Unprod.	Gesamt-Std.
	20	24/35	33	50	60		9011/2	9135		89	90	91		
Soll 1997	166,00	520,00	104,00	208,00	42,00	1.040,00	0,00	42,00	1.082,00	20,00	624,00	354,00	998,00	2.080,00
Ist per 30.9.97	250,16	361,12	111,45	86,14	67,31	876,18	7,61	84,01	967,80	14,10	524,36	194,03	732,49	1.700,29
Ist % per 30.9.97	14,7%	21,2%	6,6%	5,1%	4,0%	51,5%	0,4%	4,9%	56,9%	0,8%	30,8%	11,4%	43,1%	100,0%
Soll % 1997	8,0%	25,0%	5,0%	10,0%	2,0%	50,0%	0,0%	2,0%	52,0%	1,0%	30,0%	17,0%	48,0%	100,0%

Mitarbeiter Fibu und Jahresabschluß

	Steuerl. Beratung	Steuern/ Abschluß	Fibu	Wirtschaf ts-beratung	Sonder-tätigkeite n	Gesamt/ Prod. I	Eigenbuc h-haltung	MA - Kontrolle	Gesamt/ Prod. II	Zukunfts-planung	Kanzlei	Kanzlei/ Fehlzeiten	Gesamt/ Unprod.	Gesamt-Std.
	20	24/35	33	50	60		9011/2	9135		89	90	91		
Soll 1997	52,00	451,00	726,00	0,00	100,00	1.329,00	0,00	42,00	1.371,00	0,00	325,00	384,00	709,00	2.080,00
Ist per 30.9.97	47,83	149,68	753,78	1,60	129,19	1.082,08	0,00	12,25	1.094,33	0,00	208,81	286,40	495,21	1.589,54
Ist % per 30.9.97	2,8%	8,8%	44,3%	0,1%	7,6%	63,6%	0,0%	0,7%	64,4%	0,0%	12,3%	16,8%	29,1%	93,5%
Soll % 1997	2,5%	21,7%	34,9%	0,0%	4,8%	63,9%	0,0%	2,0%	65,9%	0,0%	15,6%	18,5%	34,1%	100,0%

Abb. 18: CIS Beispiel Auswertung

Das erste Jahr wurde als Test- und Erprobungsphase gesehen, um das System kennen zu lernen. In Einzelgesprächen oder zusammen mit dem Teamleiter wurden die Mitarbeiter einzeln analysiert und es wurde gemeinsam die Soll-Vorgabe hinsichtlich der jeweiligen Tätigkeitsbereiche für 1997 ermittelt. Die Sollvorgaben waren je nach Mitarbeiter und dessen Aufgabenbereichen unterschiedlich.

Die Überprüfung dieser individuell ermittelten Soll-Vorgaben mit den tatsächlichen Ist-Werten wurde mit dem im Jahr 1995 entwickelten Controlling-Informations-System (C.I.S.) durchgeführt, welches auf der täglichen Leistungserfassung im Programm PC-Kanzleiorganisation der DATEV aufbaute.

Die Kontrolle aller Aufträge, Maßnahmen und Aktionen findet immer quartalsweise statt, und werden immer mit den Mitarbeitern besprochen und analysiert. Die Folie zeigt beispielhaft die Auswertung zum 30.9.97.

Der Teamleiter hat eine Soll-Vorgabe von 50 %, bei den mit dem Mandanten direkt abrechenbaren produktiven Zeiten. Dieser Teamleiter, der auch in einem hohen Maße in organisatorische Abläufe eingebunden ist, sollte im zweiten oder dritten Jahr auf 75 % produktive Zeiten kommen.

In dem Beispiel-Auswertungsquartal hat der Teamleiter in seinen Haupttätigkeitsbereichen 51,5 % erreicht. Die Verteilung der Tätigkeitsbereiche ist ein Indiz für die Auftrags-Verteilung. Als Beispiel sei hier die Kennziffer 50 "Wirtschaftsberatung" genannt, die mit 5,1 % hinter den Soll-Vorgaben liegt. Die Abweichung wird im persönlichen Gespräch mit dem Mitarbeiter besprochen. Ein Grund für die Abweichung in diesem Fall war ein großes neues Mandat eines ausländischen Unternehmens, wo das Rechnungswesen komplett überarbeitet werden mußte. In diesem Falle war aufgrund der Komplexität der Aufgabe durch umfangreiche Auslandssachverhalte die verstärkte Mithilfe des Teamleiters notwendig.

Im anderen Beispielfall wird ein Mitarbeiter gezeigt, der hauptsächlich im Bereich Jahresabschluß und Finanzbuchführung eingesetzt ist und nebenbei auch für organisatorische Aufgaben eingesetzt wird.

Diese Beispiele zeigen, daß ohne eine permanente Kontrolle der Zielvorgaben und Kosten, kein Auftrag und kein Projekt mit Erfolg abgeschlossen werden kann. Nur so ist eine effiziente und produktive Dienstleistungserbringung möglich.

Im Rahmen des KVP und des technischen Fortschritts wurde 1997 die technische Basis in der Kanzlei geschaffen, die als Grundlage für alle anstehenden Maßnahmen und Projekte dienen soll. (vgl. Abb. 19)

1997

Umstellung der EDV auf WIN 95 unter Novell-Netware

Einbau von neuer Verkabelung und Hardware

Effekt: Perfomance-Steigerung
Optimierung der Server Stabilität
Beschleunigung der Auftragsbearbeitung

Planung zur Einführung einer Fax Software:

Ziele: Effizientere Kommunikation zwischen
Kanzlei und Mandanten bzw. Institutionen
von jedem Arbeitsplatz aus.

Abb. 19: Organisationsentwicklung 1997

Das Kanzlei-Netzwerk wurde mit einer 100 MBit Verkabelung und jeder Arbeitsplatz mit neuer Hardware ausgestattet. Dadurch wurde eine Steigerung der Performance erreicht. In Kombination mit einer optimierten Stabilität des File-Servers konnte somit die Auftragsbearbeitung beschleunigt werden.

Die Umstellung des Betriebssystems auf WIN 95 ist die Voraussetzung für die Nutzung der neuen Softwaregeneration der DATEV, die eine benutzerfreundlichere Bedienung verspricht, als die bisherigen Software-Generation unter MS-DOS.

Neben dem Dokumentenmanagementsystem mit Archivierung sind für das erste Halbjahr 1998 die Einführung von Fax-Software, Email sowie die Präsenz im Internet geplant. All diese Maßnahmen werden und müssen in das bestehende Qualitätsmanagementsystem nahtlos eingebunden werden, um die weitergehende Entwicklung im Rahmen des kontinuierlichen Verbesserungsprozeß sicherzustellen.

Ende November 1997 ist eine erste Zwischenbilanz des QM-Systems im Rahmen des ersten Überwachungs-Audit gezogen worden. Dabei flossen eine Reihe neuer Impulse und Anregungen seitens des Auditors in die Diskussion ein, die im Rahmen des KVP zum Nutzen der Kanzlei umgesetzt werden. Durch solche Ideen und Anregungen, sei es von Mitarbeitern oder externen Personen lebt das gesamte System und nur ein von allen Beteiligten gelebtes und akzeptiertes System ist motivierend und gewinnbringend für den Erfolg der Kanzlei und seiner Mitarbeiter.

Den Anfang und den Abschluß dieses Berichtes bildet das Logo mit dem Wahlspruch der Kanzlei, welcher als Quintessenz für die gesamte Philosophie der Kanzlei Grüter • Hamich & Partner angesehen werden kann:

„Gemeinsam für Ihre Zukunft“.

Während der gesamten Projektdurchführung wurde die Kanzlei von einer Vielzahl von Beratern begleitet, ohne die es nicht zu schaffen gewesen wäre. Unser herzlicher Dank gebührt Herrn Werner Buchner und Herrn Karl-Heinz Käser von der DATEV, die immer wieder neue Impulse während der Projektarbeit gegeben haben. Darüber hinaus bedanken wir uns bei Herrn Dr. Herfried Kohl und Herrn Ralph Lampert von der LGA InterCert GmbH in Nürnberg, sowie bei Herrn Dr. Helmut Pasch von der Universität Augsburg, der uns im gegenseitigen Gedankenaustausch mit fachlichen und wissenschaftlichen Rat unterstützt hat. Der größte Dank gilt jedoch unseren Mitarbeitern und unserem Qualitätsbeauftragten Herrn Hanns-Heinrich Paust sowie unseren Partnern, denn ohne sie würde das Qualitätsmanagementsystem der Kanzlei Grüter • Hamich & Partner nicht funktionieren, wenn nicht alle dahinter stehen.

Abbildungsverzeichnis

Abschnitt 1: DER QUALITÄTSBEGRIFF IN STEUERBERATUNG UND WIRTSCHAFTSPRÜFUNG

Abschnitt 2: DIE IMPLEMENTIERUNG EINES QUALITÄTSMANAGEMENTSYSTEMS NACH DIN EN ISO 9000 FF.

Abschnitt 3: DIE ZERTIFIZIERUNG VON QM-SYSTEMEN

Abschnitt 4: ERFAHRUNGSBERICHT AUS EINER KANZLEI

Normenverzeichnis

Übersicht über die Normen zum Qualitätsmanagement und Zertifizierung die im Bereich der Umsetzung eine QM-Systems in der Steuerberatungskanzlei und der Wirtschaftsprüfungskanzlei relevant sein können: **Stand: Oktober 1998**

Ausschließliche Bezugsquelle: Beuth Verlag GmbH, Burggrafenstr. 6, 10787 Berlin, Tel. 030 / 2601-2260, Fax 030 / 2601-1260

DIN EN ISO 8402 Stand 8/95

Qualitätsmanagement - Begriffe - (ISO 8402: 1994) Dreisprachige Fassung EN ISO 8402: 1995

Beiblatt 1 zu DIN EN ISO 8402 Stand 8/95

Qualitätsmanagement - Anmerkungen zu Begriffen

DIN EN ISO 9000-1 Stand 8/94

Normen zum Qualitätsmanagement und zur Qualitätssicherung / QM-Darlegung - Teil 1: Leitfaden zur Auswahl und Anwendung (ISO 9000-1:1994), Dreisprachige Fassung EN ISO 9000-1: 1994

E DIN ISO 9000-2 Stand 3/92

Qualitätsmanagement - und Qualitätssicherungsnormen; Allgemeiner Leitfaden zu Anwendung von ISO 9001, ISO 9002 und ISO 9003

DIN EN ISO 9001 Stand 8/94

Qualitätsmanagementsysteme - Modell zur Qualitätssicherung/ QM-Darlegung in Design /Entwicklung, Produktion, Montage und Wartung, (ISO 9001:1994), Dreisprachige Fassung EN ISO 9001:1994

DIN EN ISO 9002 Stand 8/94

Qualitätsmanagementsysteme - Modell zur Qualitätssicherung/ QM-Darlegung in Produktion, Montage und Wartung, (ISO 9002), Dreisprachige Fassung EN ISO 9002:1994

DIN EN ISO 9003 Stand 8/94

Qualitätsmanagementsysteme - Modell zur Qualitätssicherung/ QM-Darlegung bei der Endprüfung, (ISO 9003:1994), Dreisprachige Fassung EN ISO 9003:1994

DIN EN ISO 9004-1 Stand 8/94

Qualitätsmanagement und Elemente eines Qualitätsmanagementsystems - Teil 1: Leitfaden, (ISO 9004-1:1994), Dreisprachige Fassung EN ISO 9004-1:1994

DIN ISO 9004-2 Stand 6/92

Qualitätsmanagement und Elemente eines Qualitätssicherungssystems; Leitfaden für Dienstleistungen

E DIN ISO 9004-4 (Entwurf) Stand 6/92

Qualitätsmanagement und Elemente eines Qualitätssicherungssystems - Leitfaden für Qualitätsverbesserung, (Identisch mit ISO/DIS 9004-4:1992)

DIN ISO 10 011-1 Stand 6/92

Leitfaden für das Audit von Qualitätssicherungssystemen – Auditdurchführung, (Identisch mit ISO 10 011-1:1990)

DIN ISO 10 011-2 Stand 6/92

Leitfaden für das Audit von Qualitätssicherungssystemen – Qualifikationskriterien für Qualitätsauditoren, (Identisch mit ISO 10 011-2:1991)

DIN ISO 10 011-3 Stand 6/92

Leitfaden für das Audit von Qualitätsmanagementsystemen – Management von Audit-programmen, (Identisch mit ISO 10 011-3:1991)

E DIN ISO 10013 Stand 2/94

Leitfaden für die Erstellung von Qualitätsmanagement-Handbüchern (ISO/DIS 10012: 1993)

E DIN EN 45012 Stand 5/95

Allgemeine Kriterien für Stellen, die Qualitätsmanagementsysteme begutachten und zertifizieren.

DIN 66066-3 Stand 4/94

Allgemeine Kriterien für Konformitätserklärungen zu Qualitätssicherungssystemen von Anbietern.

Literaturverzeichnis aller Beiträge

ALBACH, H. (1992),
Qualitätsmanagement in der Wirtschaftsprüfung, in: **MOXTER, A. /MÜLLER, H.-P. /WINDMÖLLER, R. /WYSOCKI, K.V. (HRSG.)**, Rechnungslegung - Entwicklungen bei der Bilanzierung und Prüfung von Kapitalgesellschaften - Festschrift für K.-H. Forster, Düsseldorf 1992, S. 32-40.

ANKER, A. /SINZ, G. (1996),
Erste praktische Erfahrungen der Zertifizierung einer Anwaltskanzlei gemäß der Qualitätsmanagementnorm DIN EN ISO 9001, AnwBl 1996, S. 372 f.

ATTESLANDER, P. (1991),
Methoden der empirischen Sozialforschung, Berlin und New York 1991.

BACKHAUS, K. (1990),
Betriebswirtschaftliche Beratung von Unternehmen durch Wirtschaftsprüfer, in: Wirtschaftsprüfung 1990, S. 680-688.

BAETGE, J. (1985),
Eine Zielvorschrift für Rationalisierungsansätze bei der Prüfung, in: Betriebswirtschaftliche Forschung und Praxis, Heft 4, 1985, S. 277-290.

BAMBERG, G. /BAUR, F. (1996),
Statistik, 9. Auflage, München und Wien 1996.

BENKENSTEIN, M. (1993),
Dienstleistungsqualität, Ansätze zur Messung und Implikationen für die Steuerung, in: ZfB, 11/93, S. 1095-1116.

BERGMANN (1997)
Personalheft 1/1996, 1/2, zitiert bei **STEINBRÜCK**, Praxisbericht, in: **KOHL, H.** Qualitäts- und Umweltmanagement für Finanzdienstleister und Kanzleien – Aufbau, Optimierung und Zertifizierung, Berlin/Heidelberg 1997.

BERRY, L. (1986),
Big Ideas in Services Marketing, in: **VENKATESAN, M. /SCHMALENSEE, D. M. /MARSHALL C.** (eds.), Creativity in Services Marketing, Chicago 1986, S. 6-8.

BERTL, R. (1997),
Qualitätssicherung im Wirtschaftstreuhänderbetrieb, in: **BERTL, R. (HRSG.)** Der Beruf des Wirtschaftstreuhänders in der Praxis, Wien, 1997

BERTL, R. /MANDL, G. (HRSG.) (1997),
Rechnungswesen und Controlling, Festschrift für Anton Egger zum 65. Geburtstag, Wien 1997.

BIEGERT, H. (1994),
Audit-Inflation und Revision, Ein aktuelles Thema der Internen Revision in Deutschland in: Der Schweizer Treuhänder, Zeitschrift, Heft 12, 1994, S. 1045-1048.

BIERGANS, E. (1985),
Einkommensteuer und Steuerbilanz, 3. Auflage, München 1985.

BLÜMEL /DIEM /HOCKE (1998),
Qualitätsmanagement und Zertifizierung, Köln, 1998

BLÜMEL, P. (1997),
Die anwaltliche Verschwiegenheit im Zertifizierungsverfahren, BRAK-Mitteilungen 1997, S. 52.

BÖHMER, R. (1995),
ISO 9000 Tendenz zur Bürokratisierung, in: WirtschaftsWoche 1996, Heft. 30, S. 32.

BÖNKHOFF, H. (1992),
Prüfungsplanung, in: **COENENBERG, A. G. /WYSOCKI, K. V. (HRSG.)**, Handwörterbuch der Revision, Stuttgart 1992, Sp. 1519-1526.

BRAKHAHN, W. /VOGT, U. (1997),
ISO 9000 für Dienstleister – schnell und effektiv zum Zertifikat, 2. Auflage, Landsberg 1997.

BRASE, P. (1997),
Standorte deutscher Wirtschaftsprüfungsgesellschaften – Erfassung-Darstellung-Bewertung, Diss., Wiesbaden 1997.

BRETZKE, W.-R. (1995),
Zertifizierung von Qualitätsmanagementsystemen in Dienstleistungsunternehmen, in: **BRUHN, M. /STAUSS, B. (HRSG.)**, Dienstleistungsqualität, Wiesbaden 1995, S. 401-427.

BRUHN, M. (1995a),
Qualitätssicherung im Dienstleistungsmarketing - Eine Einführung in die theoretischen und praktischen Probleme, in: **BRUHN, M. /STAUSS, B. (HRSG.)**, Dienstleistungsqualität, Wiesbaden 1995, S. 20-46.

BRUHN, M. (1996),
Qualitätsmanagement für Dienstleistungen: Grundlagen, Konzepte, Methoden, Berlin, Heidelberg, New York u.a. 1996.

BRUHN, M. (1997),
Erfassung der Dienstleistungsqualität bei Unternehmen mit gleichzeitig direktem und indirektem Kundenkontakt – Ansätze einer spieltheoretischen Multiattribut-messung, in: **BRUHN, M. /STEFFENHAGEN, H. (HRSG.)** Marktorientierte Unternehmensführung – Reflexionen – Denkanstöße – Perspektiven, Wiesbaden 1997, S. 295–322.

BRUHN, M. /STAUSS, B. (HRSG.) (1995),
Dienstleistungsqualität: Konzepte, Methoden, Erfahrungen, 2. Aufl. 1995 Wiesbaden.

BRÜLL, D. (1993),
Zertifizierung von QM-Systemen aus der Sicht des Unternehmens, in: **DEUTSCHES INSTITUT FÜR NORMUNG (HRSG.)** Qualitätsmanagement im Unternehmen und DIN ISO 9000ff., Böblingen 1993, Kap. 5, S. 5-10.

BUCHNER /FESEL (1997)
Praxisbericht, in: **KOHL, H.** Qualitäts- und Umweltmanagement für Finanzdienstleister und Kanzleien – Aufbau, Optimierung und Zertifizierung, Berlin/Heidelberg 1997.

BUCHNER, R. (1993),
Wirtschaftsprüfer und vereidigte Buchprüfer, in: **WITTMANN, W. /KERN, W. /KÖHLER, R. /KÜPPER, U. /WYSOCKI, K. V. (HRSG.)** Handwörterbuch der Betriebswirtschaft, Teilband 3, 5. Auflage, Stuttgart 1993, Sp. 4749 - 4762.

BÜKER, B. (1991),
Qualitätsbeurteilung investiver Dienstleistungen: Operationalisierungsansätze an einem empirischen Beispiel zentraler EDV-Dienste, Frankfurt am Main 1991.

BUNDESSTEUERBERATERKAMMER /STEUERBERATERKAMMERN /DSTV (1998),
Verlautbarung zur Qualitätssicherung in der Steuerberaterpraxis, Beihefter zu DStR Heft 30/1998 vom 24. Juli 1998

BURRET, G. (1996),
Bericht des Vorstandes der Wirtschaftsprüferkammer - Sachbericht -, in: Beilage zu Wirtschaftsprüferkammer Mitteilungen, Heft 3, 1996.

COPLEY, D. /DOUCET, M. (1993),
The impact of competition on the quality for governmental audits, in: Auditing: A Journal of Practice & Theory, 1993, S. 88-98.

CORSTEN, H. (1988),
Betriebswirtschaftslehre der Dienstleistungsunternehmen, Einführung, München u.a. 1988.

CORSTEN, H. (1989),
Dienstleistungs-Marketing, Elemente und Strategien, in: Jahrbuch der Absatz- und Verbrauchsforschung, 1989, 35. Jg., Heft 1, S. 23-40.

CORSTEN, H. (1990),
Betriebswirtschaftslehre der Dienstleistungsunternehmen – Einführung, 2. Auflage, München und Wien 1990.

CORSTEN, H. (1997),
Dienstleistungsmanagement, 3. Auflage, München 1997.

CROSBY, PH. B.,
Null-Fehler-Prinzips (zero-defects-Prinzip)

DANZER, H. H. (1990),
Quality-Denken stärkt die Schlagkraft des Unternehmens, Zürich, Köln 1990.

DEANGELO, L. (1981),
Auditor size and audit quality, in: Journal of Accounting and Economics, 1981, S. 183-199.

DEMING, W. E. (1982),
Quality Productivity and Competitive; Massachusetts Institute of Technology, Cambridge (USA), 1982.

DEMING, W. E. (1986),
Out of the Crisis. Massachusetts, USA 1986.

DGQ (HRSG.) (1979),
Qualitätssicherung in kleineren Unternehmen, DGQ-Schrift Nr. 12-40, Frankfurt, Berlin 1979.

DGQ (HRSG.) (1991),
Qualitätssicherungs-Handbuch und Verfahrensanweisungen, Ein Leitfaden für die Erstellung, DGQ-Schrift Nr. 12-62, 2. Aufl., Frankfurt, Berlin 1991.

DGQ (HRSG.) (1994),
Qualitätsmanagement - Erfolg am Markt - Qualitätstagung `94, Tagungsband 1, Kurzfassung der Vorträge vom 25.10.1994, Frankfurt 1994.

DGQ (HRSG.) (1996),
Qualitätsmanagement bei Dienstleistungen, Berlin, Zürich, Wien 1996.

DICHTL, E. (1991),
Dimensionen der Produktqualität, in: Marketing ZFP, III. Quartal 1991, S. 149-155.

DIN (HRSG.) (1992),
Entwurf zur DIN ISO 8402: Qualitätsmanagement und Qualitätssicherung - Begriffe, Berlin 1992.

DIN (Hrsg.) (1993),
Qualitätsmanagement im Unternehmen und DIN ISO 9000ff., Böblingen 1993

DIN (Hrsg.) (1995),
DIN Taschenbuch 226 Qualitätsmanagement und Statistik, Verfahren 3: Qualitätsmanagementsysteme, 2. Aufl., Stand August 1994, Berlin, Zürich, Wien 1995.

Disch W. K. A. (1994),
Stoppt die ISO-Normisten! in: Marketing Journal 6/94, S. 467-468.

Dolch, K. /Werner, M. (1997),
Qualitätsmanagement und Zertifizierung, Die moderne Anwaltskanzlei – Gründung, Einrichtung und rationelle Organisation, 2. Auflage, Bonn, 1997, S. 616

Donabedian, A. (1980),
The Definition of Quality and Approaches to its Assesment and Monitoring, Vol. 1, Ann Arbor. 1980.

Dörner, D. (1991),
Entwicklungstendenzen in der Qualitätssicherung von Abschlußprüfungen, in: Die Wirtschaftsprüfung, Heft 19 - 20, 1991, S. 566-571.

Dörner, D. (1993),
Aus der fachlichen und beruflichen Arbeit des IDW, in: Die Wirtschaftsprüfung, Heft 24, 1993, S. 701-707.

Döttling, D. (1995),
Die persönliche Qualität, in: Standortsicherung durch Qualitätsmanagement, **von Krakowitzer, G., Missethon, J. (Hrsg.)**, Dortmund, Leoben 1995, S. 7-17.

DStV (1997),
DStV-Entwurf einer Verlautbarung zum Qualitätsmanagement in der Steuerberatung, in: Stbg 1997, S. 129- 135.

Dyck, K. (1992),
Stärkung der Quality Control durch externen Quality Review, in: Wirtschaftsprüferkammer Mitteilungen, 1992, S. 45-48.

EBKE, W. (1996a),
Risikoeinschätzung und Haftung des Wirtschaftsprüfers und vereidigten Buchprüfers - international -, in: Wirtschaftsprüferkammer Mitteilungen, Sonderheft April 1996, S. 17-40.

EBKE, W. (1996b),
Die zivilrechtliche Verantwortlichkeit der wirtschaftsprüfenden, steuer- und rechtsberatenden Berufe im internationalen Vergleich, Heidelberg 1996.

ECKERT, L (1988),
Steuerberater 1988, Weg und Zukunft, in: DStR 1988, S. 2-5.

EG (O.V.) (1989),
Ein Globales Konzept für Zertifizierung und Prüfwesen, in: Amtsblatt der Europäischen Gemeinschaft (Nr. L 380/13) v. 19. Oktober 1989, S. 3-27.

EHRHART, K. J. (1996),
Ein genormtes Qualitätssicherungssystem gibt es nicht, in Zeitung für Finanzen, Steuern, Recht & Management, Blick durch die Wirtschaft, 03.02.1996.

ELKART, W. (1993),
Die Zukunft der Wirtschaftsprüfer - Neue Aufgaben durch Globalisierung, in: Wirtschaftsprüferkammer Mitteilungen, 1993, S. 153-154.

EMMERICH, G. (1988),
Die Beratung auf der Grundlage der Abschlußprüfung, in: Wirtschaftsprüfung 1988, S. 637-645.

ENDRÖS, A. /WALTEL, P. (1995),
Die zertifizierte Anwaltskanzlei, NJW-CoR 1995, S. 402

EWERT, R. (1993),
Rechnungslegung, Wirtschaftsprüfung, rationale Akteure und Märkte - Ein Grundmodell zur Analyse der Qualität von Unternehmenspublikationen -, in: Schmalenbach`s Zeitschrift für betriebswirtschaftliche Forschung, Heft 9, 1993, S. 715-747.

Exner, H. (1997),
Nochmals: Zertifizierung eines Qualitätsmanagementsystems ein „Muß"?, in: Stbg 1997, Nr. 11, S.516 - 517

Eyermann, J. /Wagner, K.-H. (1995),
ISO 9000 umsetzen, Mühevolle Kleinarbeit mit Hindernissen, in: QZ, Qualität und Zuverlässigkeit, 40. Jg., 1995 Heft Nr. 8, S. 913.

FEE (1996),
The role, position, liability of statutory auditor in the European Union, Brüssel 1996, S. 1-40.

Fischer, T. /Schmitz, J. (1994),
Marktorientierte Kosten- und Qualitätsziele gleichzeitig erreichen, in: io Management Zeitschrift, Heft 10, 1994, S. 63-68.

Flemming, M. /Hense, A. V. /Lindenmeyer, R. (1995),
QS-Audits nach ISO 9000 im Rahmen von Revisionsprüfungen, in ZIR, Zeitschrift für Interne Revision, Heft 4, 1995, S. 223-229.

Fliess, W. (1997),
Die Fortentwicklung der Abschlußprüfergrundsätze und die IFAC-Standards, in: Wirtschaftsprüferkammer Mitteilungen, Sonderheft Juni 1997, S. 126-131.

Francke, J. /Wilmes, J. (1996a),
Im Ganzen positiv, Erfahrungen deutscher Unternehmen mit der Zertifizierung nach DIN EN ISO 9001 bis 9003 - Teil 1, in: QZ 1996, Jg. 41, Nr. 6, S. 663-667.

Francke, J. /Wilmes, J. (1996b),
Welchen Nutzen hat die Zertifizierung? Erfahrungen und Planungen von Unternehmen mit einem zertifizierten Managementsystem nach DIN EN ISO 9000ff., in: QZ 1996, Jg. 41, Nr. 7, S. 792-794.

FRANKEMÖLLE (1997)
Praxisbericht, in: **KOHL, H.** Qualitäts- und Umweltmanagement für Finanzdienstleister und Kanzleien – Aufbau, Optimierung und Zertifizierung, Berlin/Heidelberg 1997.

FRANKENBERGER, H. (1985),
Qualität und Normen, in: QZ 1985, Heft 8, S. 237-238.

GARVIN, D. A. (1984),
What Does „Product quality" Really Mean?, in: Sloan Management Review, Vol. 25, Fall, S. 25-43.

GASTER, D. (1995),
Aufbauorganisation des Qualitätswesen, 2. Aufl., Berlin 1995.

GAUBE, W. (1997),
Hat sich die Zertifizierung rentiert? Ein erstes Resümee, Rundschreiben IV/1997 des Vereins der Rechtsanwälte Koblenz

GEHRE, H. (1995),
Steuerberatungsgesetz: mit Durchführungsverordnungen; Kommentar, 3 Aufl., München 1995.

GEIGER, W. (1984),
Der entflochtene Qualitätsbegriff, in: QZ 1984, Heft 7, S. 213-214.

GEIGER, W. (1993),
Erfahrung zur Einführung von QM-Systemen, in **DEUTSCHES INSTITUT FÜR NORMUNG E.V. (HRSG.)** Qualitätsmanagement im Unternehmen, Böblingen 1993, S. 1-13.

GEIGER, W. (1994),
Die Entstehung, Erstellung und Weiterentwicklung der DIN ISO 9000 Familie, in: **STAUSS, B. (HRSG.)**: Qualitätsmanagement und Zertifizierung - Von DIN ISO 9000 zum Total Quality Management, 1994, S. 27-62.

GHOBADIAN, A. (1994),
Service quality - concepts and models, in: International Journal of Quality & Reliability Management, Heft 9, 1994, S. 43-66.

GIERL, H. (1995),
Marketing, Stuttgart, Berlin, Köln, 1995.

GLAAP, W. (1993),
ISO 9000 leichtgemacht, Praktische Hinweise und Hilfen zur Entwicklung und Einführung von QS-Systemen, München, Wien, 1993.

GLÄBE, R. (1995),
Auditierung und Zertifizierung von Dienstleistungsunternehmen in: Leist R. /Scharnagl A. (Hrsg.) Qualitätsmanagement, (1997), Gliederungspunkt 4.8 (Loseblattsammlung).

GLÖCKNER, H. (1997),
Neue Wege zur Qualitätssicherung von Anwaltsleistung? in: AnwBl 1997, Heft 4, S. 185-189.

GRÄFE (1998),
in: Gräfe /Lenzen /Schmeer, Steuerberaterhaftung, 3. Auflage, Herne/Berlin 1998

GRÖNROOS, C. (1982),
Strategic Management und Marketing in the Service Sector, research report Nr. 8 of the Swedish School of Economics and Business Administration, Helsingfors 1982.

GRÖNROOS, C. (1983),
Innovative Marketing Strategies and Organization Structure for Service Firms, in: **BERRY, L. L. /SHOSTACK, G. L. /UPAH, G. D. (HRSG.)**, Emerging Perspectives on Service Marketing, Chicago, Ill. 1983, S. 9-21.

GRÖNROOS, C. (1984),
A Service Quality Model and its Marketing Implications, in: European Journal of Marketing, Vol. 18, No. 4, S. 35-44.

HAGENKÖTTER, A. (1997),
Zertifizierung und Verschwiegenheitspflicht, AnwBl 1997, S. 616

HALLER, S. (1993),
Methoden zur Beurteilung von Dienstleistungsqualität - Überblick zum State of the Art -, in: Zeitschrift für betriebswirtschaftliche Forschung, Heft 1, 1993, S. 19-40.

HANSEN, W. (1997),
Umsetzung von QM im Analtsbüro – Zur ISO 9000-Zertifizierung, AnwBl 1997, S. 438

HARDIE, N. /WALSH, P. (1994),
Towards a better understanding of quality, in: International Journal of Quality & Reliability Management, Heft 4, 1994, S. 53-63.

HÄUSLER, B. (1997),
Zertifizierung und Anwaltshaftung, BRAK-Mitteilungen 1997, S. 56

HAVERMANN, H. (1996),
Risiko und Risikomanagement in einer internationalen Wirtschaftsprüfungsgesellschaft, in: **BAETGE, J. /DÖRNER, D. /FORSTER, K.-H. /SCHRUFF, L. (HRSG.)**, Rechnungslegung, Prüfung und Beratung - Herausforderungen für den Wirtschaftsprüfer -, Festschrift für Ludewig, R., (1996), S. 385-411.

HEINHOLD, M. /PASCH, H. (1997),
Qualitätsbegriffe, Qualitätsmanagement und Qualitätsmanagement-Zertifizierung in Wirtschaftstreuhänderkanzleien, **BERTL /MANDL (HRSG.)**, Rechnungswesen § Controlling, Wien 1997, S. 577 ff.

HENTSCHEL, B (1992a),
Dienstleistungsqualität aus Kundensicht, Vom merkmals- zum ereignisorientierten Ansatz, Diss. Wiesbaden, 1992.

HENTSCHEL, B. (1990),
Die Messung wahrgenommener Dienstleistungsqualität mit SERVQUAL - eine kritische Auseinandersetzung, Ingolstadt 1990.

HENTSCHEL, B. (1992b),
Begriff: Qualität, Lexikon der Betriebswirtschaftslehre, Corsten, H., (Hrsg.) München, Wien 1992, S. 744-747.

HENTSCHEL, B. (1995),
Multiattributive Messung der Dienstleistungsqualität, in: **BRUHN, M. /STAUSS, B. (HRSG.)**, Dienstleistungsqualität. Konzepte - Methoden - Erfahrungen, Wiesbaden 1995, 2. Aufl., S. 347-378

HEPPEL, W. (1994),
DIN ISO 9000 umsetzen, in QZ, Zeitschrift für Qualität und Zuverlässigkeit, 39. Jg., 1994, Heft 12, S. 1385-1386.

HERING, E. /STEPARSCH, W. /LINDNER, M. (1996),
Zertifizierung nach DIN EN ISO 9000, Prozeßoptimierung und Steigerung der Wertschöpfung, Düsseldorf 1996.

HEYDKAMP, W. /DYCK, K. (1991),
Qualitätsnormen international operierender Wirtschaftsprüfungsgesellschaften, in: Aktuelle Beiträge aus Wirtschaftsprüfung und Beratung, Festschrift für H. Luik, hrsg. von Schitag Ernst & Young Gruppe, Stuttgart 1991, S. 217-236.

HILKE, W. (HRSG.) (1989),
Dienstleistungs-Marketing, Banken und Versicherungen - Freie Berufe - Handel und Transport - Nicht-erwerbswirtschaftlich orientierte Organisationen, Wiesbaden 1989.

HILL, H. (1991),
Das „überladene" Qualitätsaudit, in QZ - Zeitschrift für industrielle Qualitätssicherung, 36. Jg., 1991, Heft Nr. 7, S. 395-398.

HILL, H. (1994),
Qualitätsmanagement - Ein schlüssiges Konzept, in QZ, Qualität und Zuverlässigkeit, 39. Jg., 1994 Heft Nr. 4, S. 384-392.

HOMBURG, C. /RUDOLPH, B. (1995),
Wie zufrieden sind Ihre Kunden tatsächlich?, in: Harvard Business manager, Heft 1, 1995, S. 43-50.

Hornburg, C. (1994),
Die Grenzen der ISO Normen, in: Blick durch die Wirtschaft, FAZ vom 19.12.1995.

Horváth, P. (1984),
Qualitätssicherung, in: Management-Enzyklopädie: Das Managementwissen unserer Zeit, Band 8, 2. Auflage, Landsberg am Lech 1984, S. 29-42.

Hothum, Ch. (1994),
Dienstleistung, Forschung, Risikominimierung durch Qualitätsmanagement in Forschungsinstituten, in Zeitschrift, planung und analyse 5/94, S. 54-61.

Hüper, C. /Hartmann, E. (1997),
Schadenursachenanalyse der Berufs-Haftpflichtversicherung der steuerberatenden und wirtschaftsprüfenden Berufe - Was ist zu tun? In: Stbg 1997, Heft Nr. 4, S. 183-186.

IDW (1995),
Der Wirtschaftsprüfer - Wege zum Beruf - Ausbildung durch das IDW, Düsseldorf 1995.

IDW /WPK (1995),
Gemeinsame Stellungnahme der WPK und des IDW VO 1/1995 „Zur Qualitätssicherung in der Wirtschaftsprüferpraxis“, in: Die Wirtschaftsprüfung, Heft 23-24, 1996, S. 824-838.

Jackson, P. /Ashton, D. (1994),
ISO 9000 Der Weg zur Zertifizierung, deutsche Übersetzung von Korn, B., Landsberg am Lech 1994.

Jacoby, B. (1998),
Die Zertifizierung, NJW-CoR 1998, S. 34

Jäger, R. (1997),
Verfassungsrechtliche Anstöße für die Weiterentwicklung des Rechts der Freien Berufe, in Stbg 1997, Nr. 5, S. 211-216.

Jeffords, R. /Thibadoux, G. (1993),
TQM and CPA Firms, in: Journal of Accountancy, Juli 1993, S. 59-63.

JURAN, J. M. (1993),
Der neue Juran - Qualität von Anfang an, Landsberg, 1993

KAISER, K. (1995),
Steuerberatung als Risiko-Management, Diss. Göttingen, Köln 1995.

KASSEBOHM, K. /MALORNY, CH. (1994),
Auditierung und Zertifizierung im Brennpunkt wirtschaftlicher und rechtlicher Interessen, in: ZfB 1994, Jg. 64 Nr. 6, S. 693-716.

KAWAMURA, M. (1993),
Die Zertifizierung des Qualitätssicherungssystems in Japan, in: Zertifizierung und Akkreditierung von Produkten und Leistungen der Wirtschaft, **HANSEN W. (HRSG.)** 1993, S. 291-234.

KEPPEL, M. (1997),
Netzwerkorganisationen von Wirtschaftsprüfungsgesellschaften, Lohmar und Köln 1997.

KLUG, A. (1996),
Dienstleistungsproduktion in Steuerberatungsbetrieben, Strukturen, Erfolgsfaktoren und theoretische Ansätze, Diss. 1994 München, Bonn 1996.

KOCHER, H. (1989),
Marktgerechte Qualität, Eine Betrachtung für Anbieter und Abnehmer, Bern, Stuttgart, 1989.

KOHL, H. (1996),
Erfahrungen bei der Zertifizierung von Anwalts-, Steuerberatungs- und Wirtschaftsprüfungskanzleien, AnwBl. 1996, S. 374 ff.

KOHL, H. (1997),
Qualitäts- und Umweltmanagement für Finanzdienstleister und Kanzleien – Aufbau, Optimierung und Zertifizierung, 1997

KOLLECK, K. D. (1995),
Auswirkungen der ISO-9000-Revision, in: QZ, 8/95 S. 936-939.

KÖNIG, K.-D. /HOFELE, M. (1993),
Qualitätssicherung in kleinen und mittleren Unternehmen, Umsetzung der DIN ISO 9000ff., Karlsruhe, Kösching 1993.

KRÄMER, A. (1996),
Zum Qualitätsverständnis anwaltlicher Rechtsberatung, NJW 1996, S. 2354

KÜHN, R. (1991),
Methodische Überlegungen zum Umgang mit der Kundenorientierung im Marketing-Management, in: Marketing ZFP, II. Quartal 1991, S. 97-107.

LANGENBUCHER, G. (1997),
Qualität und Umfang der Abschlußprüfung, in: **BAETGE, J. (HRSG.)**, Aktuelle Entwicklungen in Rechnungslegung und Wirtschaftsprüfung, Düsseldorf 1997, S. 61-107.

LAPIERRE, J. /FILIATRAUTL /PERRIEN, J. (1996),
Review – Research on service quality evaluation: evolution and methodological issues, in: Journal of Retailing and Consumer Services, Heft 2, 1996, S. 91-98.

LEFFSON, U. (1988),
Wirtschaftsprüfung, 4. Aufl., Wiesbaden 1988.

LEFFSON, U. (1991),
Wirtschaftsprüfung, neu aufgelegt 1991 (Stand: 4. Auflage), Wiesbaden.

LEIST, R. /SCHARNAGL, A. (HRSG.) (1996),
Qualitätsmanagement: Methoden und Werkzeuge zur Planung und Sicherung der Qualität (nach DIN ISO 9000 ff.) Augsburg 1996.

LENCKNER, TH. (1991),
Strafgesetzbuch-Kommentar, von **SCHÖNKE, A. /SCHRÖDER, H. /LENCKNER, TH.**, 24. Aufl., München 1991.

LENZ, H. (1993),
Die Wahl des handelsrechtlichen Abschlußprüfers - Eine theoretische und empirische Analyse, unveröffentlichte Habilitationsschrift, Freie Universität Berlin 1993.

LINDGENS-STRACHE, U. (1997),
Peer Review - Ein probates Mittel zur Sicherung und Verbesserung der Prüfungsqualität in Deutschland? - Anmerkungen aus Sicht der Praxis, in: Betriebswirtschaftliche Forschung und Praxis, Heft 3, 1997, S. 266-291.

LINDGENS-STRACHE, U. /STAIS, H. /EBACH, I. A. (1998),
Auf vorhandenem aufbauen – Risikomanagement als Basis eines QM-Systems in einer Wirtschaftsprüfungsgesellschaft, QZ 43, 1998, S. 159

LINDQUIST, H. /PERSSON, J. (1993),
The Service Quality Concept and a Method of Inquiry, in: International Journal of Service & Industry Management, Heft 3, 1993, S. 18-29.

LONGIN, F. (1996),
Qualitätssicherung Ja – Zertifizierung nein, Kammermitteilungen der Steuerberaterkammer Stuttgart 2/1996, S. 4

LÜCK, W. (1991),
Wirtschaftsprüfung und Treuhandwesen, 2. Auflage, Stuttgart 1991.

LÜCK, W. (1994),
Qualitätssicherung in der Wirtschaftsprüfung: Die Aus- und Weiterbildung des amerikanischen Abschlußprüfers, in: Wirtschaftsstudium, Heft 1, 1994, S. 49-54.

LÜCK, W. /BRANDT, E. /VOLKERI, F. (1980),
Qualitätsverbesserungen von Abschlußprüfungen - Anmerkungen zu Quality Control, in: Betriebswirtschaftliche Forschung und Praxis, 1980, S. 34-53.

LÜCK, W. /HUNECKE, J. (1996),
Zur Warnfunktion des Abschlußprüfers, in: Der Betrieb, Heft 1, 1996, S. 1-6.

LUDEWIG, R. (1981),
Qualitätssicherung und Qualitätsprüfung der Arbeit des Wirtschaftsprüfers, in: Zeitschrift für Betriebswirtschaft, Heft 10, 1981, S. 1045-1050.

LUTZ, D. /BÜRSTNER-PETER, I. /RITZENHOFF, B. (1995),
Qualitätsmanagement in der Steuerkanzlei, in DStR, 1995, Heft 45, S. 1767-1772.

LUTZ, D. /OSSOLA-HARING, C. /PLAGENS, P. W. (1995),
Marketing in Steuerkanzleien, Neue Chancen und Perspektiven nach Änderung des Steuerberatungsgesetzes, München 1995.

MACKENZIE (1991),
Die Zeitfalle, Heidelberg 1991

MALERI, R. (1991),
Grundlagen der Dienstleistungsproduktion, 2. Auflage, Berlin u.a., 1991

MALORNY, CH. (1994),
Brennpunkt TQM: rechtliche Anforderungen, Führung und Organisation, Auditierung und Zertifizierung nach DIN ISO 9000ff. Stuttgart 1994.

MARTEN, K.-U. (1997),
Qualität von Wirtschaftsprüferleistungen - Theorie und Empirie -, unveröffentlichte Habilitationsschrift (Universität Augsburg), 1997.

MAURER, R. (1997),
Zu den Kosten einer ISO-Zertifizierung von Anwaltskanzleien, AnwBl. 1997, S. 266 ff.

MAURER, R. /KRÄMER, A. (1996),
ISO 9000 für Rechtsanwälte?, in: Anwaltsblatt, Nachrichten für die Mitglieder des Deutschen Anwaltsvereins e.V., 1996, 46. Jg., Heft 2, S. 73-79.

MAXL (1997),
Die Berufsordnung der Steuerberater, NWB 1997

MAYER, H. (HRSG.) (1997),
Qualitätssicherung in Steuerberatungskanzleien, Tagungsband, Dresdner Beiträge zur Revision und Steuerlehre, 1997, Bd. 13

MAYER, H. /POMMERENING, S. /KITZING, S. (1997),
Qualitätssicherung in Steuerberatungskanzleien, Dresdner Beiträge zur Revision und Steuerlehre, 1997, Bd. 10

MAYRHOFER, M. (1992),
Der neue QS-Begriff - Umdenken ist gefordert, in: QZ 6/92, S. 323-327.

MAYRHOFER, M. (1996),
Zertifizierung nach ISO 9000 - Wunschbild und Wirklichkeit, in QZ, 2/96, S. 168-171.

MEFFERT, H. /BRUHN, M. (1995),
Dienstleistungsmarketing: Grundlagen, Konzepte, Methoden, Wiesbaden 1995.

MEFFERT, H. /BRUHN, M. (1997),
Dienstleistungsmarketing: Grundlagen, Konzepte, Methoden, 2. Auflage, Wiesbaden 1997.

MEYER, A. (1990),
Dienstleistungs-Marketing, in: **MEYER, P. W. /MEYER, A. (HRSG.)** Marketing-Systeme: Grundlagen des institutionalen Marketing, Stuttgart, Berlin, Köln 1990, S. 173-220.

MEYER, A. /MATTMÜLLER, R. (1987),
Qualität von Dienstleistungen - Entwurf eines praxisorientierten Qualitätsmodells, in: Marketing ZFP, 3/1987, S. 187-195.

MEYER, A. /WESTERBARKEY, P. (1995),
Bedeutung der Kundenbeteiligung für die Qualitätspolitik von Dienstleistungsunternehmen, in: **BRUHN, M. /STAUSS, B. (HRSG.)**, Dienstleistungsqualität, Konzepte - Methoden - Erfahrungen, 2. Aufl., Wiesbaden 1995.

MITTELSTRASS, J. (HRSG.) /WOLTERS, G. (1995),
Enzyklopädie Philosophie und Wissenschaftstheorie, Bd. 3 P-So, Stuttgart, Weimar 1995, S. 428 und 438.

MIVILLE, F. /GUSTKE, R. V. (1994),
Was ist Qualität und wie sollte man Qualität verstehen, um erfolgreiches Qualitätsmanagement zu betreiben, in: HMD - Theorie und Praxis der Wirtschaftsinformatik, Heft 175, Januar 1994, S. 8-19.

MÖLLER, K. H. (1996),
Zukunft der ISO 9000-Famile, Ergebnisse der Beratungen des internationalen Normengremiums und Aufforderung zum Dialog, in: QZ 2/96 S. 126-128.

MÜLLER, S. /LOHMANN, F. (1997),
Qualitative oder quantitative Erfassung von Dienstleistungsqualität? Die Critical Incident Technique und die GAP-Analyse im Methodenvergleich, in: Zeitschrift für betriebswirtschaftliche Forschung, Heft 11, 1997, S. 973-989.

NIEHUES, K. (1998),
Der Seuerberater als Dienstleister für Klein- und Mittelbetriebe, DStR 1998, S. 1366

NIEHUS, R. (1993a),
Die Qualitätskontrolle bei Abschlußprüfungen, Diss., Düsseldorf 1994.

NIEHUS, R. (1993b),
Gewährleistung der Qualität der Jahresabschlußprüfung durch externe Kontrolle?, in: **BIERICH, M. /HOMMELHOFF, P. /KROPFF, B. (HRSG.)** Unternehmen und Unternehmensführung im Recht, Festschrift für J. Semler, Berlin und New York 1993, S. 863 - 885.

NIEHUS, R. (1996),
Qualitätssicherung in der Wirtschaftsprüfung: Ein Berufsstand verpflichtet sich, in: Der Betrieb, Heft 8, S. 385-391.

o. V. (1992),
Wirtschaftsprüfung, in: Lexikon der Betriebswirtschaftslehre, München 1992, S. 939.

OEHMKE, R. /ZAHNER, T. /SCHEIBER, K. (1993),
Erfahrungsbericht dreier Auditoren über typische Schwächen bestehender QSSysteme, in Sonderteil „Zertifizierung" aus Zeitschrift QZ, Qualität und Zuverlässigkeit, Sonderheft 4/1993, ZG 52- 57.

PALMROSE, Z.-V. (1988),
An Analysis of Auditor Litigation and Audit Service Quality, in: The Accounting Review, Januar 1988, S. 55-73.

PALMROSE, Z.-V. (1989),
The Relation of Audit Contract Type to Audit Fees and Hours, in: The Accounting Review, Juli 1989, S. 488-499.

PARASURAMAN, A. /ZEITHAML, V. A. /BERRY, L. L. (1985),
A Conceptual Model of Service Quality and Its Implications for Future Research, in: Journal of Marketing, Vol 49 1985, S. 41-50.

PARASURAMAN, A. /ZEITHAML, V. A. /BERRY, L. L. (1988),
SERVQUAL: A Multiple-Item Scale for Measuring Cosumer Perception of Service Quality, in: Journal of Retailing, Vol. 64 1988, S. 12-40.

PÄRSCH, G. (1994),
Zertifizierung von Qualitätsmanagementsystemen, in: Handbuch Qualitätsmanagement, Masing W. (Hrsg.) München, Wien 1994, S. 949-958.

PASCH, H. (1997a),
Zertifizierung eines Qualitätsmanagements ein „Muß"? Die Zertifizierung von QM-Systemen nach DIN EN ISO 9001 ff., in: Steuerberatung, Heft 7, 1997, S. 313-324.

Pasch, H. (1997b),
Die Implementierung eines Qualitätsmanagementsystems nach DIN EN ISO 9001 ff. in Steuerberatungskanzleien - Eine Analyse der Eignung eines Qualitätmanagementsystems nach DIN EN 9000 ff. als Instrument zur Qualitätssicherung im Rahmen der Kanzleiführung im Freien Beruf des Steuerberaters, Diss., Universität Augsburg 1997.

Pater, H. /Richard, O. (1994),
Qualitätsmanagementsysteme in Unternehmen - Potentiale für die Logistik, in: Der Betriebswirt, Heft 4, 1994, S. 26-32.

Paust (1997),
Praxisbericht, in: **Kohl, H.** Qualitäts- und Umweltmanagement für Finanzdienstleister und Kanzleien – Aufbau, Optimierung und Zertifizierung, Berlin/Heidelberg 1997.

Peemöller, V. H. /Husmann, R. (1996),
Die Zertifizierung von Steuerberatungs- und Wirtschaftsprüfungskanzleien, Auch Dienstleister können durch die Zertifikate Wettbewerbsvorteile erzielen, in: Blick durch die Wirtschaft vom 09.12.1996, München 1996.

Peemöller, V. H. /Husmann, R. /Vitzthum, Th. (1996),
Zertifizierung einer Wirtschaftsprüfungs- und Steuerberatungskanzlei nach DIN ISO 9002, Nürnberger Materialien für interaktive Lehre, 1996, Bd. 11

Peemöller, V. H. /Schaffer, H. /Husmann, R. (1997),
Zertifizierung von Steuerberatungskanzleien nach DIN ISO 9000ff. in: nwb, BBK Betrieb und Rechnungswesen, 1997, Heft 2, S. 61-64.

Pepels, W. (1995),
Einführung in das Dienstleistungsmarketing, München 1997.

Pepels, W. (1996),
Qualitätscontrolling bei Dienstleistungen, München 1996.

Pestke, A. (1988),
Steuerberater 2000 - Aufgaben, Ziele und Perspektiven, in: Stbg, 1988, Heft 7, S. 194 - 196.

Pestke, A. (1995),
Zur Qualitätssicherungs-Philosophie des Deutschen Steuerberaterverbandes: Stbg. Heft 8/1995, S. 341-343.

Pestke, A. (1995a),
Zum Einstieg in das Thema, Qualitätssicherung, Stbg 1995, nr. 10, S. 469.

Pestke, A. (1997),
20 Thesen zur Qualitätssicherung in der Steuerberatung, in: NWB Nr. 8 vom 17.2.1997, S. 501- 506.

Pestke, A. (1997a),
Qualitätsmanagementkonzepte in der Steuerberatung aus der Sicht der Verbände, Stbg 1997, S. 355 ff.

Pestke, A. (1998),
Qualitätsmanagement als Weg zur Eigenorganisation von Steuerberatungspraxen, DSWR 1998, S. 95 ff.

Pestke, A. (1998a),
Was Sie als Steuerberater schon immer über Qualitätsmanagement wissen wollten, Jahrbuch der Steueränderungen, 1998, S. 883 ff.

Pfitzinger, E. (1995a),
DIN EN ISO 9000 für Dienstleistungsunternehmen, Berlin, Wien, Zürich 1995.

Pinne, J. (1997),
Gedanken des DStV zum Qualitätsmanagement in de Steuerberatung, in Stbg 1997, S. 129.

Pohl, U. (1996),
Risikoeinschätzung und Haftung des Wirtschaftsprüfers und vereidigten Buchprüfers - national -, in Wirtschaftsprüferkammer Mitteilungen, Sonderheft April 1996, S. 1-16.

Pohlmann, H.-R. (1995),
Qualitätssicherung zum Einstieg in das Thema, Stbg 1995, S. 479

QUICK, R. (1992),
Die Haftung des handelsrechtlichen Abschlußprüfers, in: Der Betriebsberater, Heft 24, 1992, S. 1675-1685.

QUICK, R. (1996a),
The legal liability of auditors in Germany, in: The European Accounting Review, Heft 3, 1996, S. 507-521.

QUICK, R. (1996b),
Die Risiken der Abschlußprüfung, Düsseldorf 1996.

RICHTER, M. (1997),
Theorie und Praxis der Wirtschaftsprüfung – Bericht über ein Symposium an der Universität Potsdam, in: Wirtschaftsprüferkammer Mitteilungen, Heft 1, 1997, S. 27-29.

RÖMERMANN, V. (1997),
ISO 9000, Anwaltliches Qualitätsmanagement und Zertifizierung, Hartung/Poll, Anwaltliche Berufsordnung, München 1997

ROSE, G (1989),
Einführung in den Beruf des Steuerberaters, Köln 1989.

ROSE, G. (1974/76),
Steuerberatung und Steuerberatungswesen, in: Handwörterbuch der Betriebswirtschaft (HdB), **GROCHLA, E. /WITTMANN, W. (HRSG.)**, 4. Aufl., Stuttgart 1974/76, Sp. 3754-3760.

RÜCHARDT, F. (1995),
Qualitätsmanagement in der Wirtschaftsprüfung: Konzeption eines Qualitätsmanagements für Abschlußprüfungen unter Berücksichtigung haftungsrechtlicher Aspekte, Diss., München 1994.

SCHÄFER, H. J (1997),
Unternehmensberatung durch Steuerberater, in DStR 20/97, S. 794-800.

SCHAFFER (1997),
Praxisbericht, in: **KOHL, H.** Qualitäts- und Umweltmanagement für Finanzdienstleister und Kanzleien – Aufbau, Optimierung und Zertifizierung, Berlin/Heidelberg 1997.

SCHAFFER, H. (1996),
Qualitätsmanagement als Basis für den Kanzleierfolg, DSWR Sonderheft 1996, S. 59 ff.

SCHARWEY, M. (1997),
Im Sinne der Mandanten – Qualitätsmanagement und Zertifizierung für Rechtsanwälte QZ 42, 1997, S. 914

SCHLOTHMANN, B.-J. (1997),
Besonderheiten bei der Zertifizierung von Dienstleistungsunternehmen, insbesondere Steuerberatungskanzleien, **MAYER H. (HRSG.)**, Dresdner Beiträge zu Revision und Steuerlehre, Bd 13, Tagungsband „Qualitätssicherung in Steuerberatungskanzleien“, erstes Symposium, Dresden 1997

SCHMID, R. (1995),
Qualitätssicherung in der deutschen Wirtschaftsprüfung, in: Standort Deutschland - Grundsatzfragen und aktuelle Perspektiven für die Besteuerung, die Prüfung und das Controlling, Festschrift für A. Heigl, Berlin 1995, S. 495-518.

SCHMITZ, J. (1996),
Qualitätscontrolling und Unternehmensperformance, Diss., München 1996.

SCHMITZ, W. (1993),
Zertifizierung nach ISO 9000, Vorteile und Ablauf, in: Kontrolle (Zeitschrift) 9/93, S. 62-64.

SCHULZ, W. (1993),
Zertifizierte Qualität in den USA noch unterentwickelt, in: VDI Nachrichten, 5. März 1993, S. 20.

Schulze, H. (1993),
Dienstleistungswerbung – Ursachen, Anforderungen und Lösungsansätze der externen Massenkommunikation von Dienstleistungsunternehmen am Beispiel ausgewählter Print-Kampagnen, in: Jahrbuch der Absatz- und Verbrauchsforschung, 1993, S. 139-164.

Schwickert, A. C. /Beemelmann, Th. /Kargl, H. (1995),
ISO 9000 - Normung für Qualitätssicherungssysteme (I) und (II), in WISU, Das Wirtschaftsstudium, 1995 Heft 2, S. 127-132 und Heft 3, S. 207-213

Siepe, G. (1992),
Quality Control, in: **Coenenberg, A. G. /Wysocki, K.v. (Hrsg.)** Handwörterbuch der Revision, Stuttgart 1992, Sp. 1579-1586.

Simon, W. (1995),
ISO 9000, Gefahr der Bürokratisierung der Qualitätssicherung: Fortschritt mit Rückwärtsgang?, in Gablers Magazin 9.95 S. 6-8.

Simon, W. (1997)
Die neue Qualität der Qualität, 1997

Simunic, D. /Stein, M. (1987),
Product Differentiation in Auditing: Auditor Choice in the Market for Unseasoned New Issues, Vancouver 1987.

Späth (1994),
DStZ 1994.

Späth, L. (1985),
Wandel in die Zukunft, Hamburg 1985.

Späth, W. (1996),
Die Bedeutung des Verbots berufswidriger Werbung im Rahmen von Presseberichten über den Steuerberater und/oder Vorgänge in seiner Kanzlei, in: DStR 1996, Heft 35, S. 1381-1383.

SPATZ /TRILLING (1997),
Praxisbericht, in: **KOHL, H.** Qualitäts- und Umweltmanagement für Finanzdienstleister und Kanzleien – Aufbau, Optimierung und Zertifizierung, Berlin/Heidelberg 1997.

STAUSS, B. (1992),
Dienstleistungsmarketing und Dienstleistungsmanagement, in: Die Betriebswirtschaft, Heft 5, 1992, S. 675-689.

STAUSS, B. (HRSG.) (1994),
Qualitätsmanagement und Zertifizierung: Von DIN ISO 9000 zum Total Quality Management, Wiesbaden 1994.

STAUSS, B. /HENTSCHEL, B. (1991),
Dienstleistungsqualität, in: WiSt Wirtschafts wissenschaftliches Studium, 5/91, S. 238-244.

STEINBRÜCK (1997a),
Praxisbericht, in: **KOHL, H.** Qualitäts- und Umweltmanagement für Finanzdienstleister und Kanzleien – Aufbau, Optimierung und Zertifizierung, Berlin/Heidelberg 1997.

STEINBRÜCK, R. (1997),
Zertifizierung von Anwaltskanzleien nach DIN EN ISO 9000 ff., NJW 1997, S. 1266

STRECK, M. (1996a)
Der objektiv „gute" Rechtsanwalt, in Anwaltsblatt, Nachrichten für die Mitglieder des Deutschen Anwaltsvereins e.V., 46. Jg., Heft 2, 1996, S. 57-72

STRECK, M. (1996b),
Basiswissen für Steuerberater über ISO 9000, TQM und Zertifizierungen. In: Stbg 1996, Heft 3, S. 123-130.

STRECK, M. /ALVERMANN, J. (1997),
Zur steuerlichen Absetzbarkeit von Zerfizierungsaufwendungen nach ISO 9001 – 9003, BB 1997, S. 1184

STRECK, M. /KILGER, H. /EHNERT, M. (1997),
Die Anwendbarkeit der Normen ISO 9004 Teil 2 (Leitfaden) und ISO 9001 (Zertifizierungsmodell) auf die Dienstleistungen des Rechtsanwaltes. in: AnwBl 1997 Heft 4, S. 190-212.

STÜCKEMANN (1998),
Ein Zertifikat für Dienstleistungen?, BB 1998, S. I

STÜCKEMANN, W. (1997),
Anwaltliche Verschwiegenheit im Zertifizierungsverfahren – Geht Verschwiegenheitsverpflichtung vor Optimierung?, BRAK-Mitteilungen 1997, S. 184

SUTTON, S. (1993),
Toward an Understanding of the Factors Affecting the Quality of the Audit Process, in: Decision Sciences, 1993, S. 88-105.

TRILTSCH /FRITZSCH /BÜSCHER (1998),
Qualitätsmanagement in der kleinen und mittleren Steuerberatungskanzlei, BBK 1998, S. 639, 642 (Fach 3, S. 1199, 1202)

WASILEWSKI, R. (1986),
Qualitätssicherung in ausgewählten freien Berufen - Bericht zu einem Forschungsprojekt erstellt im Auftrag des Bundesministers für Wirtschaft, Manuskript des Instituts für Freie Berufe, Nürnberg 1986.

WASILEWSKI, R. /REITH, M. (1988),
Qualitätssicherung in Freien Berufen, Köln, Nürnberg 1988.

WEISENFELD-SCHENK, U. (1997),
Die Nutzung von Zertifikaten als Signal für Produktqualität, Eine informationsökonomische Betrachtung, in: ZfB, Heft 1, S. 21-39.

WERNER, M. (1997),
Qualitätsmanagement, TQM und Zertifizierung, NJW-CoR 1997, S. 346

WERNER, M. (1997a),
Zertifizierung – Vorgehen des Auditors; Ein Bericht aus der Praxis, AnwBl 1997, S. 644

WILKINSON, A. /MCCABE, D. /KNIGHTS, D. (1996),
Looking for quality: a survey of quality initiatives in the financial services sector, in: Total Quality Management, Heft 1, 1996, S. 67-78.

Wirz, W. (1915),
Zur Logik des Qualitätsbegriffes, in: Jahrbücher für Nationalökonomie und Statistik, Bd. 104, 1915, S. 1-11.

Wüterich /Breucker (1997),
Praxisbericht, in: **Kohl, H.** Qualitäts- und Umweltmanagement für Finanzdienstleister und Kanzleien – Aufbau, Optimierung und Zertifizierung, Berlin/Heidelberg 1997.

Zeithaml, V. H. (1981),
How Consumer Evaluation Processes Differ between Goods and Services, in: **Donnelly, H. J. /George W. R. (eds.)**, Marketing of Services, Chicago 1981, S. 186-190.

Zielke, W. (1992),
Qualitätssicherung in der Wirtschaftsprüfung, in: **DGQ (Hrsg.)**, Qualität in der Dienstleistung und Umwelt. Eine Herausforderung für unternehmensinterne und -externe Leistungen, Tagungsband der DGQ Qualitätstagung, Wiesbaden 1992, S. 95-111.

Zirngibl /Langwieser (1997)
Praxisbericht, in: **Kohl, H.** Qualitäts- und Umweltmanagement für Finanzdienstleister und Kanzleien – Aufbau, Optimierung und Zertifizierung, Berlin/Heidelberg 1997.

Zoll (1997)
Praxisbericht, in: **Kohl, H.** Qualitäts- und Umweltmanagement für Finanzdienstleister und Kanzleien – Aufbau, Optimierung und Zertifizierung, Berlin/Heidelberg 1997.

Stichwortverzeichnis